월인천강

新
사주학

강의록

월인천강 新사주학 강의록

발 행 일 ㅣ 2015년 12월 15일 초판 2쇄 발행

지 은 이 ㅣ 서해[西海]스님

펴 낸 이 ㅣ 이기봉

펴 낸 곳 ㅣ 도서출판 좋은땅

출판등록 ㅣ 제 8-301호

주　　소 ㅣ 서울특별시 마포구 서교동 386-6 태정빌딩 1층

편　　집 ㅣ 김송이, 김미라

편집문의 ㅣ 050-5337-7800　02)374-8616~7

팩　　스 ㅣ 02)374-8614

홈페이지 ㅣ www.g-world.co.kr

이 메 일 ㅣ so20s@naver.com

ISBN 978-89-6449-707-4

新 월인천강 사주학 강의록

|서해[西海]스님 지음|

좋은땅

머리말

　『월인천강 新사주학 강의록』은 다음카페 : 대한역술인협회에서 통신강의를 실시하여 주1회 1시간 강의, 월4회 3개월 과정으로 기초반 12회 강의와 중급반 12회 강의 그리고 고급반 12회 강의를 합하여 9개월간 총 36회 강의를 모두 편집하여 책으로 만들었습니다. 약 30여 분간 강의 형태의 글을 올리고 그 다음 약 30여 분간 수강생과의 질문과 답변 형식으로 제작을 하였습니다. 강의록 출판은 자료 요점정리 형식의 명리 책이 갖는 한계를 넘어서기 위해서 쌍방향 교육이 이루어지는 강의록이 보다 효율적인 교육이 될 것이라는 판단에서 출판결정을 한 것입니다. 기존에 격국 용신론의 한계를 벗어나 현대사회에 맞는 간지론 통변법의 우수성을 알리기 위하여 『월인천강 新사주학』 출판을 계속해 나가겠습니다. 오랜 시간 명리를 공부하고도 격국 용신론의 한계에 부딪쳐서 길을 잃고 헤매는 수많은 학인들에게 희망의 불빛이 될 것이라고 확신하는 바입니다.

"강의록" 특징은 아래와 같습니다.

1. 9개월 과정 통신강좌 36강을 모아서 책으로 엮었습니다.

2. 책에서 쓸 수 없는 비밀스런 내용들을 강의 형태로 게재하였습니다.

3. 요점정리 형태의 명리 책과는 달리 강의 형태의 글을 올렸습니다.

4. 수강생의 이해 정도를 확인하는 질문, 답변 시간을 실었습니다.

5. 공부 방향과 각 단원마다 중요 정도를 자세히 올렸습니다.

6. 기초반 3개월, 중급반 3개월, 고급반 3개월 과정을 모았습니다.

7. 실전강의 내용과 강사와 수강생 쌍방향 대화를 보실 수 있습니다

아래에 저자가 운영하는 다음카페 대한역술인협회를 소개하니
많은 학인들의 공부에 도움이 되기를 바랍니다.

다음카페 : 대한역술인협회

카페주소 : http://cafe.daum.net/92301998

제 1 부

기초 편

제 1 장
문자 이전에 자연의 운동성을 관찰하라

오늘은 첫날이니까 명리공부를 하는 데 있어서 어느 부분이 중요하고 어느 부분이 중요성이 떨어지는지를 살펴보겠습니다. 사실은 불필요한 부분이 많습니다. 우선 책을 보면서 이야기할 테니 체크하세요. 『월인천강 新사주학』 목차를 펴 보세요. 음양오행 부분은 기본적으로 암기하는 것 보다는 개념정리만 잘 하시면 됩니다.

음양과 오행은 천간과 지지로 분화되는 과정이기 때문에 실제 사주풀이에 많이 사용되지는 않습니다. 자칫 잘못하면 오행의 상생과 상극 논리에 빠지는 경우가 생기므로 정확한 의미와 뜻만 정리를 해놓으면 됩니다. 가장 현실적으로 음양은 하루라는 시간에 낮은 양이고 밤은 음이라고 이름을 붙인 것입니다. 세상에 모든 것은 음양으로 구분 지을 수 있답니다. 처음부터 책에 나오는 음양의 구분만 외우려고 하지 말고 스스로 구분하는 연습을 해두면 좋습니다.

오행이라는 것은 음양이라는 하루가 다섯 가지 길로 다니는데 그것이 오행이고 사계절을 뜻합니다. 사계절을 옛날 사람들은 오행으로 표시한 것입니다. 오행은 사계절이라고 기억하시면 됩니다. 사계절이라는데 토(土)는 뭐냐면 목은 봄, 화는 여름, 금은 가을, 수는 겨울인데요. 토가 문제지요? 토는 양과 음을 연결하는 역할을 한다고 보았습니다. 목, 화가 양이고 금, 수가 음이므로 양과 음을 토가 연결하는 작용을 해주는 것입니다. 이 부분을 헷갈리는 사람들이 많지요. 이렇게 음양오행을 정리하시면 됩니다. 우리가 살아가는 하루라는 시간과 사계절의 변화를 음양오행이라고 정리하면 됩니다. 명리는 우리 생활과 아주 밀접한 학문입니다. 오행에서는 상생과 상극의 법칙에 적용을 받습니다. 자~ 다시 차례를 봅시다. 천간과 지지가 나옵니다. 이것이 사주팔자를 보는 가장 중요한 글자입니다. 10개의 천간과 12개의 지지가 있지요. 사주팔자를 보는데 사용되는 글자는 22간지로 감명을 합니다. 그럼 10천간은 무엇이냐? 오행이라는 사계절을 좀 더 세분화한 것입니다. 목(木)을 봄이라 한다면 갑(甲)을 초봄, 을(乙)을 늦봄이라고 한 것입니다. 목에서 갑과 을 두 개로 분화한 것입니다. 그럼 화(火)는 여름인데 병(丙)은 초여름, 정(丁)은 늦여름이 됩니다. 금(金)은 가을이고 경(庚)은 초가을 신(辛)은 늦가을. 무(戊), 기(己)는 양과 음 즉 봄, 여름과 가을, 겨울을 이어주는 역할을 합니다. 수(水)는 겨울이고 임(壬)은 초겨울, 계(癸)는 늦겨울입니다.

이것이 다시 분화해서 이제 12지지로 지상에 내려옵니다. 천간의 갑(甲), 을(乙)은 지지의 인(寅), 묘(卯), 진(辰)으로 봄이 현실화됩니다. 천간의 무

(戊), 기(己)가 없어지고 토(土)는 각 계절의 끝으로 들어갑니다. 이제 토(土)는 각 계절의 이음새 역할을 하는 것입니다. 우리가 가장 중요하게 알아야 하는 부분이 10천간과 12지지입니다. 巳, 午, 未는 여름이고요. 申, 酉, 戌은 가을이고 亥, 子, 丑은 겨울입니다. 이렇게 12지지는 1년에 12달을 의미합니다.

寅은 음력 1월이고 卯는 음력 2월, 辰은 음력 3월, 이런 식으로 이제 12지지는 정확히 한 달을 관장합니다. 다시 말하면 인(寅)이라는 지지는 음력 1월에 일어나는 자연의 현상을 말한답니다. 子는 11월, 丑은 12월입니다. 12지지를 하루의 시간으로 본다면 밤 11시부터 새벽 1시가 자(子)시라고 합니다. 시간을 12시로 나누어서 사용했습니다. 계절로서 오행은 봄을 목(木)이라 정했고 목(木)은 천간의 갑(甲)과 을(乙)로 갑, 을은 지지의 인(寅)과 묘(卯)로 분화가 되었습니다. 일단 우리가 명심해야 할 부분은 음양오행은 10천간과 12지지가 분화되는 과정에 필요한 이론입니다.

여기서 알 수가 있듯이 모든 천간지지는 글자 이전에 자연의 변화와 운동성이 있습니다. 우리가 주시해야 할 부분은 글자나 문자가 아니고 운동성이나 변화입니다. 자(子)라는 글자는 원래 음력 11월에 일어나는 자연의 변화를 뜻하는 것으로 그 점을 바로 알아야 한다는 것입니다. 음력 11월에 변화와 움직임을 보고 그것을 자(子)라는 글자로 표시를 한 것입니다. 문자 이전에 자연에 운동을 보아야 한다는 말입니다. 문자는 모든 것을 고정시켜 버립니다. 그러면 실제 현상을 볼 수가 없습니다.

간지론을 통한 감명법을 익히려면 가장 중요한 것이 음양과 오행 그리고 천간과 지지에 대한 운동성을 정확히 파악하고 그것을 물상이나 형상으로 확장을 할 수가 있어야 합니다. 책에 분류되어 있는 내용을 암기하기보다는 스스로 확장을 해 보고 그것을 자기 것으로 만들어야 한다는 것입니다. 이것을 기초부분에서 정확히 하느냐 못하느냐에 따라서 뒤에 가면 승패가 분명히 갈리게 됩니다. 스스로 확장시키는 연습을 한다면 간지론으로 감명하는 길이 열리게 될 것이고 대충 넘어간다면 뒤에 발전이 없을 것임을 명심하기 바랍니다. 다음은 지장간과 월령용사가 있습니다. 월령용사는 월지를 보는 방법인데 격국과 용신을 공부하는 사람들에게는 중요하지만 우리는 별 필요가 없습니다. 지장간만 암기하세요. 지장간에 있는 것도 사주에 있는 것으로 판단합니다. 천간지지에는 합, 충, 형이라는 것이 법입니다. 합, 충, 형은 외우셔야 합니다. 하지만 파와 해는 외우지 마세요. 사용하지 않습니다. 그 다음 천간과 지지에 상호작용이 나옵니다. 그곳에 왜 12운성과 12신살이 있을까요? 공망도 있습니다. 원래 천간과 지지는 서로 상생이나 상극이 없고 합, 충, 형도 없습니다. 각자 따로 활동합니다. 다만 오행으로 보니까 상생상극을 논한답니다. 그것을 일컬어 오행에 빠진다고 표현합니다. 나중에 설명하겠지만 천간과 지지는 12운성으로 분석을 하면 됩니다. 그래서 둘과의 관계에 12운성과 12신살 그리고 공망이 있는 것입니다.

다음 장에는 신살론이 있습니다. 신살론은 우리 회원님들이 가장 많이 본 장르지요. 그러나 아무 필요 없으니 볼 필요 없습니다. 외울 필요도, 쓸 일도 없습니다. 신살론은 옛날에 사용하던 단식 판단법입니다. 요즘에는 거의 사용하지 않습니다. 천간지지 다음으로 중요한 것이 육친입니다. 천간지지는 자연의 현상이고 육친은 그것을 인간관계로 볼 수 있게 만들어 주는 중요한 수단입니다. 육친은 부지런히 외우고 연습을 해서 자연스럽게 볼 수 있도록 반복해야 합니다. 다음에 대운과 세운이 나옵니다. 대운 보는 법이 아주 여러 가지인데 제가 잘 정리를 해놓았으니 자세히 읽어 보시면 됩니다.

대운 빼는 방법은 알면 좋고 아니면 만세력을 사용하시면 됩니다. 사주정립법도 매우 복잡한데요. 몰라도 PC만세력으로 출력해서 보면 됩니다. 대충 어떤 원리로 나오는지만 알면 됩니다. 여기까지가 원래 기초부분입니다. 기초부분에서 제일 중요한 것은 한 마디로 말하자면 문자 이전에 자연의 변화를 보아야 한다는 것입니다. 문자는 고정된 시각을 만듭니다. 易(바꿀 역)은 시간이 흐름에 따라서 변화하는 자연을 말하는 것입니다. 여러분은 시간적인 사고방식으로 명리를 공부해야 합니다. 공간이나 문자에 묶이면 공부에 진전이 없습니다. 거창하게 대자연의 운동을 말하면 너무 멀리 느껴지니까. 우리 실생활에 가까운 하루와 사계절로 설명을 드리는 것입니다.

제2부 사주분석의 방법들 중에서 가장 중요한 것은 대부분의 명리학파들은 격국과 용신론을 중요하게 공부하지만 우리 학파는 그렇지 않다는 것 입니다. 사주에 없는 글자와 많은 글자의 해석과 근묘화실 그리고 육친 변용법 마지막으로 12운성으로 감명을 하는 것이 우리 학파의 특징입니다. 이런 관법을 22간지론이라고 부릅니다. 책에서 격국 용신론의 배치를 보면 알겠지만 먼저 우리 학파의 감명법을 올리고 뒤에 격용론을 참고하여 올렸습니다. 신살론은 단식 판단법의 위험성을 감안하여 저희는 사용을 안 하고 있으니 참고 바랍니다.

제3부 사주판단의 응용법에서는 간지론과 성격 그리고 직업과 전공 순으로 전개가 되는데 특히 직업과 전공의 중요성을 느껴서 어느 책에서도 찾아볼 수가 없이 아주 방대한 자료를 올렸습니다. 배우자와 자녀인연법도 중요

하고 대운과 세운 편에서는 여러 가지 학설들이 난무하는 현실적 상황을 고려하여 정확한 해석법이 무엇인지를 판가름해 놓았습니다.

제4부 사주분석의 심화연구 편에서 래정법과 운명을 개선하는 방법 그리고 쌍둥이 사주의 해석 등 보다 고차원적인 문제들을 다루었으며 궁합이나 오행과 공망 그리고 삼합과 오행의 심화연구를 통하여 보다 심도 깊게 공부를 하도록 배려하였습니다. 특히 어디에서도 찾아보기 힘든 실제 상담의 기술과 사주학의 사회적 역할 그리고 사주분석의 연구 등 프로 상담가로서 갖추어야 할 덕목이나 기술을 지도하고 있습니다.

제5부 질병론에서는 음양오행 건강법과 질병의 근본원인 찾기 그리고 건강에 좋은 토종약초를 소개함으로서 명실상부 명리학계 대한민국 최초로 진단에서 약초까지 처방이 가능하게 교육을 시켜주고 있습니다. 웰빙시대에 맞추어 건강에 지대한 관심이 있는 현대사회에서 역술인들의 질병에 대한 감명 실력을 한 단계 높여주는 내용이라고 하겠습니다. 명리학이 만들어지는 과정은 시간의 흐름에 따라서 변화하는 자연의 모습을 보고 한 구간마다 글자로 표시를 했다고 보시면 됩니다. 뭐가 중요하고 뭐가 필요 없는지 또한 명리는 어떤 사고로 접근해야 하는지 살펴보았습니다. 필요 없는 몇 가지만 빼도 훨씬 공부가 수월해집니다. 질문이 없으면 이것으로 마치겠습니다.

수강생1
감사합니다.
수강생2
수고하셨습니다.

제 2 장

음양오행은 천간지지로의 분화과정이다

전 시간에 공부해야 할 것과 필요없는 것들에 대해서 이야기했습니다. 그런 점만 잘 알아도 많은 시간을 절약할 수가 있답니다. 강의라는 것이 길을 안내하는 것이지 특별한 것이 아닙니다. 역시 공부는 본인이 하는 것이지요. 가만히 있는데 머리 안에 쏙쏙 집어넣어 주지는 않는다는 것입니다. 하지만 공부도 요령이 있어야 잘 합니다. 공부의 방향과 요령을 잘 습득하시면 다른 사람들보다 훨씬 시간을 절약하고 정확한 공부를 할 수가 있습니다. 우선 제가 필요 없다고 하는 부분은 무조건 믿고 버리세요. 시간낭비를 많이 줄일 수 있습니다.

오늘은 음양오행에 대해서 좀 더 깊이 있게 이야기하겠습니다. 우선 격용론이라는 관법을 사용하는 학파에서는 중요하게 생각하지 않는 부분인데 우리 학파는 기초가 매우 중요합니다. 음양오행과 천간지지에 대하여 정확하게 알아야 하고 확장까지도 스스로 해야 합니다. 그 정도 기초가 되어야 우리 관법이 사용될 수 있답니다. 우선 음양이나 오행을 문자로만 생각하지 마시고 운동성에 초점을 맞추셔야 합니다. 그리고 음양이 무엇을 기준으로 하여 규정했는지 원리를 알아야 확장이 가능합니다.

음양을 구분하여 놓은 책들은 많습니다만 정확히 어떤 운동을 기준으로 음양을 구분했는지는 설명하지 않습니다. 우리는 그 원리부터 알고 나가야 합니다. 근원을 알지 못하면 물상으로 확장도 불가능합니다. 많이 알기보다는 정확히 아는 것이 중요하다는 것입니다. 물상으로의 확장은 고수들이 하는 것이 아닙니다. 기초부터 해야 합니다.

자평진전이라는 고서에 나오듯이 음양과 오행은 분화되는 과정이라고 했습니다. 음양이라는 것에서 오행으로 분화되고 오행에서 10천간으로 분화되고 12지지로 분화가 되었다고 나옵니다. 그래서 모두가 하나에서 분화된 것들입니다. 음양오행과 천간지지를 각기 다른 내용으로 분리해서 공부를 하는 것은 옳지 않습니다. 음양에서 오행으로 오행에서 10천간으로 다시 12지지로 분화했습니다. 무엇이 분화했을까요? 여기서는 음양이나 오행 10천간 12지지라는 문자 이전에 무엇을 기준으로 분류했는지 그 근원을 파고들어야 합니다. 그것은 우리 가까이에 흐르고 있는 시간의 변화입니다.

대자연에는 글자 이전에 어떤 기운들이 존재합니다. 그것들은 멈추어 있지 않고 시간의 흐름에 따라서 변화합니다. 그 변화하는 구간에 이름을 붙인 것이 음양이고 오행입니다. 여기까지는 무슨 말인지 이해가 가십니까? 이해를 못하면 넘어가지 마세요. 무조건 외우면 되는 학문이 아닙니다. 우리가 보통 학문을 하듯이 암기하면 되는 그런 학문이 아니라서 명리학을 어렵다고 하는지도 모릅니다. 이해를 바탕으로 공부를 해나가야 합니다.

　자평진전이라는 고서에 나와 있는 분화과정은 이렇습니다. 마치 우주의 탄생을 이야기하듯이 무극에서 태극이 생겨납니다. 여기서 태극은 음양이 생겼다는 말입니다. 다시 음양에서 오행으로 분화가 됩니다. 태극에서 태양과 소양 그리고 태음과 소음 그리고 그 둘을 연결해 주는 토(土)가 생겼다고 합니다. 이것이 바로 오행으로 분화를 이야기하는 것입니다. 그리고 다시 오행에서 10천간으로 분화되는 과정을 설명합니다. 그리고 12지지로 최종 분화되는 과정도 책에 정확하게 기술이 되어 있습니다. 이것을 우리가 살고 있는 지구의 생성과정으로 이해를 하셔도 됩니다. 하지만 너무 먼 이야기 같아서 이해를 잘 못하시는 분들이 있습니다. 저는 이 과정을 더욱 현실적으로 설명을 하고자 합니다. 우리가 매일 만나는 하루라는 시간을 태극이라고 말하고 싶습니다. 하루 안에는 양과 음이 존재합니다. 그것은 세월이라는 시간의 흐름에 따라서 흘러갑니다. 우리가 공부하는 것이 바로 시간입니다. 어느 기간 동안에 일어나는 운동이 바로 우리가 주목해야 할 중요한 부분입니다. 그것을 일컬어 음양이라 했습니다. 낮에 일어나는 운동을 양이라 하고 밤에 일어나는 운동을 음이라고 기준을 잡으면 됩니다. 그것을 바탕으로 세상 모든 만물이 구분지어집니다. 물상과 행동 그리고 형상들이 모두 나누어집니다.

　낮이라는 양(陽)은 발산하고 움직이는 모양이고 밤이라는 음(陰)은 수렴하고 멈추고 수동적인 것을 뜻합니다. 양과 음이라는 글자에 어떤 비밀이 숨겨져 있는지 정확히 아는 사람은 별로 없습니다. 그냥 양은 낮이고 남자이며 음은 밤이고 여자라고만 알고 있습니다. 규정지어진 것들만을 암기하는 방식으로 공부를 한다면 절대 자연을 볼 수가 없고 명리라는 학문을 이해할 수가 없습니다. 낮과 밤에서 연상되는 운동을 기준으로 스스로 세상 모든 물상과 운동을 분류해 보아야 합니다. 그것이 진짜 명리공부입니다.

우리가 살아가는 하루라는 시간을 확실히 이해를 해야 합니다. 그리고 다시 하루는 오행이라는 시간을 지나갑니다. 오행은 사계절을 의미합니다. 사계절은 4개인데 왜 오행이라고 했냐는 의문이 들 것입니다. 그것은 옛 선인들은 봄과 여름을 양이라 생각했고 가을과 겨울을 음이라 생각했으며 그것을 크게 음양으로 구분 짓는다면 두 개를 연결하는 운동을 하는 것이 존재한다고 믿고 그것을 연결해 주는 운동을 토(土)라고 규정했습니다. 보통 명리 책에는 토(土)를 흙이라는 물질로 가르치고 있습니다. 하지만 토(土)라는 의미는 사실상 그런 뜻이 아닙니다. 12지지에서 진(辰), 술(戌), 축(丑), 미(未)에 대한 정확한 판단과 이해는 명리고수로 가는 지름길입니다. 하루라는 음양 운동을 끊임없이 하면서 사계절을 지나가는 시간의 흐름 속에서 우리는 살아가고 있습니다. 고로 우리가 공부하는 명리학은 우리가 살아가는 시간을 공부하는 학문입니다.

오행은 다시 10천간으로 분화가 됩니다. 봄이라는 木이 하늘에 기운으로 분화가 되어 甲-초봄, 乙-늦봄으로 분화가 됩니다. 카페에 역학질문 방에 생(生)木과 사(死)木에 대한 질문이 나와 있습니다. 甲(木)은 나무가 아니라고 제가 주구장창 주장을 합니다. 차라리 寅(木)을 목이라고 한다면 어느 정도 이해가 갈지도 모르겠지만 甲(木)이 나무라고 여기고 생목이니 사목이니 하는 것은 어불성설입니다. 천간은 아직 지상에 내려오지 않은 하늘에 기운을 뜻합니다.

그래서 제가 천간 합으로 한 편의 시를 적어서 세상에 알리지 않았습니까? 천간과 지지의 구분도 하지 못한다면 어떻게 명리공부를 할 수가 있겠습니까? 제가 자주 주장하는 것들 중에는 오행에 빠지지 말고 육친에 빠지지 말고 간지 구분을 명확히 해야 한다고 주장을 합니다. 그것은 문자에 빠지기 때문에 일어나는 오류들입니다. 항상 시간의 흐름에 따라서 변화하는 자연의 운동에 집중을 해야 합니다. 甲이라는 글자는 나무가 아니고 초봄으로 보거나 아니면 차라리 낙뢰로 보는 것이 더 정확한 것입니다. 여러분은 앞으로 한번만 더 甲을 나무라고 한다면 우리 협회에서 퇴출될 것입니다. 10천간과 12지지는 60갑자라는 조합으로 우리가 실제로 사주를 감명할 때 쓰이는 중요한 수단이 됩니다. 물론 음양과 오행에서 분화를 했지만 22간지는 나름대로의 규칙에 따라서 움직입니다. 천간은 합과 충에 의해서 움직입니다.

지지는 육합과 방합 그리고 삼합이라는 규칙에 의해서 합하고 충과 형이라는 규칙도 있습니다. 간지의 관계에서는 오행에서의 상생과 상극은 잊어버리는 것이 좋습니다. 또 한 가지 중요한 것이 있습니다. 천간과 지지와의 관계 설정은 12운성과 12신살로 합니다. 천간은 지지를 극하거나 생하지 않습니다. 지지도 천간을 생하거나 극하지 않습니다. 그것은 오행의 법칙에서나 있는 일입니다. 천간과 지지의 관계는 12운성과 12신살로 해석해야 합니다. 지지의 기운이 천간에 투출이 되었는지를 볼 수 있고 천간의 기운이 지지에 뿌리를 두었는지 볼 수 있습니다. 그 외에 천간과 지지는 연관되지 않습니다. 우리가 음양과 오행과 천간과 지지를 공부할 때 가장 중요하게 다뤄야 하는 부분이 22간지입니다.

음양과 오행은 10천간과 12지지로 분화되는 과정을 보여주는 것이며 실제 우리가 사주팔자를 논할 때 사용하는 글자는 22간지입니다. 그래서 우리가 각각의 운동성과 기운을 알아야 하고 확장 연습을 해야 할 부분이 22간지입니다. 무엇을 기준으로 10천간을 이해하고 확장하는 연습을 해야 할까. 甲은 초봄이고 乙은 늦봄이고 丙은 초여름이고 丁은 늦여름이다. 戊와 己는 크게 양과 음을 연결해 주는 중계역할을 한다. 庚은 초가을, 辛은 늦가을이고 壬은 초겨울이고 癸는 늦겨울이라고 봅니다. 이것을 기준으로 삼아서 물상으로 확장을 해야 합니다. 스스로 확장이 어렵다면 책에 분류된 물상과 운동성을 100% 이해를 해야 합니다. 이것이 이해가 안 되면 진도를 나가지 말아야 합니다. 이해가 되도록 주변에 도움을 요청하여 꼭 이해를 하고 넘어가세요. 특히 천간은 정신적인 면이고 생각이라는 점도 명심하세요. 이상과 현실은 다르니까요.

12지지는 하나도 버릴 것이 없는 현실적으로 무조건 사용이 되는 글자입니다. 甲이라는 초봄에 기운이 寅이라는 지지로 내려오고 乙이라는 늦봄에 기운이 卯라는 지지로 내려옵니다. 봄을 마무리 짓고 여름을 열어주는 글자가 辰이 되겠습니다. 이러한 운동성을 더 정확하게 결정지어 주는 것이 있습니다. 寅월은 우리가 사용하는 달력으로 보아서 음력 1월에 해당합니다. 卯는 음력 2월. 辰은 음력 3월이지요. 각각 한 달간 일어나는 운동성에 주목을 해야 합니다.

또 한 가지 힌트 사항이 있습니다. 우리가 옛날에는 하루를 12시간으로 나누어 불렀습니다. 子시, 丑시, 寅시, 卯시, 辰시부터 亥시까지 12시가 있습니다. 子시란 밤 11시부터 새벽 1시에 일어나는 운동을 기준으로 해석을 해도 됩니다. "子는 水이다"라는 식의 해석은 이제 그만했으면 좋겠습니다. 또한 辰(土)은 子(水)를 극한다는 말도 그만했으면 합니다. 이것은 오행에 빠지는 현상인 것입니다. 엄연히 음양이나 오행에 적용되는 규칙이 있고 천간과 지지에서 사용되는 규칙이 따로 있습니다. 모두를 분류해서 사용을 해야 한다는 것입니다. 마지막으로 한 가지 더 있습니다. 육친이라는 것에도 함정이 있습니다. 재성이 관성을 생한다는 말이 맞기도 하고 틀리기도 한 경우가 많습니다. 그것은 나중에 설명 드리기로 하겠습니다. 우선 음양과 오행 그리고 10천간과 12지지를 전체적인 시각으로 이해를 하셔야 합니다. 그것들은 각각 규칙이 따로 정해져 있다는 것도 기억하십시오. 또한 우리가 사주팔자를 감명하는데 사용하는 중요한 수단은 22간지라는 것도 아셔야 합니다. 22간지에 대한 운동성을 충분히 이해하고 물상으로 확장을 해 보거나 아니면 책에서 확장을 해놓은 것을 100% 이해를 하고 넘어가야만 나중에 우리 학파에서 사용하는 관법을 활용할 수가 있답니다. 격용론을 공부한 사람들은 기초 부분에서 이런 점을 간과했기 때문에 우리 관법을 따라 하지 못합니다. 오늘은 이것으로 마치겠습니다. 마지막으로 질문 있으면 받겠습니다.

수강생1

다음시간에 공부할 내용을 알려 주시면 저 같은 초보자에게 도움 될 듯합니다.

사부님

지금 강의는 음양 따로 오행 따로 합, 충, 형, 파 따로 이렇게 나가지 않습니다. 그렇게 따로 공부를 하시면 전체적인 이해가 어렵거든요. 다음시간에 구분지어 단편적인 공부를 하지는 않습니다. 포괄적인 이해를 구한 다음에

세부적으로 들어가 보겠습니다.

수강생2

낙뢰에 대하여 왜 낙뢰라 하는지요?

사부님

甲을 낙뢰나 번개라고 하는 것은 천간에 甲은 나무가 아니고 자연현상 그대로 번개라고 보시면 됩니다. 다시 말하면 초봄을 왜 甲이라고 했나와 같은 의미입니다. 하늘에 기운 중에서 甲은 번개라고 하고 乙는 먹구름이라고 한 것입니다.

수강생2

운동성에 좀 더 공부를 해야겠다는 생각을 합니다. 감사합니다.

사부님

낙뢰에 대한 다른 설명을 한다면 농경시대인 옛날에 초봄이 오면 농사를 짓기 위해서는 비가 상당히 중요했기 때문에 봄비가 내리려면 하늘에 번개가 쳐야 비가 내리고 농사를 준비할 수가 있었기에 甲을 10천간의 첫 글자로 정했다고 볼 수가 있습니다. 자~ 다른 질문이 없으면 여기서 마치겠습니다.

수강생1

수고하셨습니다.

수강생3

감사합니다.

수강생4

사부님 고생 많으셨습니다. 감사합니다.

수강생2

아~ 그렇군요. 감사합니다.

제 3 장

오행과 육친 그리고 22간지에서 적용되는 법칙은 다르다

처음 시간에는 문자 이전에 운기에 집중을 하라고 강의를 했습니다. 둘째 시간에는 음양과 오행과 천간지지는 분화되는 과정이라고 강의를 했습니다. 오늘은 오행과 천간지지 그리고 육친에 관련된 강의를 해 보겠습니다. 항상 따로 분리해서 공부를 하시는 것보다는 포괄적으로 연계를 해서 공부하시는 것이 좋습니다. 우선 오행에서 사용되는 법칙을 살펴봅시다. 오행에는 상생과 상극이라는 법칙이 존재합니다. 그것은 음양이라는 하루가 오행이라는 사계절을 거쳐 가면서 어떤 변화를 일으키는가를 살피는 일이지요. 오행의 상생은 목(生)화, 화(生)토, 토(生)금, 금(生)수, 다시 수(生)목이 됩니다. 이런 정도는 다 아시겠지요. 하지만 정확한 해석방법은 다를 수가 있습니다.

물론 아직도 대부분의 명리강의에서 이루어지는 설명은 아래와 같습니다. 대부분에 책들도 마찬가지고요. 나무가 불을 지피고(목 生 화), 불이 흙을 만들고(화 生 토), 흙이 금을 만들고(토 生 금), 금이 물을(금 生 수) 만든다. 이런 해석이 대부분일 것입니다. 물론 이런 해석을 무조건 부정하는 것은 아닙니다. 다만 이 정도의 낮은 지식으로는 명리라는 학문을 이해하는 것은 어렵다는 것입니다. 오행의 근본적인 이해가 부족하다 보니 이런 해석이 나오는 것입니다.

우리 협회에서 주장하는 해석법은 아래와 같습니다. 봄이 가니 여름이 오고(목 生 화) 여름이 가니 가을이 오고(화 生 토 生 금) 가을이 가니 겨울이(금 生 수) 온다. 오행의 상생은 계절의 진행을 뜻한다고 봅니다. 오행의 상극도 마찬가지입니다. 일반적인 해석으로는 나무가 흙을 극하고(목 剋 토) 흙이 물을 극하고(토 剋 수) 물이 불을 극하고(수 剋 화) 불이 금을 극하고(화 剋 금) 금이 목을(금 剋 목) 극한다. 물론 틀리다는 것이 아니고 너무 단순한 해석이라는 것입니다. 오행에 대한 정확한 지식이 부족하여 나오는 설명이라고 봅니다. 오행의 상극은 정확하게 보자면 봄과 가을의 기운이 반대로 작용하며 여름과 겨울의 기운이 반대로 작용을 한다고 보는 것이 정확하겠습니다. 하지만 토라는 특수한 기운을 넣었기 때문에 약간 변형된 해석이 나오게 되었답니다. 오행상극을 정리하자면 木(극)土, 土(극)水, 水(극)火, 火(극)金, 金(극)木이 됩니다.

오행의 상생과 상극은 모두 알고 있을 것이고 우리가 주목해야 하는 부분은 대자연이 변화하는 운동을 중심으로 보는 시각이 중요하다는 것을 알아차려야 합니다. 또 한 가지 명심해야 하는 부분은 오행의 상생과 상극의 개념은 오행에서만 통용된다는 것입니다.

이 개념을 천간과 지지에까지 가지고 가서는 안 된다는 점입니다. 이것을 경계하라는 의미로 저는 자주 오행에 빠지지 말라고 합니다. 오행에 빠진다는 말은 오행의 상생과 상극 개념을 천간과 지지에다가도 적용을 시킨다는 것입니다. 그것은 아주 잘못된 습관입니다. 하나만 예를 들겠습니다. 오행의 상극 개념으로 보면 목(剋)토가 맞는데. 천간에서는 甲, 己(合)土는 갑(木)과 기(土)가 극하지 않고 합을 합니다. 이것은 오행상생과 상극의 법칙에 맞지가 않습니다. 이런 부분은 모순되는 부분인데 그것은 오행에서 통하는 법칙과 천간과 지지에서 통하는 법칙이 다르다는 것입니다. 그것을 잘 이해를 하고 넘어가야 한다는 말입니다. 천간에서는 더 이상 오행의 상생상극 법칙이 통하지를 않습니다. 천간에서만 통하는 법칙이 따로 있습니다. 그것은 천간 합과 천간 충입니다. 천간은 상생과 상극이 없습니다. 대신 합과 충의 법칙만이 존재합니다. 지지에서는 또 달라집니다. 지지는 육합과 삼합 그리고 방합이라는 형태의 법칙이 있습니다. 지지는 충과 형이라는 법칙도 적용됩니다. 더 이상 오행의 상생과 상극의 법칙은 적용되지 않는다는 것입니다.

육친을 보면 다시 상생과 상극의 법칙이 등장합니다. 비겁은 식상을 생하고 식상은 재성을 생하고 재성은 관성을 생하고 관성은 인성을 생하고 인성은 비겁을 생합니다. 상극관계는 비겁은 재성을 극하고 재성은 인성을 극하고 인성은 식상을 극하고 식상은 관성을 극하고 관성은 비겁을 극합니다. 육친에서도 상생상극의 법칙이 적용됩니다. 그러면 어느 쪽의 법칙을 우선으로 적용해야 하느냐가 문제입니다. 결론부터 말하자면 천간과 지지의 법칙이 우선합니다. 우리가 사주를 감명할 때 사용하는 글자가 천간지지이니까요.

육친은 자연의 운동을 인간관계로 변형시키는 과정에서 필요한 장치입니다.

이 3가지 법칙이 따로 존재하는데 그것을 어떻게 적절히 적용을 시키느냐가 중요한 문제가 됩니다. 물론 그런 것도 모르고 마구잡이로 적용하는 경우도 많습니다. 모르니까 하는 실수겠지만 그렇게 되면 사주해석에 많은 오류를 남기게 됩니다. 지금까지 오행과 천간지지 그리고 육친에서 적용되는 법칙에 대하여 설명하였고 어느 것이 우선되어야 한다고 말을 했습니다. 그럼 이제부터 질문 받겠습니다.

수강생1

천간에서 합과 충만 존재한다 했는데 그 말뜻이 무엇입니까?

사부님

오행의 상생과 상극 개념을 천간지지까지 끌고 가지 말라는 뜻입니다. 오행에서 상생과 상극의 법칙이 있었다면 천간에서는 그런 법칙이 적용이 되지 않고 합과 충에 법칙만 적용이 된다는 뜻입니다.

수강생1

그럼 丁과 癸가 만나고 丙과 癸가 만날 경우에 丙(火)과 癸(水)의 관계는 어떤 관계인지요?

사부님

丁과 癸는 천간 충이지만 丙과 癸는 아무 관계도 아닙니다. 오행으로는 당연히 상극이라고 해석이 되는데 그것은 오행에서 통하는 것이고 丙과 癸는 오행이 아니고 천간이기 때문에 상생과 상극의 논리로 접근을 하지 말라는 뜻입니다.

수강생1

丙(火)과 癸(水)가 나란히 만나면 어떤 작용이 생기지 않나요?

사부님

지금 여기서 설명하려는 뜻은 천간에서는 더 이상 오행의 개념이 통하지 않고 그들만의 법칙이 있는데 그것이 합과 충이라는 법칙이라는 것입니다. 다시 말씀드리면 오행에서 상생이 천간지지에서는 합으로 변형이 되었고 오행에서 상극이 천간지지에서는 충으로 변형이 되었다고 생각하시면 편하겠습니다.

수강생1

네. 이제 이해가 됩니다. 감사합니다.

사부님

지지에서는 더욱 복잡해집니다. 육합, 방합, 삼합, 충, 형이라는 법칙이 있습니다. 자주 헷갈리는 부분을 다시 설명 드리겠습니다. 천간에서 戊(土)는 癸(水)를 오행 상으로는 土극水 해야 하는데 천간에서는 합을 합니다. 이것을 짝이라고 합니다. 내가 극하는 오행인데 음양이 다르면 짝을 짓는다는 것입니다. 戊(土) 입장에서 癸(水)는 육친으로 정재가 되고 癸(수) 입장에서 戊(토)는 정관이 되므로 천간 합을 부부 합이라고 합니다. 이렇게 오행의 법칙이 통하지 않는 것이 천간과 지지입니다. 육친도 마찬가지 입니다. 예를 들어 질문을 하겠습니다. 甲(木)일간이 지지에 子(水)가 寅(木)을 오행으로 水(생) 木 또는 육친으로 인성이 비견을 생할까요?

수강생1

子(水)는 청수이며 특히 子월일 경우 甲(木)을 생하기보다는 자칫 부목이나 한랭 목으로 생이 어렵겠죠. 이때 丙(화)나 戊(토)가 투출하면 가능하지요.

사부님

무조건 오행이나 육친으로 보아서 생한다는 생각은 틀리다는 것을 알려주려는 것입니다. 子를 청수라고 부르고 한랭 목이나 부목이라고 부르는 것은 전형적인 격용론을 공부하신 분들이 하시는 말씀입니다. 천간지지를 단순하게 물질로 보는 나무나 물에 시선을 고정시킨 사례라고 할 수가 있습니다. 여기서는 그런 잘못된 견해를 버리는 것부터 공부를 시작을 해야 합니다.

수강생1

네. 깊은 뜻을 이제 알겠습니다.

사부님

亥(水)는 寅(목)을 생 할 수 있습니다. 이유는 寅과 亥는 육합이니까 돕는 것이고 子는 寅과 합도 충도 형도 아닙니다. 둘은 서로 추구하는 삼합의 결과물이 다르기 때문에 돕지 않습니다. 더 깊게 들어가면 子(水)와 寅(木)은 격각이라 서로 반목한다고 봅니다. 삼합으로 구분 지으면 寅은 火국을 지향하고 子는 水국을 지향하는 반대운동을 하니까 그렇게 판단합니다.

수강생1

寅, 午, 戌, 火국과 申, 子, 辰. 水국을 말하는군요.

사부님

거기까지는 아직 안 들어가겠습니다. 일단 오행이나 육친의 상생과 상극 개념은 천간과 지지에서는 적용이 되지 못한다고 이해를 하세요. 그들만의 법칙을 적용하시면 됩니다. 그것만 알아도 엄청 발전을 하신 것으로 봅니다. 강의를 듣다가 이해가 안 가는 부분이 있으면 질문을 하세요. 이해를 하고 넘어가야 하니까요.

수강생1

子와 寅은 관계가 격각이니 서로 반목의 관계가 생긴다. 감사합니다. 오행의 상생과 상극이 천간과 지지에 그대로 적용되지 않는다는 참신한 이론에 찬사를 보냅니다. 감사합니다.

사부님

저는 교재를 가지고 강의하지 않습니다. 상황에 따라서 필요한 내용을 강의합니다. 또한 강의록도 준비하지 않습니다. 게을러서가 아닙니다. 강의록을 준비하게 되면 앵무새처럼 항상 똑같은 강의를 하게 되니까 그렇습니다. 질문이 없으면 이만 마치겠습니다. 수고하셨습니다.

수강생2

휴~ 감사합니다.

수강생1

감사합니다. 고생 많았습니다.

제 4 장
지장간과 월령용사 그리고 합, 충, 형의 해석

오늘은 지장간과 월령용사 편입니다. 지장간부터 시작하겠습니다. 지장간을 우리는 지금까지 월령용사로 착각을 하고 사용을 했었습니다. 사실은 지장간과 월령용사가 다르답니다. 뭐 큰 차이는 아니지만 그래도 다른 점이 있습니다. 우선 지장간이란 것은 지지가 지니고 있는 고유에 천간의 기운입니다.

지장간(支藏干)

子라는 지지에는 癸라는 천간이 들어 있습니다.

丑에는 癸, 辛, 己.

寅에는 戊, 丙, 甲.

卯에는 乙.

辰에는 乙, 癸, 戊.

巳에는 戊, 庚, 丙.

午에는 己, 丁.

未에는 丁, 乙, 己.

申에는 戊, 壬, 庚.

酉에는 辛.

戌에는 辛, 丁, 戊.

亥에는 甲, 壬이라는 천간이 들어 있습니다.

전에 알던 지장간과는 약간 다릅니다. 지장간 중에서 체와 용이 다른 글자가 있습니다. 子와 亥 그리고 巳와 午가 그렇습니다. 원래는 양지(陽地)로 분류되었으나 실제로 사용할 때에는 음지로 사용하거나 원래는 음지로 분류되었으나 실제로 사용할 때에는 양지로 사용하는 경우를 말합니다. 체는 양인데 용은 음이 되고 체는 음인데 용은 양이 된다는 예기지요. 子는 양으로 분류된 지지이지만 지장간에 癸가 있어 실제로는 음으로 사용됩니다. 亥는 음으로 분류된 지지이지만 지장간에 壬이 있어 실제로는 양으로 사용됩니다. 午는 양으로 분류된 지지이지만 지장간에 丁이 있어 실제로는 음으로 사용됩니다. 巳는 음으로 분류된 지지이지만 지장간에 丙이 있어 실제로는 양으로 사용됩니다.

전에 알던 지장간은 子 안에는 壬, 癸가 있고 壬은 여기로서 10일간 사령하고 癸는 20일간 중기와 정기로 사령한다고 했었습니다. 그것은 월령용사입니다. 전에 명리학이 중국에서 일본을 통해서 한국으로 전해지는 과정에서 해석의 오류로 월령용사를 지장간으로 잘못 전달되었다는 설이 있습니다. 그래서 정확성을 위해서 저는 구분지어 사용함이 옳다고 판단하고 구분지어 사용하고 있습니다. 월령용사는 격국을 논할 때 사용하는 경우에 해당하므로 사실 저희 협회 입장에서는 잘 사용하지 않습니다. 그러니 새로운 지장간만 잘 암기하고 이해를 하시면 되겠습니다. 지장간이라는 것을 외워서 어디에 사용을 하는가. 천간과 지지가 있고 지지 속에는 지장간이 있습니다. 천간은 주인공이고 지지는 조연이며 지장간은 엑스트라라고 이해하시면 됩니다.

천간은 지지에 기반을 두었을 때 사용이 가능합니다. 지지는 무조건 사용이 됩니다. 지장간에 있는 육친도 있는 것으로 치는데 그 사용은 합이나 충에 의하여 나타났다가 사라지는 역할을 합니다. 지장간에 있는 것도 때에 따라서는 아주 크게 작용력을 가진답니다. 물론 없는 것보다는 지장간에라도 있는 것이 훨씬 좋겠습니다.

지장간은 드러나지는 않았지만 약하게 존재하다가 때에 따라서 나타나서 작용하는 모양을 잘 살펴야 제대로 된 팔자해석이 가능하겠지요. 지장간을 잘 보고 해석을 해야 제대로 된 해석을 할 수가 있답니다. 천간의 합은 두 글자 모두 작용력을 정지시키는 작용을 하므로 천간은 합을 꺼립니다. 천간 합의 종류는 다음과 같습니다.

천간 합

甲 己 (합) 土.

乙 庚 (합) 金.

丙 辛 (합) 水.

丁 壬 (합) 木.

戊 癸 (합) 火.

천간 합은 부부 합으로 甲의 입장에서 보면 己는 육친으로 정재가 되고 己의 입장에서 보면 甲이 정관이 되므로 부부 합이라고 합니다. 간지론의 입장에서 합은 간섭인자로 해석을 하는 경우가 많습니다. 천간 충은 여러 가지 주장이 있는데 우리 협회에서는 방위 충을 택하여 다음과 같이 사용합니다.

천간 충

甲 庚 (충). 乙 辛 (충).

丙 壬 (충). 丁 癸 (충).

충은 대체적으로 간섭인자 중에서 역마작용으로 해석을 합니다. 직업이나 장사를 하는데 한 자리에 있지 않고 옮겨 다니거나 이동을 하는 직종이나 업종을 말하는 것입니다. 지지 합에는 삼합과 방합 그리고 육합이 있습니다. 차례대로 나열을 해 보겠습니다.

지지(地支) 삼합(三合)

申 子 辰 (합) 水.

亥 卯 未 (합) 木.

寅 午 戌 (합) 火.

巳 酉 丑 (합) 金.

지지 삼합은 신자진 수국을 예로 들어서 12운성으로 첫 글자는 水의 장생에 해당하는 申이 있고 두 번째 글자는 제왕에 해당하는 子가 있고 입묘에 해당하는 辰이 위치합니다. 12지지를 운동성으로 분류할 때 가장 합이 강한 그룹으로 판단을 하며 제왕을 기준으로 양쪽에 글자들은 자기가 지닌 오행의 기본 성질을 버리고 합의 결과로 바뀌는 오행으로 글자의 성질이 바뀌게 됩니다.

지지 방합

寅 卯 辰 (합) 木.

巳 午 未 (합) 火.

申 酉 戌 (합) 金.

亥 子 丑 (합) 水.

방위의 합으로 오행의 강약을 구분할 때 사용하며 계절의 합이라고도 합니다.

지지 육합

子 丑 (합) 土.

寅 亥 (합) 木.

卯 戌 (합) 火.

辰 酉 (합) 金.

巳 申 (합) 金.

午 未 (합) 火.

육합은 오행의 상생과 상극에 관계없이 이루어지는 합으로 서로 돕는 역할을 한다고 해석합니다.

지지 충

子 午 (충).

卯 酉 (충).

寅 申 (충).

巳 亥 (충).

辰 戌 (충).

丑 未 (충).

충은 파괴나 해산 등의 불리한 작용도 하지만 정치성이나 충전작용도 있고 역마작용도 있다고 봅니다.

지지 형

寅 巳 申 (형).

丑 戌 未 (형).

子 卯　　(형).

辰 辰, 午 午, 酉 酉, 亥 亥 (자형)

형은 직업이나 업종을 선택할 때 많이 참작을 하는데 주로 의료, 법무, 세무, 금융, 보험 등의 업종이나 직업으로 해석을 합니다. 종합적으로 합, 충, 형, 파는 상호 육친의 작용력에 간섭을 하여 결과적으로 어떤 행위를 만들어내는 모양을 유추해내는 데 용이하게 사용이 됩니다. 간지론으로 감명을 하는 데 있어서 유용하게 사용이 되므로 반드시 암기를 해두어야 합니다. 지장간에 대한 궁금한 점이 있으시면 질문하세요.

수강생1

충에 뿌리가 상했을 경우는 어떤가요?

사부님

우리 협회에서 충이라는 현상을 어떻게 이해하느냐가 제일 중요하겠습니다. 충을 깨진다거나 사용하지 못한다는 해석은 하지 않습니다. 다만 간섭인자나 역마작용이 있는 것으로 해석을 합니다. 오행이나 육친의 상생관계를

22간지에서는 합과 충으로 대처해서 사용하는 것입니다. 삼합이나 육합 그리고 방합 모두 오행이나 육친의 상생작용으로 해석을 합니다. 충 작용은 상극작용으로 해석을 합니다. 천간이나 지지의 입장에서는 상생이나 상극이라는 개념이 없고 합과 충 그리고 형이 있을 뿐입니다. 이 점은 분명히 명심해야 합니다.

오행이나 육친의 상생상극 개념은 실제 감명에 사용이 되지 못하는 이유는 천간과 지지에서는 그런 식으로 해석을 하지 못합니다. 22간지에서는 합과 충 그리고 형으로만 해석을 해야 합니다. 甲일간에 월지가 子이고 년 지가 辰이라고 했을 때 오행으로 보면 辰(土)이 子(水)를 극한다고 해석할 수 있고, 육친으로 보면 편재가 인수를 극한다고 볼 수 있는데 이렇게 해석하면 틀린 것입니다. 실제로 子, 辰은 반합입니다.

수강생2

申 子 辰 삼합이네요.

사부님

오행이나 육친의 상생상극은 통용이 안 되는 곳이 22간지입니다. 보통 육친으로 상생상극을 많이 적용하는데 틀린 해석입니다.

수강생1

저도 그렇게 해석하시는 분들 많이 봤습니다.

수강생2

상생, 상극은 어떨 때 쓰나요? 감명할 땐 안 쓰는데.

사부님

오행과 육친의 상생상극 논리에 빠진 사람들이 부지기수입니다. 오행이나 육친의 상생상극은 실제 감명에서는 사용을 하시면 안 됩니다. 육친도 편의 상 식상이 재성을 생한다는 기본 논리일 뿐입니다. 사실 실제 통변을 할 때는 천간의 합과 충 그리고 지지의 육합, 삼합, 방합, 충, 형으로 해석을 해야 맞습니다.

수강생1

절대 잊지 않겠습니다. 지지에 충이 있을 때 천간과 지장간에도 영향을 미치는가. 지지가 상하느냐 안 상하느냐가 궁금합니다.

사부님

辰, 戌, 丑, 未는 일단 충이 되면 모든 지장간이 튀어 나온다고 해석을 합니다. 열쇠역할을 하니까 개고가 되어 자물쇠가 열려서 지장간 모두를 사용하게 된다고 합니다. 그렇다고 볼 수도 있지만 실제 해석을 해 보면 꼭 그렇지만도 않습니다. 그럼 子, 午. 충이나 卯, 酉. 충은 어떨까요? 12운성으로 제왕의 충이지요. 서로 양보하지 않는 극단적인 대립입니다. 그럼 子, 午가 충을 하면 어느 지지가 당할까요? 水가 火를 극할까요? 기본적으로 두 지지 중에 어느 지지가 역할을 못하는지는 대운을 보고 판단합니다.

수강생2

충해서 어느 쪽이 당하는지는 몰랐는데요.

사부님

만약에 대운이 巳, 午, 未로 간다면 子는 역할을 못한다고 봐야겠지요?

수강생2

대운에 흐름을 보고 누가 이길지 판단하는군요.

사부님

그리고 亥, 子, 丑대운으로 간다면 午가 역할을 못하겠지요. 계절이 여름이니 水가 火를 극하지 못한다는 것입니다.

수강생2

그러네요.

사부님

그리고 충을 해서 상대 지지를 깬다고 생각하지는 마세요. 우리 학문은 충을 역마작용 내지는 제어하고 컨트롤한다고 봅니다. 원래 오행에서의 상극 관계도 어느 한 쪽이 상대를 극한다고 판단하지 않습니다. 서로 상(相)자가 들어 있기 때문에 일방적이지 않습니다. 서로 견제하고 컨트롤하는 것입니다. 합도 마찬가지입니다. 상생의 관계를 22간지에서는 합이라고 표현한다고 보면 됩니다. 오행이나 육친에서 상생은 22간지에서 합이라고 생각하세요.

물론 천간에서 합은 역할을 상실하는 것이라고는 하지만 그렇다고 없는 것으로 판단하면 안 됩니다. 작용력이 반쯤 떨어진다고 보는 것이 좋겠습니다. 천간 충은 나쁘지 않습니다. 지지 충은 천간과 달리 어느 정도 충에 해를 입기는 합니다. 하지만 간섭인자로서 역마작용이 우선입니다. 직업이나 살아가는 모습을 살필 때 매우 유용하게 사용이 됩니다. 일단 지장간에 있는 것도 없는 것으로 판단하지 않기 때문에 지장간도 잘 살펴야 합니다. 그럼 언제 지장간에 있는 글자들이 실제 사용이 될까요? 子, 午, 卯, 酉는 사용이 자동으로 되겠습니다. 寅, 申, 巳, 亥는 어떨까요. 寅, 亥 (합) 木으로 합이 되면 亥 안에 들어 있던 甲이 나타나겠지요. 辰, 戌, 丑, 未는 열쇠가 충을 할 때에 튀어 나와서 사용이 된다고 봅니다. 子, 午, 卯, 酉는 무조건 사용되는 것이고 寅, 申, 巳, 亥는 합에 의해서 끌어내서 사용합니다.

亥가 寅과 합하여 왜 木이 되느냐를 설명하려면 지장간을 보면 됩니다. 亥(戊, 甲, 壬) 안에 甲(木)의 인자가 있다가 드러나는 것입니다. 또한 亥가 卯를 만나도 木이 됩니다. 亥, 卯, 未 木국으로 반합이니까 이때도 亥(水)가

木이 되는 이유를 지장간이 설명해 줍니다. 지장간도 중요하지만 오늘 중간에 얘기한 합, 충, 형, 파에 대한 이해가 더욱 중요합니다. 우리 책에서 가장 먼저 머리말부터 강조하는 점이 있습니다. 오행에 빠지고 육친에 빠진다는 것은 상생상극 개념을 말하는 것입니다. 22간지에서는 그런 개념이 통하지 않습니다. 합, 충, 형, 파만 사용됩니다. 이것을 명심해야 합니다. 다른 학파들이 자주하는 실수라서 강조를 하는 것입니다.

수강생1

사주원국에 가지고 있던 형이 대운이나 세운에서 삼형이나 형이 되었을 때 직업으로 풀어야 하나요?

사부님

사주원국에 형살이 있다면 어느 육친에 있는지 어느 자리에 있는지를 먼저 파악해야 합니다. 대체로 사주원국에 형살이 있다면 본인이 형살에 관련이 있는 직업에 종사하는 경우가 많습니다.

수강생1

저는 壬寅일주입니다. 癸巳년에 寅, 巳 형이 온다면 어떻게 되는지요.

사부님

사주원국에 없다면 직업으로 선택할 일은 아니고 대운에서 온다면 10년이니까 혹여 직업 변동도 되겠지만 세운에서 오는 것은 다릅니다. 충보다는 약하게 작용하는 것이 형이고 사고, 질병 등을 조심해야 합니다.

수강생2

편재가 천간에서는 년에 있고 지지에서는 시에 있다면 사업을 늦게 한다는 것인지요?

사부님

년 천간에 편재가 있으면 그것이 지지에 뿌리를 내렸는지를 살펴야 합니다. 뿌리가 있다면 일찍 사용되겠지요. 지지에 같은 편재가 있어야 뿌리가 되는 것은 아닙니다. 12운성으로 분석을 하여 어느 정도 힘이 있는지를 분간합니다. 시지에 편재는 분명히 늦게 사용되겠지요. 하지만 년 천간에 편재의 사용유무는 다릅니다. 년, 월, 일 지지를 년 천간 편재와 12운성으로 대비를 해봐야 합니다. 지장간에 있다고 뿌리가 되는 것은 아닙니다. 12운성으로 생, 욕, 대, 관, 왕지를 얻으면 사용이 가능합니다. 천간에 있는 글자의 사용유무와 천간과 지지의 관계는 무조건 12운성으로 판단해야 합니다. 천간에 있는 글자가 사용이 가능한가는 지장간을 볼 것이 아니고 12운성으로 대조를 해 보세요. 질문이 없으시면 이만 마치고 다음 주에 뵙겠습니다. 수고하셨습니다.

수강생1

네~ 감사합니다.

수강생2

수고하셨습니다.

수강생3

많이 배웠습니다. 고맙습니다.

제 5 장

12운성과 활용법

오늘은 천간과 지지의 관계를 공부하겠습니다. 천간과 지지와의 관계는 잘 이해를 해야 합니다. 천간은 지지와 상생이나 상극관계가 아닙니다. 지지가 천간을 생하거나 극하지 않고 천간도 지지를 생하거나 극하지 않습니다. 오행이나 육친에서는 생과 극이 있지만 천간지지에서는 합과 충 그리고 형만이 존재합니다.

그렇다면 천간과 지지와의 관계에서 중요한 것은 무엇이며 어떻게 관계를 해석해야 하는가? 그것은 바로 12운성입니다. 우리 협회가 추구하는 명리학에서는 12운성을 무척 중요하게 사용합니다. 천간이 지지에 뿌리를 내렸는가를 살필 때 지장간을 활용하기도 하지만 12운성으로 판단을 하는 것이 정확합니다. 천간 甲(木)이 지지에 어느 정도의 기운을 가지고 있는지를 알고

자 할 때는 12운성으로 살펴보면 됩니다.

12운성을 찾을 때 주로 삼합을 이용해서 빨리 볼 수가 있습니다. 甲(木)은 지지 亥에 장생하고 卯에 제왕하며 未에 입묘가 됩니다. 삼합을 이용하면 금방 알 수가 있습니다. 또한 12운성은 각 육친의 흐름을 세운이나 대운으로 판단할 때에 많이 쓰입니다. 사실상 12운성으로 대운과 세운의 통변을 하는 경우가 많다는 것입니다. 이처럼 우리 학파는 다른 학파에서 잘 사용하지 않거나 쓰지 않는 12운성을 많이 애용합니다. 우리 학파는 12신살은 그다지 많이 사용하지 않고 있습니다. 나중에 기회가 되면 설명을 드리겠지만 12운성과 12신살은 같은 운동으로 해석을 할 수가 있습니다. 12운성과 12신살은 다른 것이 아니고 12운성은 각 천간이 처한 상황이라면 12신살은 처한 상황에 어떻게 반응하는가를 알아보는 것으로 이해를 하시면 됩니다. 12운성은 10천간이 각각 12지지를 만나면서 생로병사의 과정을 거치는 모습을 표현한 것이라고 하겠습니다.

1. 장생(長生)
마치 인간이 처음 출생하고 식물의 싹이 트듯이 無에서 有가 발생하는 상태를 일컫는다.

2. 목욕(沐浴)
사람이 출생한 후에 목욕을 시켜 때를 씻고 식물의 새싹이 파랗게 돋는 것과 같은 상태를 일컫는다.

3. 관대(冠帶)
인간이 점차 장성하여 사회생활을 시작하고 예복을 입는 것과 같이 허리에 띠를 두른다는 의미를 일컫는다.

4. 건록(建祿)

사람이 장성하여 관리에 임명되어 세상을 다스리는 것과 같이 활동의 중추가 되는 상태를 일컫는다. 일명 록(祿)이라고도 한다.

5. 제왕(帝旺)

인간이 체력과 지력과 사업이 이미 최고의 단계에 도달한 것과 같이 정력이 극도로 왕성한 상태를 말한다.

6. 쇠(衰)

전성기를 지나 기력이 쇠퇴해져가는 상태를 말한다.

7. 병(病)

쇠약하여 병이 들고 원기가 없는 상태를 말한다.

8. 사(死)

죽은 상태나 기가 다 빠져서 여력이 없는 상태를 말한다.

9. 묘(墓)

물건을 거둬들여 창고에 들이듯 사람이 죽어서 무덤에 들어간 상태다.

10. 절(絶)

원기가 완전히 끊어져 자취도 없는 상태를 말하며 12운성 중에 가장 약한 상태다.

11. 태(胎)

자궁 속에 태아가 형성되는 것 같은 상태를 말한다.

12. 양(養)

태아가 자궁에서 영양분을 섭취하며 자라듯 탄생을 준비하는 상태다.

위의 12운성은 탄생, 성장, 쇠퇴, 소멸하는 사물의 변화 과정을 풀이한 것인데 어떤 사물이건 위의 열두 가지 단계를 끊임없이 순환한다. 천간이 지지에서 장생, 관대, 건록, 제왕을 만나면 역량이 강해지고 절, 태를 만나면 역량이 약해진다. 희신에 해당하는 천간은 강해지는 12운성을 만나면 더욱 좋고 기신의 천간은 절, 태의 지지를 만나면 나쁜 작용이 미약하게 된다. 반대로 희신의 천간이 절, 태가 있으면 흉하고 기신의 천간이 지지에 장생, 제왕, 건록, 관대의 12운성을 만나면 더욱 나쁜 작용을 하게 된다. 12운성을 공부하다가 궁금한 점이 있으셨다면 질문을 해 보세요.

수강생1

일지를 기준으로 년, 월, 일, 시를 12운성으로 대입하나요?

사부님

일지를 기준으로 12운성을 각 지지에 대입하는 것은 일지가 강한지 약한지를 보려고 할 때 필요합니다. 12운성 활용법을 아직 이해를 못 하신 것 같습니다.

수강생2

丁은 酉에서 장생하고 丙은 寅에서 장생한다고 알고 있습니다. 음, 양간을 구분하여 사용하는지요?

사부님

일반적으로는 천간의 음양을 구분하여 적용하는데 음양을 구분하지 않는 분들도 있는 것으로 압니다. 오행의 12운성으로 사용하는 사람들도 있습니다.

수강생1

구분해서 사용한다고 책에서 본 것 같아요.

사부님

저는 기본적으로 크게는 구분 짓지 않고 우선 양으로만 봅니다. 다시 말하면 오행의 12운성을 채택하는 것입니다. 그런 다음 구분이 필요한 경우에만 나누어 봅니다.

수강생2

어떤 책에서는 구분한다 하고 어떤 책에서는 양간만 사용한다는 설이 분분하던데요.

사부님

일단 나누어서 본다가 답입니다. 경우에 따라서 약간 다른 경우도 있습니다. 그럼 여러분은 12운성을 어디에 적용하여 사용하고 계십니까?

수강생2

일간의 강약보다는 육친에 적용하여 보기도 합니다.

수강생3

천간에 있는 육친을 사용할 수 있는가를 봅니다.

사부님

맞습니다. 천간이 지지에 뿌리를 두고 있는가를 구분 지을 때 기준으로 삼는 것이 12운성입니다. 그래서 큰 제목이 천간과 지지의 관계라고 되어 있습니다. 그리고 또 어떤 경우에 12운성을 사용할까요?

수강생1

육친의 강약 적용할 때와 대운과 세운에 적용합니다.

수강생4

육친의 세운 적용에 매우 작용력이 크다.

사부님

그렇습니다. 사주에 있는 재성이나 관성이라는 육친이 세운이나 대운에 어떤 상황에 놓여 있는지를 감명할 때 사용합니다. 천간에 있든 지지에 있든 천간 화해서 그 육친이 세운이나 대운에 어떤 상황에 놓여 있는지를 살펴봅니다. 이것은 아주 중요한 감명법입니다. 또한 우리 학파는 공망을 매우 중요하게 사용하는데 여러분도 사용하고 있을 것입니다. 책에서 공망은 없는 것으로 본다고 했는데 실제는 그렇지 않습니다. 절반 정도의 역할을 한다고 보는 것이 맞습니다. 정관이 공망 되면 편관처럼 되었다고 보면 됩니다. 편관이 공망 되면 아주 약하게 사용한다고 보는 것입니다. 그것은 실제 감명에서 얻은 답입니다.

수강생3

편재가 공망 되면요?

사부님

재성이 없다고까지는 안 보고 아주 약하게 재성이 존재하는 정도로 봅니다. 그래도 없는 것보다는 좋습니다. 사주에 있는 육친이 어느 상태에 놓여 있나 세운에 대입해서 본다면 甲일간이 辰 편재를 사용한다면 戊는 丙과 12운성이 같이 갑니다. 올해가 壬辰년인데 그냥 육친으로 편재 운이다. 이렇게 판단하지 않습니다. 辰를 천간 화하면 戊가 되고 戊는 丙과 같은 12운성이므로 寅에 장생하고 午에 제왕하고 戌에 입묘가 됩니다. 그래서 寅에 장생, 卯에 목욕, 辰에 관대입니다. 壬辰년에 관대하고 내년과 다음 해는 더욱 편재가 발전한다고 해석합니다. 만약에 戊일간에 亥를 편재로 사용하는 사주가 있다면 세운 壬辰년을 어떻게 감명해야 할까요? 비견 운으로 해석할까요?

수강생3

亥가 辰에 입묘됩니다.

수강생2

편재 壬의 묘지가 辰입니다.

사부님

입묘가 맞습니다. 丙과 戊는 戌에 입묘가 됩니다. 12운성은 이렇듯 육친의 상태를 곧바로 확인이 가능합니다. 오행이나 육친의 상생상극으로 세운이나 대운을 감명하시면 안 됩니다. 용신이나 희신으로 구분 지을 필요도 없습니다. 바로 12운성에 대입하면 됩니다. 그리고 한 가지 더 말씀드릴 것은 천간 甲이 지지에 巳를 생한다고 오행으로 분석하거나 戊일간이라면 관성이 인성을 생한다고 해석하는 경우가 많습니다. 이런 실수를 하지 않기를 바랍니다. 또한 지지 寅이 천간에 丙를 생한다는 해석은 옳지 않습니다. 마찬가지로 戊일간이라면 편관이 인성을 생한다고 하지 마세요. 그런 경우가 허다합니다. 그래서 천간과 지지는 전혀 상생이나 상극을 하지 않는다고 못 박은 것입니다. 그 점은 특별히 명심하시기 바랍니다.

우리 학파에서는 일반적인 명리학과 약간 다르게 해석하는 부분이 있는데 합, 충, 형을 보는 관점이나 해석이 다르다는 것입니다. 우리는 3가지 모든 현상을 간섭인자로 보고 해석을 합니다. 일반적으로 합은 생하고 충은 극하고 형도 극한다고 보는 것이 아닙니다. 심지어 충은 깨트린다고 판단하여 子, 午 충은 子(수)가 午(화)를 깨트려서 사용하지 못하게 만드는 것으로 해석들을 합니다. 우리 학파는 전혀 그렇게 해석하지 않습니다. 우리는 간섭인자로 보는데 그 말은 말 그대로 어떤 육친에 어떤 육친이 합을 하고 있는 모습을 그대로 설명하는 것입니다. 충이나 형도 마찬가지로 두 개의 육친관계를 설명할 때 그 모습을 그림 해석하듯이 자연스럽게 해석합니다. 합은 가까이서 돕는 모습이고 충은 역마로 해석하고, 자주 바꾸는 모습으로 봅니다. 형은 권력이나 의료 같은 부분 또는 끼워 맞추거나 조립하는 모습으로 봅니다.

수강생3

대운이 火나 水가 아니고 木운이면 어떻게 감명을 하지요?

사부님

당연히 木기운이 火를 도우니 水가 불리하겠지요. 그리고 사주에 이런 경우도 있습니다. 子(水)가 있고 옆에 午(火)가 있는데 午(火) 옆에는 寅(木)이 있다고 가정을 하면 어떻겠습니까? 대운에 관계없이 이런 상황이라면 어떤 해석이 옳을까요? 연료가 충분한 火기가 지원군이 없는 水기운을 이기지 못할 까닭이 없겠지요.

수강생1

寅(木)이 午(火) 옆에 든든히 있으니까 그렇겠군요.

사부님

寅, 午 삼합기운으로 子(水) 하나를 못 이기겠습니까.

수강생1

子(水)가 불리하겠네요.

사부님

이래서 사주는 암기가 아니고 이해력이 좋은 사람이 공부를 잘 한다는 것입니다. 사주 모양을 잘 살펴보면 그림이 나옵니다.

수강생1

그림으로 이미지 연상으로 사주를 봐라. 그게 물상법이죠.

사부님

사실 아직 기초부분인데 여기서 감명 이야기 하는 것은 좀 그렇지만 통변이 별거 아닙니다. 기초 따로 통변 따로 하는 것이 아닙니다. 모든 부분은 연결이 되어 있으니 기초를 배우면서도 얼마든지 통변이 가능합니다. 다만 기초부분에서 제가 요구하는 근본적인 이해와 무한 확장을 연습해 놓으면 엄청 쉬운 것이 통변이 되지만 기초에서 22간지에 대한 충분한 이해와 확장 연습을 안 해 놓으면 나중에 통변도 할 수가 없습니다. 기초 정도는 이미 다 안다고 생각하시는 분들이 많은데 제가 말하는 안다는 개념과 다릅니다. 대충 안다는 식으로 알아봐야 전혀 도움이 안 됩니다. 평생 그 수준에 머무를 것입니다. 우리가 사용하는 감명법은 특별히 기초가 잘 훈련이 되어 있어야 한다는 말입니다. 지금부터라도 기초를 성실히 준비를 하세요. 명리를 10년을 공부했어도 대충 안다는 기초로는 우리 감명법을 전혀 알 수가 없답니다. 기초에서 50% 정도 결정이 난다고 봅니다. 이 부분을 대충 넘어가니까 나중에 실제 감명에서 전혀 힘을 발휘하지 못하는 경우를 많이 봅니다.

나는 왕초보가 아니라고 자꾸 우기지 마시고 우리 학파가 요구하는 기초 부분을 충분히 익히시기 바랍니다. 아무리 많은 고서와 수많은 명리학 책들을 보았다 할지라도 지금 우리 학파에서는 아무런 의미가 없습니다. 왜냐면 우리는 누구나 다 알고 있는 격국, 용신을 사용하는 학파가 아니니까요. 대부분 격용론으로 공부하시다가 우리 카페에 오신 분들은 "나도 고수"라는 자만심이 있습니다. 다르면 뭐가 얼마나 다를까 거기서 거기지 그냥 뭐 하나 건져갈 것 없나? "12운성 포태법 요거 괜찮아~ 오늘 하나 건졌다." 이런 식으로 접근하시는 분들이 많습니다. 그런 분들은 아무것도 얻으실 수가 없습니다. 대충 따라서 흉내만 내거나 격용론에 덧붙여서 몇 가지만 사용하겠다는 방식은 효과적이지 못합니다.

저는 분명히 말씀드릴 수 있습니다. 전에 알던 명리는 모두 지우고 새로 써야 한다고요. 음양오행 그리고 천간지지부터 새롭게 이해하고 확장하는 훈련을 해야 합니다. 카페 회원이면서도 끝까지 우리가 알리고 보급하고자 하는 학문이 무엇인지도 관심이 없고 오로지 자기가 아는 격용론만 주장하는 분들도 계십니다. 그런 분들은 그렇게 사시게 놔두면 됩니다. 하지만 이대로는 안 되겠다. 아무리 공부해도 격용론은 한계가 있고 현실에 맞지가 않는다고 느끼신 분들은 제 말을 들어야 합니다. 다시 새롭게 간지론을 훈련하고 교정을 해야 됩니다. "왕초보 입문 편" 10번 정도 읽으면 전에 격용론에서 들었던 물이 전부 빠져 나갈 것입니다. 질문이 없으면 여기까지 하겠습니다. 수고하셨습니다.

수강생3

감사합니다.

수강생2

네. 수고 많았습니다. 감사합니다.

수강생4

감사합니다.

수강생1

사부님 항상 감사드립니다. 고맙습니다.

제 6 장
22간지의 이해와 물상으로 확장하는 법

　오늘은 정말 중요한 강의입니다. 사주를 보는 방법으로 주로 격용론이 사용되는데 문제는 그 방법으로 오랜 시간 공부를 해도 답을 얻지 못한다는 것입니다. 그런 관계로 많은 세월을 허비하고 있는 학인들에게 뭔가 다른 대책이 필요한 상황이다 보니 격용론이 아닌 간지론을 제시하는 것이 우리 협회의 입장입니다. 여러 차례 강조를 했듯이 오행과 육친에 빠지는 것을 경계해야 한다고 말했습니다. 그럼 무엇에 집중을 해야 하느냐 하면 22간지에 집중해야 합니다. 오행은 다섯 가지의 방법으로 사주를 보는 것이고 육친은 10가지로 사주를 분석하는 방법입니다. 그렇다면 22간지는 22가지로 사주를 분석하는 방법이 되겠습니다.

　22간지에 대한 정확한 이해와 물상으로 확장을 기초부터 연습을 해야 한다고 강조를 했습니다. 그것은 격용론으로 사주를 분석하는 사람들에게는 중요하지 않은 사항이지만 우리 관법인 간지론을 적용하기 위해서는 22간지에 대한 충분한 이해와 확장이 필수적이기 때문입니다. 그렇게 강조하는 22간지에 대한 이해와 확장은 저의 바람과는 달리 학인들이 거의 암기도 못하고 이해도 못하고 확장도 못하고 있습니다. 이유를 몰라 고민 중에 있었는데 최근에 문제를 알아냈습니다. 교육을 하던 중에 어느 학인이 깨우쳐 준 것입니다.

오늘은 22간지에 대한 이해와 확장을 돕기 위해서 새로운 방법을 제시할까 합니다. 우선 子(水)라는 지지에 대한 예부터 들어볼까 합니다. 子를 확장한 책 내용을 보면 음지, 비밀, 종자, 미생물, 산부인과, 소아과, 치과, 수영장, 유흥업, 경찰, 흥신소, 연구실, 세면장, 화장실, 선박, 양식장 등 이렇게 분류를 해놓았습니다. 이것을 무조건 암기한다는 것은 불가능하겠지요. 그렇다면 이런 분석들이 어디서 온 것인가를 이해하는 것이 훨씬 좋은 공부 방식이라고 봅니다. 그런데 학인들이 어떻게 그런 확장이 나오는 것인지를 잘 모른다는 점입니다. 모른다고 질문했더라면 설명을 해주었을 건데 질문도 하지 않고 이해를 못하고 넘어갔습니다. 그래서 나중에 진도가 많이 나간 뒤에 子에 대한 질문을 하면 아무런 대답도 하지 못했던 것입니다. 그렇다면 문제는 어디에 있었을까. 그것은 확장의 근원을 알지 못하는데 있습니다.

이렇게 구분을 지어 봅시다. 우리가 보는 오행의 관점에서 본다면 子는 추운 겨울입니다. 격용론의 오행에 관점에서 확장을 한다면 물이지만 우리가 보는 오행의 관점 또는 글자 그대로 子의 관점에서 보면 겨울 또는 子시라는 밤 시간대로서 야간, 음지, 비밀, 애정, 종자 등으로 분류를 할 수가 있겠습니다.

육친 중에 재성의 관점에서 분류를 한다면 어떤 장사가 가능한지를 보겠습니다. 재성의 관점에서 확장한다면 유흥업, 산부인과, 소아과, 치과, 수영장, 양식장, 수산업 등으로 분류가 되겠습니다. 산부인과와 치과는 물과 관련된 업종으로 분류가 됩니다. 육친 중에 관성을 기준으로 직업을 분류한다면 어떤 직업이 가능한지를 볼 수 있겠습니다. 관성의 관점에서 확장을 한다면 경찰, 흥신소, 연구실, 수산업 등이 되겠습니다. 이렇게 오행과 직업 그리고 장사를 기준으로 확장을 해놓은 것을 합쳐 놓으니까 학인들이 헷갈려서 구분을 잘 못하고 이해를 못했던 것 같습니다. 한 가지만 더 예를 들어 보겠습니다. 寅(木)을 예로 들어 보겠습니다. 전기, 전자, 기획, 교육, 건축, 우체국, 신문사, 학원, 극장, 자동차, 터미널, 학교, 화랑, 서점, 산림, 목재소, 전자제품, 안테나 등으로 확장을 합니다. 이것을 무조건 암기하기란 불가능하겠지요. 그리고 이것을 이해하라고 한다면 어떻게 구분하여 이해를 할까 상당히 어렵습니다. 그런데 이렇게 구분을 지어서 이해를 하면 어떨까요.

우선 오행으로 구분지어서 확장하면 寅은 木이니까 교육, 신문사, 학원, 학교, 화랑, 산림, 목재소 등이 됩니다. 木은 청소년과 학생 또는 종이와 옷감을 포함합니다. 寅은 寅 午 戌 삼합의 첫 글자입니다. 火국을 만드는 불씨가 寅이 되는 것입니다. 그래서 전기, 전자, 안테나, 인공위성, 극장 등의 확장이 되는 것입니다. 또한 터미널 자동차 등은 寅 申 巳 亥를 역마로 보고 寅은 자동차 申은 기차 巳는 비행기 亥는 선박으로 보는 것이므로 그렇게 확장이 가능합니다.

확장을 하는 것은 어떤 이유가 있기 때문에 그렇게 하는 것이고 우리는 그것을 이해하기 위해서는 각각 오행이나 삼합 그리고 재성으로 또는 관성으로 대입시켜서 분류하고 그것을 이해한다면 크게 어렵지 않게 이해를 할 수 있을 것이라고 생각합니다. 문제는 우리가 어떻게 22간지에 대한 충분한 이해와 확장을 스스로 할 수가 있느냐 입니다. 만약에 그것이 어렵다면 우리가 추구하는 간지론 관법을 사용하기 어렵게 됩니다. 그래서 우리는 필사적으로 22간지에 관한 이해를 필요로 합니다. 제가 물상론을 이해하는 방법을 알려드렸는데 아시겠습니까? 확장된 것이 책에 있는데 그것들을 그냥 이해하기는 어렵고 각각 오행이나 육친으로 분류해서 이해하라는 것입니다.

수강생1

충분한 공부를 해야겠습니다.

사부님

그럼 같이 한 번 연습해 봅시다. 酉(金)를 확장해 보겠습니다. 술, 보석, 칼, 고기, 구멍, 분리, 바늘, 금융 등 우선 이것들만 가지고 분류를 해봅시다. 왜 이런 확장이 나왔을까 이해가 됩니까?

수강생2

네.

사부님

그럼 총알, 침구, 마취, 공구, 거울, 시계, 유리, 귀금속, 다이아몬드 이것도 이해가 됩니까?

수강생2

왜? 침구, 마취인지요?

사부님

대체적으로 酉의 확장이 金이라는 오행으로 분류하는 면이 많습니다. 그래서 조금 쉽게 느껴집니다. 마취는 조금 더 한 단계 나가는 확장이 되겠습니다. 바늘이나 칼, 술 등으로부터 한 단계 나아가서 직업으로 보는 입장에서 마취가 나온 것입니다.

수강생3

오호~~~ 네.

사부님

침구는 가을에 분리해서 겨울에 잠이 드니까 이불을 깐다는 의미로 해석이 되겠습니다.

수강생3

아~ 네.

사부님

확장이라는 것은 상상력입니다.

수강생2

어휴 거기까지요.

사부님

그리고 책에 있다고 무조건 맹신을 하면 안 됩니다. 정답은 없습니다. 보는 입장에 따라서 얼마든지 확장의 방향은 달라집니다. 주관적인 판단이 많이 들어간다는 것입니다. 그럼 조금 어려운 辰(土)을 해 볼까요? 辰(土)을 확장하면 어둠, 비밀, 목욕탕, 여관, 사우나, 유흥, 항만, 부두 등이 있습니다. 이것은 무엇을 기준으로 확장을 한 것일까요?

수강생2

삼합, 오행, 토.

사부님

구체적으로 이해를 어떻게 하고 있는지 말씀해 보세요. 어둠과 비밀은 아까 子(水)에서 나오지 않았나요?

수강생2

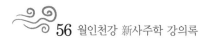

삼합에서도 있고 어려워요.

사부님

辰(土)이 흙이 아닌 오행에서 水로 일관된 확장이지요? 그것은 辰(土)을 申 子 辰 삼합에서 辰을 水의 입묘지로 보고 확장을 한 것입니다. 물을 보관하고 보호하는 점을 보고 확장을 하니까 그런 해석이 나오는 것입니다.

수강생2

아~ 辰이 입묘니까요. 그래서 목욕탕이군요.

사부님

주로 확장된 것들을 보면 오행으로 살펴보고 다시 재성이라는 관점 그리고 관성, 직업의 관점 그리고 마지막으로 삼합이라는 관점으로 보면 대충 다 나옵니다.

수강생3

네. 중요한 말 같아요. 핵심이네요.

사부님

이렇게 분류해서 접근을 한다면 모두 이해가 되겠지요?

수강생2

그렇군요. 거기까진 생각을 못했어요.

사부님

무작정 암기를 한다거나 잘 이해가 되지 않던 부분도 이렇게 나누고 분류해서 접근한다면 이해가 잘될 것입니다.

수강생2

네. 감사합니다.

사부님

책을 쓸 때는 몰랐는데 각각 확장된 물상들을 어떤 경로로 나왔는지 설명을 하는 부분이 없더라고요. 학인들 입장에서는 혼란스러울 만도 할 것 같아서 이제라도 알려드리는 것입니다. 꼭 분류하고 나누어서 이해를 해 보세요.

수강생3

분류하고. 나누어서 이해를 해라. 꼭 명심하겠습니다.

사부님

22간지를 마스터하지 못하면 뒤에 통변에 들어가도 해석에 어려움이 많습니다. 우리는 오행이라는 다섯 가지로 분류해서 사주를 보거나 육친으로 10가지로 분류해서 사주를 보면 안 됩니다. 22가지로 분류해서 봐야 합니다. 우리는 5개도 아니고 10개도 아닌 22개의 눈금을 가지고 있습니다. 그것을 사용하기 위해서는 꼭 22간지의 해석과 확장이 필요합니다. 이제 여러분의 연습과 실제 노력이 필요합니다. 저는 방법을 알려드릴 뿐이고 자기 것으로 만드는 것은 여러분의 몫입니다. 그럼 질문이 없는 것을 보니 모두 이해를 하셨으리라 믿고 이것으로 마치겠습니다. 수고들 하셨습니다.

수강생1

감사합니다.

수강생2

수고하셨습니다.

수강생3

사부님 감사드려요.

제 7 장
육친의 이해

오늘은 육친에 관해서 공부를 해 볼까 합니다. 육친관계에 대하여 알고 계시겠지만 그래도 워낙 중요한 부분이라서 짚고 넘어 가겠습니다. 우리가 사주를 공부하는 데 있어서 음양과 오행 그리고 10천간 12지지로 분화해서 공부를 합니다. 우리가 육친이라고 부르는 것이 왜 중요하냐면 자연의 운동을 다섯 가지, 열 가지, 열두 가지로 구분하여 배웠지만 그것만으로는 사람의 운명을 볼 수가 없습니다.

육친이라는 인간관계를 설정을 해야만 사주팔자를 볼 수가 있는 것입니다. 자연의 운동성과 변화를 인간관계와 결부를 시키는 중요한 작업이 바로 육친입니다. 그래서 육친을 사주학의 꽃이라고 부른답니다. 육친에는 10가지가 있습니다. 오행으로 대입해서 보는데 일간을 중심으로 사주의 년, 월, 일,

시를 모두 대입해서 육친을 뽑습니다. 그럼 일간 빼고 나머지 7개의 육친이 나오겠지요. 물론 대운과 세운도 육친으로 구분해서 감명을 합니다.

육친은 일간과 오행이 같고 음양이 같은 것을 비견이라고 하고 일간과 오행이 같고 음양이 다르면 겁재라고 합니다. 이 정도는 책만 봐도 대강 알 수가 있습니다. 예를 들자면 甲일간이 년이나 월 또는 일이나 시에 오행이 같고 음양이 같은 甲이나 寅이 있으면 그것을 육친으로 비견이라 부르고 甲일간이 오행은 같고 음양이 다른 乙이나 卯가 있으면 그것을 겁재라고 합니다. 천간끼리는 쉬운데 지지로 내려가면 약간 헷갈립니다. 寅은 甲으로 천간 화되고 卯는 乙로 천간 화가 됩니다. 지지도 이렇게 천간 화해서 모두 육친으로 표시를 해야 합니다.

육친도 오행처럼 상생과 상극관계가 있습니다. 비겁이 식상을 생하고 식상이 재성을 생하고 재성이 관성을 생하고 관성이 인성을 생하고 인성이 비겁을 생한답니다. 상극관계는 비겁은 재성을 극하고 재성은 인성을 극하고 인성은 식상을 극하고 식상은 관성을 극하고 관성은 비겁을 극합니다. 육친이 중요한 까닭은 자연의 운동을 인간관계로 전환시켰다는 점입니다. 비견은 형제나 친구로 보고 겁재는 경쟁자나 이복형제로 봅니다. 식상은 남자에게는 부하직원, 장모. 여자에게는 아들로 봅니다. 여기서 질문 드리겠습니다. 왜 식상을 장모로 볼까요? 남자에게 식상을 처갓집으로 보거나 장모로 보는데 그 이유를 묻는 것입니다. 육친이든 뭐든 왜 그렇게 되는지도 모르고 넘어가는 것은 매우 위험합니다. 납득을 해야 이해를 하니까요.

수강생2

부인을 낳은 분이 장모입니다. 식상이 재성을 생하니까요.

사부님

맞습니다. 다른 분들도 모두 이해를 하셨습니까?

수강생3

장모까지는 몰랐습니다.

사부님

알려면 정확하고 자세히 알고 이해를 하려면 정확하게 이해를 해야 합니다. 대충 알면 전혀 도움이 안 됩니다.

수강생3

명심하겠습니다.

사부님

재성은 남자에게 부인이고 여자에게 시가집입니다. 여기서 여자에게 왜 재성이 시가집일까요? 아까 식상이 남자에게 처갓집인 이유를 말했습니다. 남자에게는 식상이 재성을 낳으니까 식상이 처갓집이라고요. 재성이 관성을 낳으니까 여자에게 재성은 시가집입니다. 여자에게 관성은 남편이니까 남편을 낳은 재성이 여자에게는 시가집입니다.

수강생1

공부를 열심히 해서 다음에 대답을 잘 하겠습니다.

사부님

관성은 남자에게 자녀이고 여자에게는 남편입니다. 인성은 모친입니다.

우리가 육친을 액면 그대로 공부하는 것도 중요하지만 그것만으로는 부족합니다. 우리에게 요구되는 것은 확장입니다. 음양이나 오행도 그 뜻을 정확히 파악을 하고 운동성을 이해해야만 무한확장이 가능합니다. 육친 또한 인간관계만으로는 부족합니다. 그것을 다시 물상으로 확장을 해야 한다는 것입니다.

만약에 인간관계가 아닌 자동차를 비유하여 육친을 응용한다면 어떻게 비유나 확장이 될까요? 비겁은 자동차로 말하자면 크기나 배기량에 비유할 수가 있습니다. 식신은 무엇에 비유가 될까요? 식신은 가속기에 비유됩니다. 상관은 터보기능에 비유가 됩니다. 재성은 연료나 짐에 비유됩니다. 관성은 신호등이나 경찰관에 비유됩니다. 인성은 주차장이나 브레이크에 비유됩니다. 그렇다면 만약에 상관 일에 교통사고가 났다면 무슨 이유로 사고가 났다고 볼 수가 있을까요? 터보기능이니까 마구 달리다가 속도위반으로 사고가 났겠지요. 그럼 편관 일에 사고가 났다면 이유가 뭘까요?

수강생3

신호등을 어겼습니다.

사부님

그건 정관 일에 해당합니다.

수강생3

술 먹고 음주운전을 하다가 경찰관에게 잡혔습니다.

사부님

그게 아니고 경찰관이 정지하라고 하는데도 도망가다가 사고를 냈겠지요. 그럼 겁재 일에 난 사고는요?

수강생3

경쟁자인 친구와 싸우다 사고가 났다.

사부님

옆에 여자를 태우고 가다가 사고를 냈겠지요. 항상 하나만 알면 안 되고 약간에 응용력이 필요합니다. 육친은 인간관계라는 한 가지 활동만 하는 것이 아닙니다. 그것을 모든 물상으로 확장이 가능해야 합니다. 우리 학파가 중요하게 여기는 한 가지가 있는데 그것은 무한 확장입니다. 여러분들이 비법이라고 생각하는 모든 것은 확장에서 나옵니다. 물상으로 약간만 변형시키면 그것이 어디에서 어떻게 나오는지를 전혀 눈치 채지 못합니다. 눈먼 사람들은 비싼 돈을 주고 비법이라고 그것들을 삽니다. 제가 감명을 할 때에 당신은 국민은행이나 한국은행 시험을 보면 합격하겠다고 하면 명리공부 하시는 분들이 그것이 어떤 방식으로 나온 해석인지를 모릅니다. 내가 사용한 무기가 무엇인지를 모른다는 것입니다. 그것에 비밀은 무한확장입니다.

자유자재로 오행이나 육친 그리고 22간지를 확장하고 응용해야 합니다. 여러분께 제가 초급공부부터 주장하는 것이 확장입니다. 확장을 못하면 절대 고수가 될 수가 없습니다. 확장에 기본은 정확한 이해입니다. 왜 그런 해석이 나오는지 알아차리는 것입니다. 22간지에 대한 확장 연습을 전 시간에 이야기했습니다. 사주공부를 가장 빠르게 연습하는 방법이 있습니다. 사주팔자 여덟 글자 중에서 다 가리고 월지만 보는 것입니다. 그것 하나 보고서 사주풀이를 하는 연습을 하는 것입니다. 지금 바로 연습해 볼까요? 子월에 태어난 사람은 무엇을 하면 잘 할까요?

수강생1

춥겠어요. 불과 관련된 일.

수강생3

밤에 일하는 사람, 산부인과. 술장사.

사부님

너무 포괄적이니까 줄여서 접근을 해 봅시다. 우선 子라는 글자를 분석을 한다면 우선 물질로는 물과 관계가 있겠고 시간대는 밤과 관계가 있겠고 또한 계절로는 겨울과 관계가 있겠습니다. 또는 움직임이 없는 고요한 것과 연관이 있겠습니다. 여러분이 잘못 알고 계신 것을 하나만 지적하겠습니다. 사주에 水가 많거나 강하면 격용론을 공부하신 분들은 조후용신이 火이므로 불과 관련된 일이 좋다고 생각을 합니다. 그러나 우리는 그렇게 해석하지 않습니다. 물가에서 태어난 사람은 물가에서 사는 법을 잘 알고 있다고 봅니다. 물이 많은 사람은 야행성인 경우가 많습니다. 용신을 기준으로 분석하는 방법인데 잘 맞지 않습니다. 우리가 사용하는 관법은 용신론과 전혀 다르다는 사실을 잘 기억해 주시기 바랍니다. 확장하는 것이 쉬운 것은 아닙니다. 하지만 정확히 이해를 하고 있다면 가능합니다.

수강생2

직업을 분석하는 일이 어렵데요. 용신에 의한 분류, 물상에 의한 분류, 사주첩경에 의한 방법 등 여러 가지로 응용 분석하여도 정답이 없었습니다.

사부님

무엇을 정확히 이해를 하고 있느냐. 책에 보면 원리, 개념, 정의, 분류, 이해, 형상 등으로 여러가지 설명을 합니다. 그것은 이해를 여러 가지로 시키려는 방법입니다. 그것만 정확히 습득하고 이해를 하면 충분히 확장이 가능하다고 봅니다. 무엇에서 그 글자가 나왔는가? 글자 이전에 운동성을 관찰하라. 子를 오행으로만 구분하니까 전부 물장사, 술장사, 유흥업, 수산물, 수영장, 산부인과가 됩니다. 물과 관련된 확장은 격용론 공부하는 사람들이 주로 합니다. 우리는 그것을 육친의 재성으로 또는 식상으로 또는 관성으로 확장을 해야 합니다. 또한 글자 그대로를 분석해야 합니다. 거기에 합이나 충 또는 형의 작용도 봐야 합니다. 월지에 있는 글자 하나만 가지고 사주를 분석하는 연습을 해 보세요. 직업과 스타일을 연구해 보세요. 그것이 가장 중요한 공부입니다. 충분히 연습이 되면 그 다음 일간을 보세요. 그럼 월지 육친을 알게 됩니다. 甲일간에 子월. 이 정도면 답이 나오지 않나요?

수강생3

답이 나와요. 역시 스승님 짱!

수강생2

설명해 주세요. 전 모르겠는데요.

수강생3

용신에 투자하지 마셔요. 육친으로 인수를 직업으로 보면 교육, 종교, 연구, 학문입니다.

사부님

子 하나만 보면 뭐라고 해야 할지 막막하지만 일간에 甲이 보이면 답이 나온 것이나 다름이 없습니다. 일간 甲에 대한 성향이나 성격은 책에 충분히 나오고 子는 인수니까 직업이 뭐겠습니까? 우리가 추구하는 명리는 가장 중요한 것이 음양오행, 천간지지, 육친 등 모든 기초적인 것들을 아는 것을 넘어서 정확한 이해와 확장이라는 것만 아세요. 질문 있으면 받겠습니다.

수강생2

子월의 甲일간으로 출생하면 인수격은 되지만요. 교육계에 진출한다고 볼 수 있는가요?

사부님

지금 우리는 격에 대한 공부를 하는 것이 아닙니다. 아직도 중요한 것을 놓치고 계십니다. 甲일간이라는 것이 중요한 것이 아니고 子가 인수라는 것이 가장 큰 힌트가 되겠습니다.

수강생1

조금 이해가 가네요.

사부님

우선 子라는 것은 오행으로 보아도 水에 속하여 지혜로 볼 수가 있지요. 육친으로 인수는 글과, 학문, 종교, 문서, 자격증 등 움직임이 없이 먹고 산다고 해석합니다. 기초부분과 22간지 해석 그리고 육친 변용법 등을 많이 연습해 보세요. 오늘은 여기까지 하겠습니다.

수강생3

감사합니다.

수강생2

수고 많았습니다. 감사합니다.

수강생1

고맙습니다.

제 8 장
음양오행의 확장

　그럼 오늘은 다시 처음으로 돌아가서 음양오행을 점검하겠습니다. 모두들 자세히 그리고 정확히 알고 계신지 확인하겠습니다. 우리가 사주공부를 할 때 보통 끝까지 교육을 다 받고나서 사주를 풀어 볼 것이라고 생각을 하는데요. 그건 틀린 생각입니다. 왜냐면 그렇게 되면 퍼즐 맞추기 공부가 됩니다. 사실은 공부를 하면서 바로 실전에 대입을 하는 버릇을 들여야 쉽게 자기 것이 됩니다.

　우선 기초를 공부하면서는 사주풀이와 전혀 상관이 없는 것으로 생각들을 합니다. 하지만 그렇지 않습니다. 음양오행을 공부하면서 사주풀이와는 아무 상관이 없다고 생각을 하는 것은 틀린 생각입니다. 사주를 보는 방법으로 가장 기본이 음양이고 다음으로 오행이 있습니다. 사주를 분석하는 방법은 음양으로 오행으로 육친으로 분석이 가능합니다. 우리는 근묘화실과 12운성 그리고 22간지를 더해서 풀이를 합니다. 그래서 오늘은 음양과 오행으로 사주를 분석하는 방법을 공부하겠습니다. 그렇게 하려면 정확한 이해와 물상으로 확장이 필요합니다.

음양이라는 것은 크게 두 가지로 나누어 사주를 분석하는 방법입니다. 양간과 음간의 차이를 공부하셨을 겁니다. 양(陽)일간 사주와 음(陰)일간 사주는 성격이 많이 차이가 납니다. 여기서 양일간이라 함은 甲, 丙, 戊, 庚, 壬을 말합니다. 음일간은 乙, 丁, 己, 辛, 癸를 말합니다.

일간이 양이냐 음이냐에 따라서 사주 주인의 스타일이 결정됩니다. 주로 양일간 사주는 대의명분을 중요시하는 사람이고 음일간 사주는 세력을 따르는 스타일입니다. 또한 양일간 사주는 남에 의견이나 조언을 잘 듣지 않습니다. 변화에 적응하는 능력이 떨어진다는 것입니다. 그것이 양일간과 음일간의 큰 차이점입니다. 이 점은 곧 바로 사주풀이에 적용이 됩니다. 사주를 보는 가장 기본적인 방법은 음양으로 보는 것입니다.

오행으로 사주를 보는 방법을 설명하겠습니다. 먼저 다섯 가지 자연의 변화를 관찰하여 그것에 이름 붙이기를 木, 火, 土, 金, 水라고 하였습니다. 계절로 본다면 봄, 여름, 가을, 겨울 그리고 양과 음을 연결시켜주는 土로 분류가 됩니다. 봄이라는 계절에 木이라는 이름을 붙였는데 봄의 운동성은 솟아오르는 기운을 말합니다. 여름이라는 계절에 火라는 이름을 붙였는데 여름의 운동성은 확산하고 펼쳐지는 운동성을 말합니다. 봄, 여름(양)과 가을, 겨울(음)을 이어주는 역할을 해주는 것이 土라고 합니다. 土는 중개와 연결 작용을 말합니다. 가을이라는 계절에 金이라는 이름을 붙였는데 가을의 운동성은 모으고 결실을 맺는 운동을 말합니다. 겨울이라는 계절에 水라는 이름을 붙였는데 겨울의 운동성은 수렴하고 저장하는 운동을 말합니다. 이렇게 운동성으로 분류를 먼저 하고 나서 물상으로 확장을 해야 합니다.

木일간과 金일간의 스타일은 정반대입니다. 또한 재성이 木인 경우와 金인 경우도 전혀 다른 해석이 나오겠지요. 격용론을 공부한 학인들은 주로 오행으로 사주풀이를 합니다. 물론 세밀함에서 떨어지기는 하지만 크게 분류한 다음 세밀하게 접근하는 방식으로 사주를 해석해야 하므로 오행도 사주를 분석하는 중요한 방법입니다. 우리가 오행에 대한 이해를 충분히 했다고 본다면 물상으로 확장이 자유로워야 합니다. 다섯 가지 기운을 물상으로 전환시키는 것입니다. 이 세상 모든 것은 음양으로 구분이 되고 오행으로 분류가 된다고 했습니다. 그럼 연습을 해 봅시다. 봄이라는 木에 대한 물상을 3가지씩 적어 보세요.

수강생1

교육, 창작, 고집, 솟아오르는 힘이라고 봅니다.

사부님

그렇게 생각한 이유에 대하여 설명을 해 보세요. 왜 교육이지요?

수강생1

창작을 할 수 있는 힘이 있어서요.

사부님

왜 봄이 창작이지요?

수강생1

어두움을 뚫고 나가는 힘.

수강생3

고집, 우두머리, 리더, 큰 나무.

사부님

고집은 왜 그렇지요? 왜 그렇다는 것을 정확하게 이해를 해야만 자동으로 인식이 되고 외울 필요가 없어집니다. 그럼 먼저 적으신 창작, 교육, 고집에 대한 설명입니다. 창작인 이유는 겨울에 삭막한 자연이 봄이 되면 새로운 생명들이 솟아오릅니다. 그래서 새로운 기획이나 창작을 대변한다고 보는 것입니다. 그리고 고집은 봄에 솟아오르는 기운을 말함이고 교육은 봄을 인간의 청소년기에 비유할 수가 있으니 학생이나 학교, 교육 등으로 분류를 한 것입니다. 우두머리, 큰 나무, 리더에 대한 이유를 설명해 보세요.

수강생3

봄에 木기운이 고집스러운 느낌이 있고 우두머리 기질하고 리더가 있어 보이고 봄에 나무는 큰 나무 느낌이 들어서요.

사부님

지금 木이 아니라 甲을 설명하고 계십니다. 지금은 봄이라는 木을 설명해야 합니다. 보통 봄이라는 木은 섬유, 종이, 곡식, 과일, 의류 등으로 분류합니다. 그리고 봄을 큰 나무라고 하면 절대 안 됩니다. 甲(木)도 큰 나무가 아닙니다. 木을 자꾸 나무라고 생각하는 자체가 격용론을 공부하면서 잘못된 지식을 받아들인 결과물입니다. 그것부터 지워내야 합니다.

수강생3

네. 명심하겠습니다.

사부님

그럼 조금 더 나아가서 木을 육친으로 관성에 해당한다면 어떤 직업을 추리해 볼 수가 있을까요?

수강생2

교사, 목수.

사부님

일단 봄이라는 木을 직업으로 본다면 교육이나 기획 그리고 창작이라고 했습니다. 먼저 교육은 교사나 교수가 되겠습니다. 기획은 회사에 취업을 해도 기획실에서 일을 할 것이고 창작은 작가나 시인, 소설가가 되겠습니다. 木을 재성으로 사용하는 사람들은 어떤 장사를 하는 것이 가장 잘 어울릴까요?

수강생1

옷 장사, 디자인, 섬유, 이불.

사부님

패션, 문구, 서적, 이발, 미용, 가구점 등 그럼 木을 식상으로 사용하는 사람은요? 식상은 재능이니까 뭘까요?

수강생3

텔레마케터, 아나운서, 기술자, 교사.

사부님

패션 디자이너, 종이접기 강사, 가구 기술자, 인테리어 기술자 등이 해당되겠습니다. 여름을 상징하고 확산이나 번지는 운동을 火라고 하는데 火를 관성으로 분류를 한다면 뭐가 될까요? 火에 속하는 물상을 먼저 말해 보세요.

수강생2

방송, 통신, 영화.

사부님

방송, 통신, 전자, 전파, 소리, 영화, 음악 등이 해당됩니다. 그럼 관성이 火인 사람의 직업을 추리해 봅시다.

수강생1

배우, 가수.

사부님

방송국이나 통신회사에 근무를 하거나 전자회사, 가수 등이 되겠지요.

수강생1

빛이 멀리 간다면 화술, 말을 잘 하는 사람도 해당이 됩니까?

사부님

악기를 다루거나 노래를 부르는 것 그리고 강의도 해당이 되겠습니다. 그럼 식상이 火인 사람은 무슨 일이 잘 맞을까요? 재능이 뭘까요? 피아니스트, 가수, 강사 등이겠지요. 그럼 土를 볼까요. 중개와 연결 작용을 하는 土는 물상으로 확장한다면 무엇일까요?

수강생1

부동산.

사부님

매매와 알선업이나 중개인이 정확하겠습니다. 金은 물상으로 뭘까요?

수강생3

고물상, 비철, 금속.

사부님

가을의 운동을 떠올려 보세요. 결실과 열매. 지금 나열한 단어들은 쇠나 金이라는 상상력 속에서 나온 것 같습니다. 가을 운동 속에서 뭔가를 찾으셔야 합니다. 주로 결실을 단단함으로 표현하니까 통조림. 고기, 곡식, 술병, 음료수, 과일 등이 되겠습니다. 그럼 金을 식상으로 사용한다면 무슨 장사가 맞을까요?

수강생1

과일장사.

사부님

식육점, 식료품, 주류회사 등 水를 물상으로 분류한다면 뭘까요?

수강생3

냉동, 목욕탕.

수강생1

모은다, 은행.

사부님

水를 검은색으로 표현하는 이유가 무엇일까요?

수강생1

북쪽이라서.

수강생2

깊은 물, 밤.

사부님

명리는 시간을 공부하는 것이라고 했습니다. 하루 중에 子시는 가장 어두운 밤 11시에서 새벽 1시까지를 말합니다. 항상 시간의 변화를 읽어야 합니다.

수강생3

아~ 이제 응용이 되요.

사부님

水를 관성으로 본다면 무슨 직업이 떠오릅니까?

수강생2

숙박, 술집 종사자.

사부님

나이트클럽, 유흥업, 숙박업, 수산물, 목욕탕, 장의사. 장의사인 이유를 아시는 분?

수강생1

죽음.

사부님

저장기능이 있으니까요. 우리는 윤회를 하니까 영원히 죽는 것이 아니거든요. 들어갔다가 다시 나온답니다. 12운성이 보여주고 있습니다. 오행에 대해서 좀 아시겠습니까? 이제 실전에 응용하시겠습니까?

수강생3

많이 배웠습니다. 오늘요.

수강생2

더 공부하겠습니다.

사부님

이런 방법이 있다는 것을 아셨으면 이제 혼자서 연습을 하셔야 합니다. 질문 없으면 오늘은 여기까지 하겠습니다. 수고하셨습니다.

수강생1

사부님 감사합니다.

수강생2

감사합니다.

수강생3

수고하셨습니다.

제 9 장

간지론은 정통 명리학이다

오늘은 간지론에 대한 설명을 하겠습니다. 명리학 3대 고전 적천수, 궁통보감, 자평진전이 있습니다. 그중에서 가장 널리 알려진 서적이 자평진전이라는 책입니다. 명리학 관법은 세 가지가 있는데 첫째는 신살론, 둘째는 격용론, 셋째는 간지론입니다. 현재 명리학을 공부하는 대부분의 학인들이 격용론을 공부하고 있습니다. 저 또한 격용론으로 공부를 한 사람입니다. 그동안 마치 명리학은 격용론만 존재하는 것으로 알고 공부를 해온 것이 사실입니다. 하지만 고서에 보면 분명히 간지론이 명시되어 있습니다. 다시 말해서 사주를 감명하는 방법은 세 가지로 간지론도 포함하고 있었다는 것입니다. 그러나 무슨 영문인지 몰라도 언젠가부터 간지론은 사라져버린 분야가 되었습니다. 사실은 저도 오랫동안 그것을 알지 못했습니다.

시중에 유통되는 거의 대부분의 서적들은 간지론 자체를 기술하지 않고 있는 것이 현실입니다. 자평진전에 보면 이런 내용이 나옵니다. "명(命)을 배우고자 하는 자는 반드시 간지지설을 먼저 알아야 하는데 그런 후에야 입문할 수 있다."라고 적혀 있습니다. 이 말을 마음 깊이 새겨야 합니다. 이미 간지론은 존재하고 있었던 학문이지만 어느 때부터인가 우리에게서 자취를 감춘 학문이 되어 있습니다.

필자가 없는 분야를 만들어낸 것은 아니고 잘 사용하지 않는 분야를 시대에 맞게 사용할 수 있도록 소개를 하는 것이라고 이해를 하시면 되겠습니다. 근자에 격용론을 통한 관법이 사주감명에 맞지 않는 부분이 너무 많아서 격국, 용신 무용론이 나오고 있는 시점에서 무엇인가 돌파구가 필요한 시기에 간지론은 가뭄에 단비와도 같은 중요한 감명법이라고 생각합니다. 오랫동안 명리를 공부하고도 답을 얻지 못하여 수많은 시간을 헤매는 학인들이 너무나 많습니다. 그 이유는 격용론이 시대적 변화에 적응하지 못하는 한계를 보이고 있기 때문입니다. 그래서 시대적 변화에 잘 맞는 간지론이 필요한 시대가 된 것입니다.

자평진전에 나오는 명언 한 가지를 더 소개하겠습니다. "명(命)은 그 이치가 매우 깊으니 갑자기 깨우칠 수 있는 것이 아니고 학자가 팔자를 많이 살펴보고 경험이 오랫동안 쌓이면 자연히 깨칠 수 있으며 문자로 도달할 수 있는 바가 아니다." 이 구절을 보면 제가 무수히 강조하는 말들이 많이 포함이 되어 있습니다. 요즘 시중에 나와 있는 책들을 보거나 가르치는 선생들의 설명을 들어보면 이해가 되지 않는 부분들이 많습니다. 제가 몇 가지 지적을 해 보겠습니다. 고전에 나오는 내용으로 자평진전에 있는 글로 설명을 해 보겠습니다. 제 생각이 아니고 순전히 자평진전의 내용으로만 이야기하겠습니다. "천지간에는 하나의 기(氣)가 있는데 거기에 동정(動靜)이 있어 움직임과 고요함이 있다."는 부분이 나옵니다. 설명하자면 우주에 무극이 있었고 그것이 동(動)과 정(靜) 다시 말해 양과 음으로 분화되었다는 말입니다.

다시 이르기를 "동정이 음양으로 나뉘었고 음양에 노소(老少)가 있으니 이에 사상(四象)으로 나뉘었다."고 하였습니다. 이 말은 음양이 다시 분화하여 사상으로 분화되었다는 이야기입니다. 다시 이르기를 "노(老)는 동이 절정에 이르고 정이 절정에 이른 것이니 이를 태양과 태음이라 한다." "소(少)는 동의 시작이고 정의 시작이니 이를 소음과 소양이라고 한다." 이 말은 사상을 설명하는 것으로 음양이 태음과 소음 그리고 태양과 소양으로 분화됨을 설명한 것입니다. 다시 이르기를 "이렇게 사상으로 나뉘었고 오행은 그중에 갖추어졌다." "수(水)는 태음이고, 화(火)는 태양이며, 목(木)은 소양이고, 금(金)은 소음이며, 토(土)는 음양의 기운이 부딪쳐서 조화를 이룬 기운이다."라고 나와 있습니다.

이렇게 명백히 음양과 오행에 대한 설명이 자평진전에 나와 있음에도 불구하고 현재 시중에 나와 있는 책들이나 선생들의 설명은 어떻습니까? 마치 오행이 나무와 불 그리고 금과 물 그리고 흙으로 설명하는 책들이 판을 치고 선생들 또한 TV에 나와서 그렇게 설명들을 하고 있는 것이 현실입니다. 그리고 간지론에 대한 이야기는 존재 자체도 거론되지 않는 상황입니다. 하지만 실제로 우리가 사주를 작성하고 사용하는 글자들을 보면 모두 22간지입니다. 이렇게 뭔가 앞뒤가 맞지 않는 상황이 수많은 학인들을 혼란에 빠트리고 학업에 지장을 줍니다.

과연 시중에 명리 책을 출판한 사람들이나 평생교육원이나 복지회관에 명리선생들은 자평진전도 한 번 읽지 않은 것일까요? 납득이 가지 않는 일들이 현재 역학계에서 벌어지고 있습니다. 격용론이 정통 명리학이고 간지론은 구경도 해 보지 못한 새로운 주장이라고 생각하는 사람들이 많습니다. 제가 주장하는 간지론은 분명히 명리학 최고 고서인 자평진전에 나와 있는 내용이고 저는 자평학파가 맞습니다. 보편화된 감명법인 격용론으로 답을 얻지 못하여 부득이 사라져가던 간지론을 부활시켜서 대안으로 제시를 한 것뿐입니다. 격용론과 간지론은 정통과 사이비의 관계가 아니고 모두 고서에 있는 내용이라는 점을 충분히 이해를 하셨을 것이라고 봅니다. 저는 분명히 제가 주장하는 학문이 고전에 명시가 되어 있는 내용이고 우리 간지학파는 사이비가 아니고 정통 명리학의 일부분이라는 주장을 하는 것입니다. 시간이 날 때마다 제가 기초의 중요성을 강조하는데 그 이유는 간지학은 음양오행과 10천간 그리고 12지지의 생성과정과 글자 한 자마다 그것이 의미하는 뜻을 정확하게 이해하고 물상으로 확장이 필요하기 때문입니다. 전 시간에 오행의 확장을 공부했는데 사실은 오행보다도 천간과 지지에 대한 충분한 이해와 확장이 더 중요합니다. 그래야 정통 간지학파의 학인이 되는 것이니까요. 앞으로 대한민국 명리학의 미래는 간지학파에 달려 있다고 해도 과언이 아닐 것입니다. 그래서 오늘 간지학에 대한 정통성을 고서 자평진전의 내용을 들어서 설명을 한 것입니다.

간지학파는 22자의 간지학 이론에 정통해야 합니다. 10천간에 대한 이해를 공부해 보겠습니다. 먼저 갑(甲)이라는 글자가 있습니다. 천간이라는 글자는 첫째 중요한 포인트가 상(象)이라는 것이고, 지지는 형(形)이라는 것입니다. 다시 말해서 천간은 형태가 아니고 정신적인 부분의 상이라고 보면 되고, 지지는 형태를 갖춘 물상으로 보면 됩니다. 甲을 이해하는데 여러 가지 접근법이 있겠습니다.

한문 글자로서의 의미도 있겠고 물론 초봄이라는 시간적인 의미도 포함이 됩니다. 여러 가지 종합적인 판단법을 동원해서 물상으로 분류를 해볼 수가 있을 것입니다. 먼저 甲하면 무엇이 떠오릅니까? 주로 甲에 대한 물상분류는 건축, 가구, 산림, 조경 등으로 나오는데 사실은 그렇게 분류를 해도 되지만 엄밀하게 따지면 거기까지 나가면 안 됩니다. 천간은 정신적인 부분 내지는 하늘의 상을 말하는 것이므로 건축이나 조경은 너무 나간 것이라고도 볼 수가 있겠습니다. 물론 확장을 계속해 나가다 보면 거기까지 나갈 수도 있겠지만 정확하게 나누자면 甲과 寅은 구분되어야 합니다. 천간에 甲이 지지에 寅으로 분화된 것은 사실이지만 둘은 분명히 다르게 해석이 되어야 합니다. 甲은 두목 기질이 있다거나 자기만의 세상에 빠져서 살아간다는 해석이 맞겠지요. 기질이나 정신적인 해석은 맞습니다. 寅은 형태를 갖춘 물상으로 분류를 하는 것이 적당하니까 건축이나 산림, 조경, 원예 등이 맞겠습니다.

甲이 교육이나 글 솜씨. 신경질적이라고 해석한다면 寅은 솟아오르는 건축, 청소년기의 학교나 학원, 또는 자동차 등으로 물상해석이 맞겠습니다. 하지만 현실은 그렇게 정교하게 분리를 하고 있지 못하는 상태입니다. 학인들이 아직까지 물상론에 익숙하지 않으니까요. 하지만 육친 중에 식신이 천간에 있을 경우와 지지에 있을 경우는 분리해서 해석을 해야 한다는 것은 아셔야 합니다. 식신이 먹이고, 기르고, 가르치고, 라면 천간에 있으면 정신적인 교육이 맞을 것이고 지지에 있으면 기르고, 먹이는 실질적인 움직임이나 형태를 말하는 것으로 해석해야 합니다. 그렇게 분리해서 해석하는 것이 맞습니다. 우리가 명리학을 가장 빠르고 쉽게 공부하려면 가장 먼저 22간지에 대한 충분한 공부와 이해가 필수적입니다. 그래서 다음시간에 천간에 대하여 공부하고 그 다음 시간에 지지에 대한 공부를 하겠습니다. 질문 없으시면 마치겠습니다. 수고하셨습니다.

수강생1

감사합니다.

수강생2

네. 감사합니다.

제 10 장

물상론(상)

　오늘은 22간지에 중요성을 감안하여 더욱 세밀한 물상분류를 해 보겠습니다. 우선 오행에 대한 물상분류법을 공부했는데요. 오늘은 오행과 천간 그리고 지지에 대한 물상을 함께 비교해서 분류해 보도록 하겠습니다.

　먼저 오행에 대한 물상분류로 木에 대한 분류를 하겠습니다. 섬유, 의류, 문구, 목재, 조경, 건축, 종이, 화초, 장식, 인테리어, 전기, 전자, 기획, 학교, 교육, 공예, 미용 등 광범위하게 木에 대한 물상분류를 할 수가 있겠습니다. 하지만 우리는 오행이 아닌 22간지를 감명에 사용하므로 더욱 자세한 물상분류가 필요하겠습니다. 먼저 천간으로 분류하여 물상을 나누어 보겠습니다. 甲과 乙을 물상으로 분류를 해 보겠습니다. 甲은 물상으로 설계, 교육, 기획, 발명 등 손에 잡히는 물질이 아닌 형상을 뜻하는 것이 되겠습니다. 乙

은 물상으로 화술이나 언변, 교육, 강의, 디자인 등 마찬가지로 물질이 아닌 상을 이야기하겠지요.

다음은 지지로 분류하여 물상으로 나누어 보겠습니다. 寅과 卯를 물상으로 분류를 해 보겠습니다. 寅은 물상으로 전기, 전자, 터미널, 자동차, 학교, 목재소 등 실질적인 물질에 가깝겠습니다. 卯는 물상으로 의류, 장식, 미용, 조경, 농장 등 실체가 있는 물상으로 분류가 잘 맞겠습니다. 이렇게 오행에서 분류하는 것처럼 광범위한 분류도 필요하지만 섬세하게 木이 천간과 지지로 분화되었으므로 이것을 천간 木 2개와 지지 木 2개로 물상을 분류하는 것이 당연하겠습니다. 그래야 우리가 진정한 22간지를 사용하는 우월한 간지파가 되지 않겠습니까? 제가 교육을 직접 시키지 않아도 당연히 학인들이 스스로 분리를 해 보았으리라 믿습니다. 공부는 선생이 직접 머리에 넣어 주는 것이 아니고 학인 스스로 하는 것이고 다만 선생이 방향을 잡아 주는 것입니다. 오행으로 火를 물상으로 분류를 해 보겠습니다. 방송, 통신, 가스, 음악, 악기, 영화, 예술, 조명, 언론, 언론, 소리, 항공, 사진, 석유, 전화, 전파, 문화 등이 되겠습니다. 이것을 천간으로 분류를 한다면 먼저 丙과 丁으로 분류를 해야겠지요. 천간은 정신적인 면이고 물질이 아니라고 하였고 어떤 기운이나 형상이라고 했습니다. 丙은 빛이니까 멀리 가는 방송, 통신, 음악, 소리, 사진, 광학, 조명 등이고 丁을 물상으로 분류한다면 예술, 악기, 오락, 영화, 전파 등이 되겠습니다.

지지로 분류를 한다면 巳와 午로 분류를 해야겠지요. 巳를 물상으로 분류한다면 공항, 항공, 광선, 석유, 화학, 등이 있겠습니다. 午를 물상으로 분류한다면 이동, 통신, 현미경, 성악, 전화, 렌즈 등이 되겠습니다. 오행 안에 포괄적으로 들어 있는 물상들을 천간과 지지로 각각 분류한다면 4가지로 분리를 해야겠지요. 이렇게 분류하는 연습을 하는데 그 이유를 생각해 가면서 작업을 하고 충분히 이해를 하셔야 합니다.

오행으로 土를 물상으로 분류를 한다면 매매, 알선, 건축, 토건, 부동산, 숙박, 도자기, 축산, 농사 등이 되는데 다른 오행보다 훨씬 많은 분량이 나오겠지요. 그 이유는 辰, 戌, 丑, 未라는 土는 삼합의 묘지로 각각 품고 있는 오행들이 있기 때문입니다. 천간에 戊는 중계역할보다는 양기의 극단이라는 뜻이 강합니다. 己는 戊에 비하여 음의 시작이라는 점에서 차이를 보입니다. 실제로 물상에 연결해서 물질로 분류하기는 약간 곤란합니다. 물론 오행이라는 기본적인 관점에서 책에는 土를 기준으로 분류도 하고 공예. 사무, 경리로 해석을 하긴 했지만 약간 어색합니다. 辰, 戌, 丑, 未는 다릅니다. 辰은 삼합으로 생각하면 안에 품고 있는 것이 水이기 때문에 물과 관련된 해석을 많이 합니다. 목욕탕, 사우나, 항만, 부두, 냉장고, 해물 등이 되겠습니다. 戌은 삼합으로 생각하면 안에 품고 있는 것이 火이기 때문에 빛이나 불과 관련된 해석을 많이 합니다. 극장, 여관, 나이트, 무대, 컴퓨터 등 정보통신이 빛에 속하므로 그런 해석을 하는 것입니다.

丑은 삼합으로 생각하면 안에 품고 있는 것이 金이기 때문에 쇠와 관련된 해석을 많이 합니다. 철물, 열쇠, 주차장, 증권, 금고, 골재 등입니다. 未는 삼합으로 생각하면 안에 품고 있는 것이 木이기 때문에 나무와 관련된 해석을 많이 합니다. 목재, 교량, 토건, 건축, 서점, 포목 등입니다.

이렇게 오행으로 분류되어 있는 물상들을 천간이나 지지로 나누어 분류를 직접 해 보세요. 책에 나와 있는 것을 외우기는 어렵고 다 잊어버리게 됩니다. 원리를 스스로 깨쳐야만 분류가 가능합니다. 책에서 분류해 놓은 것들이 모두 정답은 아닙니다. 그것들은 개인이 생각하기에 어떤 이유가 있다고 생각을 해서 분류한 개인적인 생각일 뿐입니다. 물상분류는 개인의 생각에 따라서 천차만별로 구분될 수가 있다는 것입니다. 정답을 찾을 필요는 없지만 스스로 분류를 할 수 있어야 한다는 것입니다. 질문이 있으면 질문 받겠습니다. 질문이 없다면 제가 질문을 하겠습니다. 辰이 물상으로 사우나라고 하는 이유가 뭘까요?

수강생1

水의 입묘지이기 때문입니다.

수강생3

辰 속에는 戊, 癸 합도 있고 水의 고지이기도 합니다.

사부님

戊, 癸 합은 아무 관련이 없습니다. 암합은 생각하지 마세요. 水기운을 보관하고 저장하는 역할을 하는 것이 辰인데 12운성으로 水의 입묘지이기 때문입니다. 지장간에 癸(水)가 있기 때문은 아닙니다. 정확하게 아는 것이 중요합니다. 몇 가지 질문을 더 드리겠습니다. 巳가 항공이나 공항인 이유가 뭘까요?

수강생2

불꽃이 날아가니까요.

사부님

모르면 질문을 해야 합니다. 강의를 하면 이해가 되는 부분도 있고 잘 안되는 부분도 있습니다. 그러면 이해가 안 되는 부분은 마음에 담아 두었다가 따로 질문 시간에 질문을 해서 의심을 해소해야 합니다. 쌍방향 통신강의가 얼마나 좋습니까. 물어볼 수가 있잖아요? 전에 寅, 申, 巳, 亥에 대하여 공부를 한 적이 있습니다. 이것을 묶어서 역마라고 공부했습니다. 寅은 버스나 택시, 申은 기차나 지하철, 巳는 비행기, 亥는 선박이나 배라고 했습니다.

수강생1

그렇게 알고는 있지만 왜 그러는지는 몰랐습니다.

사부님

원래 뱀은 다리가 없습니다. 다시 말하면 뱀은 달려 다니는 것이 아니지요. 날아다니는 것과 유사하고 巳는 오행으로 火에 속하는데 그것은 빛이고 빠른 스피드를 뜻합니다. 멀리 빠르게 간다는 뜻이 火이기 때문입니다. 그럼 寅이 왜 자동차 또는 택시일까요?

수강생3

호랑이는 빠르게 달리죠. 스피드.

수강생1

그냥 그렇게 외웠어요. 왜인지는 잘 몰라요.

사부님

호랑이는 멀리 빠르게 달리는 짐승이고 산중에 왕이라고 합니다. 그래서 육지의 대표적인 교통수단인 버스와 승용차를 뜻한다고 봅니다. 寅, 申, 巳, 亥를 보면 육지에 寅과 申이 있고 바다에 亥가 있고 하늘에 巳가 있습니다. 그것을 물상으로 연결을 지어 보시면 대충 감이 옵니다. 오행과 글자 모양으로 짐작하면 바로 답이 나옵니다. 어렵게 생각할 필요가 없습니다.

수강생3

이미지와 상상력을 키워야겠습니다.

사부님

다음 시간에는 나머지 물상론 金과 水에 해당하는 천간 庚, 辛, 壬, 癸 그리고 지지 申, 酉, 戌, 亥, 子, 丑을 공부하겠습니다. 질문 있습니까? 질문이 없으면 이것으로 마치겠습니다.

수강생1

감사합니다.

수강생3

반가웠습니다. 모두 사랑합니다.

수강생2

네. 감사합니다.

제11장
물상론(하)

오늘은 물상론 중에서 金을 할 차례입니다. 金은 오행으로 금, 은, 시계, 기계, 금융, 광업, 금속, 철강, 은행, 자동차, 경비, 총포, 무기, 기차, 전화, 통신, 농기구 등으로 분류합니다. 오행으로 金을 분류할 때는 통합적으로 분류를 하지만 우리가 실제 사주를 볼 때 사용하는 것은 천간과 지지이므로 실제 분류에는 차이가 있습니다.

천간의 庚으로 분류를 한다면 명령, 결단, 보안, 경비 등으로 분류가 되고 또 다른 천간 辛으로 분류를 한다면 분리, 의학, 결과, 구분, 장신구, 용접, 도금 등으로 분류가 됩니다. 물론 정신적인 성향이 강한 것이 천간이기는 하지만 대략 분류하면 이렇게 분류를 할 수가 있습니다. 金을 지지로 분류하여 나누어 본다면 申으로 분류해 볼 수가 있는데 申은 기차, 철도, 조선

소, 무기, 은행, 군부대 등으로 분류가 되고 酉는 보석, 칼, 술, 구멍, 바늘, 총알, 거울 등으로 분류가 됩니다. 물론 기본적으로 천간은 정신적인 성향이 강하고 지지는 물질적인 성향이 강하기는 하지만 천간이 지지에 뿌리를 두고 있다면 꼭 정신적인 부분만 강조할 수는 없게 됩니다.

오행으로 水를 물상으로 분류를 한다면 유흥, 해운, 여행, 유통, 수산, 목욕, 냉동 등으로 분류합니다. 천간에 壬을 물상으로 분류한다면 정보, 연구, 선전, 광고, 저축 등으로 분류하는데 그 이유는 水 고유의 성질이 지식이나 지혜이기 때문입니다. 癸는 야간, 음지, 분별, 판결, 결정, 비밀, 냉동 등으로 분류합니다. 水를 지지로 분류를 한다면 亥는 수집, 온천, 선원, 세탁, 소방, 욕실 등으로 분류하고 子는 종자, 씨앗, 지하, 미생물, 치과, 유흥업, 수도, 세면장, 수산업 등으로 분류합니다.

오행이나 천간지지를 개인적인 견해로 분류를 해 보았는데 이것들이 모두 정답이라고 생각하시면 안 됩니다. 어디까지나 어떠한 운동성을 가지고 그것과 연관 지어 분류한다는 것은 매우 개인적이며 독창적일 수가 있습니다. 무엇을 기준해서 물상으로 확장하느냐는 순전히 개인적인 견해입니다. 그 말은 항상 본인이 느끼고 있는 22간지에 대한 운동성과 기운을 기준해서 물상으로 확장을 해야 한다는 것입니다.

누가 분류해 놓은 것을 암기 한다는 것은 아무 의미가 없다는 것입니다. 타인이 분류해 놓은 수많은 물상들을 모두 암기를 할 수도 없을 뿐더러 그 이유를 알기도 어렵습니다. 물상으로 분류는 정답이 없으며 스스로 정의해 놓은 법칙에 의해서 자유로이 해야 한다고 생각합니다.

오행의 물상분류는 너무 포괄적이고 범위가 넓어서 적용하기가 어렵습니다. 우리는 10천간과 12지지에 대한 분류가 중요합니다. 왜냐면 실제로 우리가 사주팔자에 사용하는 글자는 간지이기 때문입니다. 22간지에 대한 물상분류가 매우 중요하기에 처음으로 제가 이렇게 자세히 분류하는 연습을 시험적으로 보여드리는 것입니다.

누가 분류해 놓은 것을 암기하거나 이해하려 노력하는 것보다는 제가 보기에는 스스로 기본적인 운동성과 성향을 분석해서 분류해 보는 노력이 절실히 필요합니다. 22간지에 대한 물상분류를 돕기 위해서 10천간이나 12지지에 대한 여러 가지 측면에서 분석하고 접근해 보는 노력을 해 보았습니다. 이제는 본인 각자 스스로 연습하고 수련하는 시간이 필요하겠습니다. 너무 중요하고 필요한 대목이라서 제가 이번 강의에서는 두 차례에 걸쳐서 함께 분류하는 연습을 해 보았습니다. 학인들이 너무 어려워하기에 제가 특별히 함께 분류하는 시간을 가졌습니다. 하지만 본인의 것으로 만들기 위해서는 스스로 학습하고 연습하는 과정이 필수적입니다. 22간지에 대한 물상분류 부분은 명리학을 공부하는 사람이라면 그 중요성이 전체 대비 50%에 해당한다고 보아도 무방할 정도입니다. 이 부분이 훈련이 안 되어 있으면 앞으로 진도가 나가도 아무 소용이 없습니다.

간지론에 대한 준비가 전혀 되어 있지 않으면 감명법을 배운다고 해도 실제사용이 불가능합니다. 격용론을 공부하는 사람들은 주로 오행분류를 공부합니다. 22간지에 대한 이해가 부족해도 별로 상관이 없습니다. 하지만 우리 간지학파는 다릅니다. 그래서 22간지에 대한 중요성을 다시 강조하여 차별화시키고자 앞으로 강의에서도 기초부분부터 연습을 많이 시킬 예정입니다. 오늘 배운 내용 중에서 몇 가지 질문하겠습니다. 酉를 물상으로 분류하면 술, 구멍, 분리라고 하는데 그 이유가 뭘까요?

수강생1

酉가 술 주 자라서고 구멍은 예리함을 이야기하는 것입니다.

사부님

酉가 술 주는 아니고 酒가 술주자입니다. 우선 닭 酉자를 술이라고 부르는 이유는 책에 나와 있습니다. 酉를 여러 가지 관점에서 접근할 수가 있는데 글자 모양이 술 단지 모양을 본떠서 만든 글자라고 술, 술 담는 그릇, 물을 대다. 라는 뜻을 가진다고 나와 있답니다. 酉를 구멍이라고 한 까닭은 떨어진다, 예리하다, 닭은 쪼아서 구멍을 냅니다. 분리라고 한 까닭은 늦가을이니까 떨어지다. 酉월은 서리가 내리는 계절이라서 나뭇잎들과 씨앗이 나무와 분리가 됩니다. 왜 그런 물상분류가 나오는가는 여러 가지 글자나 운동성 계절 등을 종합해서 분류한 것입니다. 그러니까 그 기준들을 종합해서 머리에 정리를 한 다음에 스스로 연습을 해 보거나 책에 분류해 놓은 것들을 스스로 풀이해 보는 것이 좋은 훈련법입니다. 그렇다면 천간과 지지를 구분하는 능력이 어느 정도인지 질문하겠습니다. 군인, 경찰, 기계, 금속 이것들과 잘 어울리는 글자가 庚일까요? 申일까요?

수강생2

庚.

수강생1

庚과 申 모두라고 봅니다. 군인, 경찰은 庚이고 申은 금속, 기계.

사부님

이유가 무엇입니까?

수강생2

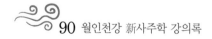

庚은 구분한다. 申은 금속을 생각하고 있어요.

사부님

답은 맞습니다만 설명이 부족합니다. 일부러 헷갈리게 두 가지 모두 올려 놓았습니다. 찍어서 맞출까봐 일부러 두 가지를 모아서 질문한 것입니다. 그런데 정확히 천간과 지지를 구분하시네요. 대단하십니다.

수강생2

감사합니다.

사부님

설명을 하자면 경찰과 군인은 정신적으로 필요한 부분이 결단력과 행동력이 필요하므로 庚과 같이 생각보다 행동이 앞서는 투철한 정신력이 필요하므로 천간 庚이 맞습니다. 지지에 申은 정신적 보다는 물질이나 실질적인 물상을 의미하므로 금속이나 기계가 더 가깝겠습니다. 물론 이렇게까지 분류하지 않는 경우도 많지만 예를 들어 확실히 분류하자면 그렇다는 것입니다. 실지로 천간과 지지는 구분이 필요합니다. 이제 천간과 지지를 분류하는 의미를 아시겠습니까?

수강생2

네. 알겠습니다. 어렵지만 질문을 하시면 공부가 됩니다.

사부님

10천간에서 잉태를 뜻하는 글자는 무엇일까요?

수강생1

壬.

사부님

정답입니다. 두 분 실력이 일취월장하셨습니다. 많이 발전하신 것 같습니다. 통변은 22간지에 대한 물상분류 훈련만 잘 연습하면 자동으로 됩니다.

통변이 사실은 별 거 없습니다. 아까처럼 물상으로 확장만 하면 쉬워요. 酉를 상관으로 사용하는 사람은 무슨 장사를 해야 잘 될까요?

수강생2

보석, 술.

사부님

정답. 상관은 돈을 만드는 재료입니다. 보세요. 얼마나 쉽습니까.

수강생2

아~ 그렇군요.

사부님

그럼 이유를 설명해 보세요.

수강생2

상관은 가공을 하면서 장사하는 수단도 있으니까요.

수강생1

상관이니까 일반적인 음식보다는 술이 가까우니까요.

사부님

육친으로 상관은 술, 아이스크림, 빵 등 기호식품이라고 했습니다. 그중에 술인 이유는 酉라는 글자가 술병을 본떠서 만든 글자라고 했고, 또 酉는 물상으로 귀금속이라고 할 수가 있겠습니다.

수강생2

감사합니다.

사부님

재성이 申이라면 점포를 어디에 마련해야 좋을까요?

수강생2

은행 부근, 병원 부근.

수강생1

기차나 전철역 근처.

사부님

寅, 申, 巳, 亥는 역마를 말한다고 했습니다. 申은 기차니까 기차역 근처에 점포가 있는 것이 맞겠습니다. 좀 더 세밀하게 22간지로 분류해서 연습하세요. 은행이나 병원 부근이 틀린 답은 아닌데 우리는 더 가깝게 접근해야 합니다. 연습해 보니까 엄청 쉽죠?

수강생2

좋아요.

사부님

이제 기초반 공부를 하고 있는데 벌써 이 정도 통변을 하시다니 놀랍잖습니까?

수강생2

사부님 덕분입니다.

사부님

앞으로 중급반, 고급반 진행하면 금방 도사들이 되시겠습니다.

수강생2

그저 감사합니다.

사부님

질문하고 답변하고 그런 식으로 공부하면 실력이 빨리 좋아진답니다.

수강생1

그런 것 같아요.

사부님

일방적인 주입식 교육은 효과가 없다는 걸 저도 알았습니다. 학인들이 이해를 하는지 못하는지 알 수가 없었습니다. 앞으로 실제 교육에 많이 참고하겠습니다. 질문이 없으시면 다음 주에 뵙겠습니다.

수강생1

감사합니다.

수강생2

수고하셨습니다.

제12장

기초 편 정리(질문답변)

오늘은 기초 편을 마무리하는 의미로 질문답변 형식으로 운영을 하면 좋겠습니다. 무엇이든 명리학에 관련된 질문은 모두 하시면 됩니다. 평소에 궁금했던 것이 있으면 질문하세요.

수강생1

사주에 있는 글자를 세운에서 지지 합을 하면 못 쓰는 건가요? 癸巳년에 사주지지에 申과 합이 됩니다. 申이 정관이라면 어떻습니까?

사부님

천간은 합이 되면 묶이지만 지지는 합이 되면 묶이지 않습니다. 천간 합은 정신적인 끌림으로 작용력이 정지하지만 지지는 합하면 돕는 작용을 합니다. 지지의 합은 마치 상생작용이라고 보시면 됩니다.

수강생1

천간 합이 있을 때 戊, 癸 합일 경우 지지가 辰, 戌 충이면 辰 속에 癸, 戊 합이 있잖아요. 원국에 있는 합이 풀어지는 건가요? 중복되니까.

사부님

저는 암합은 취급하지 않습니다. 천간지지가 합, 충, 형 되는 것 해석하는 것도 복잡한데 암합이나 암충까지 볼 시간이 없습니다.

수강생1

아~ 네. 그럼 천간 충은 사용하나요?

사부님

당연하지요.

수강생1

壬, 戊 충과 戊, 癸 합이 동시에 있으면 아무것도 없는 것으로 됩니까?

사부님

저희가 사용하는 천간 충에는 壬, 戊는 천간 충으로 안 봅니다.

수강생1

아~ 제가 잘못 알았나 봅니다.

사부님

제가 학인들에게 당부 드리고 싶은 것이 있는데 신살론은 단식 판단법이라서 알게 되면 오히려 감명에 해가 된다고 교육을 시켰습니다. 그러나 아직도 신살에 관심 갖는 분들이 많습니다. 신살론에 집착하는 이유는 잘 압니다. 간단하게 외워서 대입하면 바로 감명에 사용을 할 수가 있으니까 선호하는 것이겠지요. 하지만 선입견이 생기고 다른 관법을 공부할 시간만 낭비하니까 권할 만한 것이 못 된답니다. 천간은 합이 작용력 정지이고 지지는 충이 작용력 정지로 보면 됩니다. 반대로 천간 충은 자극을 주는 것이고 지지

합은 상생효과를 줍니다.

수강생1

원국에 지지 합도 마찬가지인가요? 상관과 편관이 합이라든지.

사부님

원국에 지지 합은 서로 돕는다. 다시 말하면 육친의 상생 정도로 이해하시면 됩니다.

수강생1

네. 알겠습니다.

사부님

오행이나 육친에서 상생은 12지지에서는 합이고 상극은 12지지에서 충이라고 보면 됩니다. 여러분은 신살론에 대해서 어떻게 생각하세요? 그거 아무리 외워도 금방 잊어버립니다. 시간낭비 할 필요 없습니다. 어떤 선생은 신살론만 6개월 강의 하는 분도 있다고 하더군요. 저도 다해 봤는데 별로 도움이 안 됩니다. 선입견만 생깁니다.

수강생2

네 맞습니다. 현실성도 부족하고요.

수강생1

년 천간에 편재가 있고 시지에 편재가 있다면 늦게 쓰게 된다는 말씀입니까? 지지가 환경이니까.

사부님

년 천간에 있으면 일찍 씁니다. 꼭 지지에 있어야 일찍 쓰는 것은 아닙니다. 지지에 뿌리를 두었나를 살펴봐야겠지요. 천간이 원래 주인공입니다. 만약에 지지에 뿌리가 없으면 사용이 불가능한 것뿐입니다.

수강생1

丙(火) 편재를 잘 쓰려면 巳, 午, 未운이 좋은 것이네요. 12운성으로 생각하면요.

사부님

당연하지요. 丙은 12운성으로 寅에 장생을 하니까 그때부터 왕성하게 작용을 하겠지요.

수강생2

제가 丙寅일주입니다.

사부님

丙寅일주면 일지에 편인이 있는 것이지요.

수강생1

장생을 깔고 계셔서 힘이 좋은 것 아닌가요?

사부님

편인을 깔고 앉으면 달리기나 역도 등 힘쓰는 운동을 잘 합니다.

수강생2

수영을 아주 잘 했어요. 접영을 잘 합니다.

사부님

힘 좋으시네요. 접영이 힘든데요.

수강생1

지지에 辰, 戌, 丑, 未가 다 있으면 어찌 되는 것인가요?

사부님

김영삼 전 대통령 사주가 그렇다고 들었습니다. 지지가 모두 화개 또는 입묘지로 되어 있기 때문에 인기가 좋다고 볼 수가 있겠습니다. 하지만 배열된 순서가 중요합니다.

수강생1

순서가 중요하군요. 누군지 모르지만 들은 것 같아서요.

사부님

글자 배열순서가 진, 술, 축, 미 배열이 아니고 진, 축, 미, 술처럼 배치 순서에 따라서 차이가 난다는 것입니다. 진, 술, 축, 미 지지의 순서가 섞이면 사창가에서 몸 파는 여자팔자가 많답니다. 인기를 먹고 사는 것은 동일합니다. 사주공부 하다 보면 자기 사주가 잘 맞는 것들이 있을 것입니다. 있다면 예를 들어서 말씀들 해 보세요.

수강생2

제 사주 올리겠습니다.

사부님

공개돼도 되나요?

수강생2

괜찮아요.

사부님

그럼 올리시고 말씀 해보세요.

수강생2

壬 丙 丙 乙
辰 寅 戌 未

전 다 맞아요. 성격과 부모와 형제요. 식신이 충이라 아들이 없고요. 딸만 둘 있어요.

사부님

그렇게 해석이 될 수도 있겠지요. 하지만 월지 戌과 시지 辰은 거리가 있어서 직접 충이 힘듭니다. 중간에 일지 寅이 戌과 합도 됩니다. 자녀문제는 배우자와 함께 봐야 정확합니다. 사주가 전체적으로 水기운이 부족한 것이 약간 문제가 될 수는 있겠습니다.

수강생2

그렇지요.

사부님

寅, 戌. 未 세 글자는 火와 연관이 많고 시지에 辰은 시간에 壬(水)을 입묘시켜 버리고 운에서 水(수)가 오더라도 작용력을 막아 버립니다. 水가 부족하면 자녀 생산에 문제가 생긴다고 봅니다.

수강생1

일지가 겁재인 경우 배우자가 건강이나 기타 안 좋을 수가 있나요?

사부님

겁재보다는 양인일 경우가 더 그렇습니다.

수강생1

壬子일주 양인이지요.

사부님

남자는 일지가 비겁일 경우에 비겁이 재성을 극하니까 배우자가 견디기 힘든 환경을 의미하겠습니다. 하지만 여자는 다릅니다. 여자는 일지에 상관이 있어야 정관을 극해서 남자가 견디기 힘든 환경을 만들겠지요. 남녀가 다릅니다.

수강생1

네.

사부님

공통점은 있습니다. 남녀 모두 일지에 비겁이 있으면 자기 위주로 안방이 만들어지기를 바랍니다. 그러다 보니 충돌도 생기게 되겠지요.

수강생1

네.

사부님

여자 사주에 일지가 상관일 경우에 남자가 아프거나 견디기 힘들다고 봐야 합니다. 그러나 상관은 자녀이니까 연하에 남자를 만나면 잘 넘어갈 수도 있겠습니다. 일지 양인은 남자에게 크게 작용이 되고 여자에게는 상관이 더 크게 작용이 됩니다.

수강생2

네.

사부님

누가 일지에 양인이 있는데요?

수강생1

아들이요. 걱정이 돼서요.

사부님

재성은 어디 있는데요.

수강생1

년 천간과 시지요.

사부님

년 천간에 있으면 일찍 장가를 가려나 봅니다.

수강생1

지금 28세인데 아직 없는데요.

사부님

정재인가요?

수강생1

편재요.

사부님

정재는 없나요?

수강생1

네.

사부님

지장간이라도 있겠죠.

수강생1

월지 지장간에 있어요.

사부님

정재가 지장간에 있고 편재가 투간이 되어 있어도 정재를 배우자로 봅니다. 원래 편재는 아버지나 애인입니다.

수강생1

세운으로 내년이 정재 운입니다.

사부님

내년에 장가보내세요.

수강생1

내년 삼합이 되요. 寅, 戌이 있거든요. 내년이 午년.

사부님

재성 국이 되는군요. 그럼 장가를 가야겠습니다. 질문이 없으시면 다음 주에 중급반으로 수업을 이어가겠습니다.

수강생2

네~ 수고하셨습니다.

수강생1

고생하셨습니다.

사부님

그동안 수고하셨습니다. 여기까지 초급반 12회 강의를 마치겠습니다.

제 2 부
중급 편

제 1 장
명리기초 핵심과 사주분석 방법

먼저 오늘은 기초 편에서 가장 핵심이 되는 부분을 설명 드리고 중급 편에서 공부해야 할 가장 중요한 부분을 알려 드리겠습니다. 공부할 때 가장 중요한 것은 핵심을 잘 잡아야 합니다. 방법을 알아야 공부에 효과가 크게 나타납니다. 불필요한 것을 모르고 집중적으로 파고들어 봐야 시간낭비이고 헛수고입니다. 핵심을 알고 파고들어야 효과를 볼 수가 있습니다.

먼저 기초 편에서 가장 중요한 부분을 말씀드리겠습니다. 차례부분을 펴고 체크 하세요. 음양과 오행 그리고 천간지지라는 기초부분이 있습니다. 우리가 추구하는 관법은 격용론과는 다르다는 것은 잘 아실 것이라고 생각합니다. 음양과 오행은 천간과 지지로 분화하기 위한 과정으로 보시면 됩니다. 우리가 사주감명에 실제로 사용하는 글자는 22간지입니다. 오행과 육친에 빠지지 말라는 말은 상생과 상극의 법칙은 오행과 육친에서만 사용하고 22간지에서는 합, 충, 형이 그것들을 대신한다는 것을 구분해서 알고 있어야 한다는 것입니다.

우리 학문에 기초부분에서 가장 중요한 부분은 22간지를 통한 물상론입니다. 이 부분이 정리가 잘 되지 못하면 진도가 나가도 발전이 없습니다. 기초부분에서 이점을 가장 많은 비중을 두고 설명한 것을 잘 알고 계실 것입니다. 기초부분에서 10천간과 12지지에 대한 물상으로 전환을 많이 연습하고 습득 할수록 실력이 많이 향상이 됩니다. 꼭 기초가 되는 물상론에 시간을 많이 투자하시고 연습하시기 바랍니다. 우리 학문에서는 그것이 거의 50% 정도 중요함을 차지한다고 보시면 됩니다. 우리 관법에서 22간지론과 물상론은 전쟁에서 총알이라고 보시면 맞습니다. 이것을 모르면 빈총만 쏘아 대겠지요. 합, 충, 형은 오행과 육친의 상생과 상극을 대신하는 22간지만의 법칙임을 명심하세요. 또한 우리는 합, 충, 형을 좋고 나쁨이 아닌 간섭인자로서 해석을 합니다. 기초부분은 이 두 가지를 정확히 알면 됩니다.

제2부. 사주분석의 방법들. 여기를 보시면 먼저 당사주가 나옵니다. 당사주만 배워도 도사소리 듣는 사람도 많습니다. 저도 예전에 실제로 당사주로만 보고도 도사소리 많이 들었답니다. 지금 책에 기재된 당사주는 일반 당사주와 많이 다릅니다. 제가 오래 전에 인연이 있는 유명한 국보급 무속인에게 전수 받은 것입니다. 당사주도 참고할 부분이 있기 때문에 책에 수록을 한 것이니 많은 활용 바랍니다.

그 다음은 사주에 많은 글자와 없는 글자의 해석입니다. 사주를 보는 방법은 오행으로 볼 수도 있고 육친으로 볼 수도 있고 근묘화실로 볼 수도 있고 12운성으로 볼 수도 있고 격용론으로 볼 수도 있고 신살론으로 볼 수도 있고 방법은 많습니다. 그중에 자신에게 잘 맞는 것을 몇 가지 골라서 자기만의 방식을 만드는 것입니다. 특히 유념해야 할 부분은 한 가지만으로 사주를 판단하는 것이 단식 판단법인데 그것은 매우 위험한 판단법입니다. 너무 단순하고 어리석은 방법이지요. 예를 들자면 사주에 도화살이 있다거나 역마살이 있다는 것만으로 호색하다고 말하거나 돌아다니기를 좋아한다고 판단하는 것입니다. 이것은 적중률이 매우 떨어질 뿐더러 위험한 풀이입니다. 사주는 복식 판단법으로 보는 것이 옳습니다.

여러 가지 방법을 겹쳐서 판단을 해야 적중률이 높고 틀리지 않습니다. 대표적인 단식 판단법이 신살론입니다. 저는 신살론을 사용하지 않습니다. 여러분들께 권하고 싶은 사주 판단법을 몇 가지 정리해 드리겠습니다. 먼저 기본적으로 근묘화실을 적용하고 육친 변용법 그리고 오행과 육친의 많고 없고 마지막으로 12운성을 적용합니다. 오행과 육친의 많고 없고는 강한오행이나 육친을 찾고 또한 없는 오행과 육친을 찾는 것입니다. 사주에 특징을 알아보는 중요한 방법입니다. 지장간은 당연히 살펴야 할 부분입니다. 이 정도만 구비해도 사주를 감명하는데 아무런 어려움이 없습니다.

제가 항상 주장하는 것인데 많이 알 필요는 없습니다. 하나를 알더라도 정확하게 그리고 깊게 알아야 합니다. 오늘은 중급 편 첫날이니 전체적인 부분을 점검하고 앞으로 어떤 방법으로 공부를 해야 할 것인지 알아보는 시간입니다. 여러분들은 기초를 공부하고 이제 사주분석의 방법들을 공부하려고 합니다. 사주분석의 방법들은 말 그대로 사주를 보는 방법이 여러 가지 있는데 무엇을 사용할 것이냐를 결정짓는 공부입니다. 이 시점에서 궁금한 점도 많으실 것인데 지금부터 질문을 받겠습니다. 뭐든 궁금하신 부분이 있으시면 질문하세요.

수강생1

물상대체에 궁금한 것이 있어서 그 부분을 많이 공부하고 있어요.

수강생2

대운 재성이 일간을 합하면 서로 힘을 못 쓴다는 게 맞습니까?

사부님

대운 천간 재성이 일간을 합하면 서로 힘을 못 쓴다. 그런 일은 없습니다. 대운은 지지가 중요합니다. 계절의 연장이 대운이니까요. 물론 천간도 참고는 하지만 일간 합으로 작용력이 없어지는 것은 아닙니다. 지지에 재성 대운이 오는 것과는 다르지요. 대운 천간의 작용력은 미미합니다. 대운 천간은 사주 원국에 있는 글자와 합, 충을 살펴서 해석하는 정도로 보시면 됩니다. 다른 천간은 영향을 받겠지만 일간을 합한다고 일간이 약해지지는 않습니다.

수강생1

간섭인자에서 물상론인데요. 가령 지지에 형, 충, 합이 있을 때 현실에서 얼마나 작용력이 있는지요. 만약에 寅, 巳, 申 삼형이 있다고 한다면 어떤 일이 있나요? 직업으로 사용한다면 어떤 직업일까요?

사부님

우리 학파는 합, 충, 형의 해석을 아주 많이 사용합니다. 삼형살은 대체적으로 판검사나 권력계통의 직업을 갖습니다. 물론 그 정도 위치가 되려면 재성, 관성, 인성 이라는 형태를 갖추어야 하겠지요. 삼형살이 아니고 단순히 형살만 있다면 또 다릅니다. 보통 형살이 있으면 직업으로 의료, 법무, 세무와 관련이 있다고 말씀 드렸습니다. 충이 있다면 정치적이거나 역마성 직업에 종사한다고 책에 나와 있습니다.

수강생1

네. 지금 물상론 공부를 사부님 책으로 공부하는 중이에요. 세 번째 읽고 있어요.

사부님

외우려고 하지 마시고 충분히 이해를 하시고 스스로 확장을 해 보셔야 합니다. 단 한 개라도 스스로 확장이 가능할 때 그것이 공부가 많이 됩니다. 스스로 확장을 한다는 것은 이해를 했다는 반증이니까요.

수강생2

삼형살이 문과계통이잖아요.

사부님

일단 형살이라는 공통점은 저승사자의 권한을 지상에서 갖는다고 했습니다. 사람을 살리고 죽이는 일에 관여한다는 뜻입니다. 의료, 법무, 세무, 금융계통에 종사하는 경우가 많습니다. 문과계통이라고 한 적은 없습니다.

수강생2

법부, 세무, 금융이 다 문과 쪽이라는 생각에서요.

사부님

의료는 문과가 아닌데요.

수강생2

재성에 삼형살이 공과계통으로 공부하고 있는 학생이 있어서요.

사부님

형살이라는 것은 제조, 생산은 아니라도 일종에 가공을 하는 작용도 있습니다. 그리고 삼형살이 있다고 모두 판검사나 의사가 되는 것은 아닙니다. 사주의 구조에 따라서 여러 모양으로 달라질 수가 있습니다.

우리나라의 경우는 부모님의 권유에 따라서 자신의 진로를 선택하는 경우도 많으니까요. 우리나라에서는 의사나 판검사가 뒤섞여 있는데 그 이유는 본인의 선택보다는 공부를 잘하면 거의 그쪽으로 가는 추세이기 때문입니다. 요즘은 카이스트도 많이 가지만 전에는 육사가 최고라던 시절도 있었고 시대에 따라서 인기학과가 정해지니 직업도 꼭 형살이 있다고 의료, 법무 쪽만 가는 것은 아니랍니다.

수강생3

모두 질문을 잘 하셔서 그냥 대신 공부가 됩니다.

사부님

질문이 좀 좋은 것 같습니다. 질문이 좋아야 공부가 많이 됩니다. 제가 혼자 글로 아무리 좋은 강의를 해봐야 소용없습니다. 잘 알아듣는지 알 수가 없습니다. 그래서 질문을 제가 자주 드립니다. 전에 물상론 때처럼 강의진행을 하면 되겠다고 생각 했습니다. 그때 정말 기분이 좋았습니다. 다들 잘 알아듣는 것 같아서요. 그런 식으로 진행하면 되겠다 싶었습니다. 그럼 그런 의미에서 오늘도 질문 하나 할까요? 사주 감명법 중에서 나오는 것인데 사주에 없는 오행에 관한 것입니다. 만약에 사주에 木이 없는 사람의 특징이 무엇일까요?

수강생3

창작을 잘 못한다.

수강생2

언변이 좋지 못하죠.

사부님

모두 맞습니다. 좀 더 정확히 한다면 남자는 없으면 갈구하는 습성이 있습니다. 여자는 부족하면 부족한 대로 적응을 하고 살아갑니다. 무슨 뜻이냐면 만약 木이 관성이라면 관성이 없는 남자는 선거 때면 환장을 합니다. 전에 지방자치단체 선거 때 보았는데 관성도 없으면서 선거에 출마하고 싶어서 찾아오는 사람들이 많습니다. 그리고 남자 사주에 재성이 없으면 여자가 없는 것이 아니고 여자만 보면 환장을 합니다.

수강생1

그렇군요.

사부님

木은 어질 인(仁)을 의미하고 언변을 뜻하기도 합니다. 기획이나 교육도 맞습니다. 사주에 木이 없다고 사람의 내장기관인 간이나 담이 없는 것은 아니고 약하게 태어났다고 보시면 됩니다. 간이 안 좋으면 나타나는 증세가 뭘까요?

수강생1

얼굴이 황달이죠.

수강생2

성질을 버럭버럭 냅니다.

사부님

다들 건강 쪽으론 공부가 많이 되셨군요. 간에 이상이 생기면 눈으로 많이 나타납니다. 간이 부으면 눈이 충혈 되기도 합니다. 간이 나쁘면 디스크에 잘 걸립니다. 그리고 담도 잘 걸리고요. 명치끝이 더부룩하고 배에 가스가 많이 찹니다. 고관절이나 엄지발가락 통풍 등도 걸립니다. 이럴 때 무엇을 먹어주면 좋을까요?

수강생1

헛개나무 열매.

사부님

병이나 증세를 알면 뭐합니까? 낫는 방법을 알려 줘야지요. 신맛 나는 음식을 먹어야 합니다. 곡류로는 팥이 좋습니다. 차로는 오미자가 좋습니다. 고기는 닭고기가 좋습니다. 이 정도까지는 연결을 시켜야 건강 상담을 해줄 수가 있습니다.

수강생3

와~

사부님

오행분류표에 다 나와 있는 것입니다.

수강생3

아. 그렇군요.

사부님

질문이 없으시면 이만 마치겠습니다.

수강생1

수고하셨습니다.

수강생3

사부님 감사합니다.

수강생2

감사합니다.

제 2 장
없는 글자와 많은 글자의 해석

제2부 사주분석의 방법들. 제목에서 보면 알 수가 있듯이 제2부는 사주를 분석하는 방법을 배우게 됩니다. 사주를 분석하는 방법은 한두 가지가 아닙니다. 아주 많은 방법들이 동원이 되는데 그것들 중에서 자기가 사용하고자 하는 것들을 골라서 자기만의 방법을 만드는 것입니다. 주로 지금 명리학계에서는 격국 용신론이라는 것을 사용하고 있습니다. 물론 저도 그런 방법으로 공부를 했었고 오랫동안 사용을 해 왔었답니다. 하지만 실제 감명에 문제가 많이 발견이 되었는데 다른 방법이 없어서 할 수 없이 격국 용신론을 사용해 왔었습니다.

그러던 어느 날 이대로는 안 되겠다는 생각에 제가 할 수 있는 모든 방법들을 동원해서 자료를 구하고 깊게 연구하여 다른 방도를 찾아야겠다는 생각을 했습니다. 20여 년을 사주감명에 매진하고 공부했음에도 불구하고 전혀 맞지 않는 사주감명이 나올 때마다 깊은 좌절을 맛 보곤 했습니다. 깊은 연구를 해 나가던 중에 고전명리의 한계가 무엇 때문에 발생하는지를 알게 되었고 이제는 현대시대에 맞는 감명법을 사용해야 하는데 그것 또한 고전에서 발견할 수가 있었습니다.

감히 고전명리가 틀렸다는 말을 할 수가 없는 개인이다 보니 누구나 그동안 입을 다물고 있었고 자신의 능력을 탓하는 수밖에 달리 방법이 없었습니다. 하지만 고전명리에서 격용론은 틀린 것이 아니고 시대적 상황의 변화와 신분사회의 붕괴로 인하여 사회가 달라진 것임을 알아 차렸습니다. 그 변화에 따라서 당연히 현대사회에 맞는 감명법이 사용되어야 한다는 것이 저의 지론입니다. 제가 정리한 새로운 감명법은 간지론입니다. 이 방법은 새로운 것이 아니고 자평진전에도 나오는 내용이랍니다. 다만 지금까지는 격용론에 가려져 잘 사용되지 않던 부분입니다. 간지론을 통한 사주 감명법을 사용하기 위해서는 간지 22자에 대한 이해와 확장을 많이 연습해야만 합니다. 물론 간지론 하나만을 사용하는 것은 아닙니다. 근묘화실과 12운성 그리고 육친 변용법 등 몇 가지를 덧붙여 사용을 합니다. 이렇게 제 나름의 학문을 완성하여 여러분께 열심히 알리고 있답니다.

자평진전에 기록되어 있는 내용들이지만 크게 사용되지 않고 묻혀 있던 부분들이 간지론입니다. 이렇게 사용하지 않던 부분들을 현실에 맞게 변형시키고 종합해 놓은 것이라고 보시면 됩니다. 제가 주장하는 감명법이 맞고 격용론이 틀리다고 저는 말하지 않습니다. 결국 용신론과 특수격에 적용이 불가능한 사주들이 너무나 많다는 것이 현실입니다. 또한 입격이 되지 않는 사주들을 분석하는 방법이 없다는 것이 문제였습니다. 그래서 제가 입격이 되지 않는 일명 파격사주를 해석하는 방법을 찾아내서 방법을 제시했다고 보시면 되겠습니다.

그럼 이제 실전으로 들어가 봅시다. 첫 번째 사주를 감명하는 방법은 오행으로 분석하는 방법입니다. 사주팔자를 적어 놓고 그 옆에 오행을 적습니다. 목, 화, 토, 금, 수 木이 몇 개고 火가 몇 개고를 적습니다. 이렇게 적다 보면 없는 오행도 있고 많은 오행도 있겠지요. 그렇게 분류를 해서 없는 글자와 많은 글자 즉 오행의 많고 없음을 그대로 설명하면 그 사주의 특징이 발견될 것입니다. 그 다음으로는 육친으로 대입을 합니다. 육친에서 없는 육친과 많은 육친이 나누어지겠지요. 그렇게 없는 육친으로 인해서 발생되는 문제를 말하고 많은 육친으로 인해서 발생되는 문제를 말하면 됩니다. 책에 보시면 제2부 2번 사주에 없는 글자의 해석이 나오고 ⑴ 오행 중에 없는 글자의 해석이 나옵니다. 그리고 ⑵ 육친 중에 없는 글자의 해석이 나옵니다. 그 뒤로 많은 글자의 해석이 나옵니다. 이것은 사주를 감명하기에 앞서 전체적인 윤곽과 특징을 파악하는데 매우 중요한 방법입니다.

첫눈에 사주의 특징을 판별하는 것이지요. 만약에 木이 없는 사주가 있다면 어떤 해석을 해야 하고 水가 없다면 어떤 해석을 해야 하는가는 책에 다 나와 있습니다. 그것을 지금 제가 다시 나열한들 별 도움이 안 될 것이고 그렇다면 지금부터 여러분들과 함께 하나씩 짚어 나가 보도록 하겠습니다. 사주에 水가 없는 사주에 특징이 뭘까요?

수강생1

지혜가 부족하고 융통성이 없다.

수강생2

밤이 없다, 쉴 틈이 없다, 학문, 지혜, 윤통성이 없다.

수강생3

인내심 부족, 자녀생산 애로.

사부님

水는 지혜를 뜻하고 휴식을 말하는 것이 맞습니다. 水가 없으면 자녀생산에 문제가 있다고 했는데 이유를 아세요?

수강생2

결실에 약해서요.

수강생1

밤의 논리, 수는 밤이고 어둠이잖아요.

사부님

우주에서 물이 없는 곳에는 생명체가 없답니다. 그리고 水가 뜻하는 장기는 신장, 방광, 자궁입니다.

수강생3

음의 기운이 강하여야 하니까요.

수강생1

아~ 맞다. 신장, 방광, 자궁. 알고 있는데 꼭 물어보면 헷갈리고 입에서 맴돌기만 합니다.

사부님

주로 水에 포함된 음식이나 약초는 모두 정력제랍니다. 숟가락 들 힘이 있어야 자녀생산을 합니다. 정력제라고 해서 비아그라가 아니고 기운을 북돋아 주는 식품이나 약초를 말합니다. 우리나라 대표적인 정력제 약초를 아십니까?

수강생3

오강이 깨진다는 산수유.

수강생1

오미자.

사부님

삼지구엽초(음양곽)입니다. 이 약초는 달여 드시면 아무 효과도 없습니다. 술로 담아 드셔야 효험이 있습니다.

수강생1

그렇군요.

사부님

그럼 木이 없는 사주의 특징은 뭘까요?

수강생2

기획력 부족, 인정이 없다.

수강생1

창작이나 기획능력이 부족합니다.

수강생3

왜 수명이 짧은지 이해가 잘 안 됩니다.

사부님

수명을 논하는 부분을 보면 식상이 없거나 약하면 수명이 짧다고 하고 木 기운이 없거나 약해도 수명이 짧다고 합니다. 木은 봄에 해당하므로 사람에게는 청소년기와 성장기를 뜻합니다. 이제 막 시작하는 기운이라고 보시면 됩니다. 태어나서 자라는 시기의 기운이 약하면 어린나이에 성장이 어렵겠죠. 옛날에는 어린 나이에 죽는 아이들이 많았습니다. 木기운이 없거나 약하면 말주변이 없고 길눈도 어둡습니다. 주변에 둘러보시면 길치는 모두 木

기운이 없답니다. 그리고 말보다는 행동이 앞서는 사람은 木이 없고 金이 많은 사주입니다. 火가 없는 사주의 특징은 뭘까요?

수강생3

활기차기 못하다, 조용하고 소심하다.

사부님

움직임이 부족하거나 의욕이 없겠지요.

사부님

金기운이 없으면요?

수강생1

결단력, 의리, 냉정함, 우유부단하다.

사부님

시작은 있고 결과가 없다. 용두사미과겠지요. 木이 많은 사주는 특징이 뭘까요?

수강생2

혼자 다 해먹어요.

사부님

아까 없다는 것에 반대가 되겠지요. 길눈이 밝고 인자하고 계획적이고 말도 잘합니다.

수강생2

일을 잘 벌이는 것 같은데요.

수강생1

그리고 만드는 재주도 있는 것 같습니다.

사부님

火가 많으면요?

수강생1

목소리가 크다, 활발하다.

수강생3

잘난 척한다.

사부님

머리통도 크겠지요. 활동적이고 많이 돌아다니겠지요.

수강생1

맞아요. 머리통도 큰듯해요 이제 보니까.

사부님

金이 많으면요?

수강생1

뭐 일단 일은 잘하죠. 만드는 일이나 섬세한 것.

수강생2

마무리가 좋고 성질이 급하죠.

사부님

말보다 행동으로 보여주겠지요. 그럼 水가 많으면요?

수강생1

성격이 융통성이 많을 것 같아요.

수강생2

바람둥이 술을 좋아한다.

사부님

水가 많으면 잘 안 움직이는 은둔형이 많습니다.

수강생1

물은 어디가도 융합이 잘 되죠.

수강생3

은둔?

사부님

水가 많으면 수행자가 많습니다. 밤이고 겨울이니 은둔형이지요. 목사는 도시에서 활동을 많이 하니까 火에 속하고 스님은 주로 산에서 은둔하며 수행을 하니까 水에 속한다고 봅니다.

수강생1

그럼 사부님은 수가 많아요?

사부님

저는 지지에 水삼합이 있습니다.

수강생2

예지능력이 좋으시겠어요.

수강생3

申 子 辰 = 삼합

사부님

제가 깊게 파고드는 학문적인 것은 잘하는 편에 속합니다.

수강생3

아~ 그렇군요. 전 왜 공부가 안 되는지 이제야 알 것 같아요.

수강생2

누구는 그런데 우유부단하던데요. 지지에 합이 있어서요.

사부님

水는 자기 모양이 없고 어느 모양이나 만들 수가 있습니다. 어느 그릇에 담기느냐에 따라서 모양이 달라집니다. 삼합이 있다고 우유부단한 것은 아닙니다. 합이 많으면 그렇다는 뜻입니다. 육친 중에서 비겁이 없으면 어떨까요?

수강생2

독립심 부족해요.

수강생1

경쟁심이 없다.

사부님

독립 사업이 불가하다고 했습니다. 육친 중에서 식상이 사주에 없으면 어떨까요?

수강생2

활동력이 없다, 제조업 불가.

수강생3

예술성이나 손재주가 없다.

사부님

네~ 제조업이 불가능하겠죠. 식당이나 먹는장사도 직접 만들면 안 되겠죠. 육친 중에서 재성이 없다면요?

수강생2

남자는 여자인연이 없다.

수강생3

돈 관리를 못한다.

사부님

남자는 배우자 인연이 박하고 여자는 시가집 인연이 박하다. 여자 사주에 일지, 시지에 재성이 있으면 어떤 감명이 가능할까요?

수강생2

시어른을 모신다.

수강생3

시가집이니까요.

사부님

아주 오래도록 시부모를 모시는 경우가 많습니다. 사주에 관성이 없으면 어떨까요?

수강생1

여자는 과부팔자.

수강생2

남자와 인연이 없다, 직장 운이 약하다.

사부님

관성이 없으면 여자는 남자와 인연이 없고 남자는 직장 인연이나 자녀와의 인연이 박하겠습니다. 남자 사주에 재성과 관성이 없으면 뭐하고 살까요?

수강생3

스님.

수강생2

식상으로 살아야죠.

사부님

재, 관이 없어도 어떻게든 살겠죠? 남자는 돈과 직업이 없고 여자와 자녀가 없으니 신부나 스님 사주가 그런 분들이 많겠습니다. 그리고 특이한 것은 스님들 사주를 보면 10명 중에 8~9명은 월지 공망을 당했습니다. 저 또한 월지 공망입니다. 월지는 부모형제 자리이니 부모형제와 인연이 없겠습니다.

수강생3

외로운 사주네요.

사부님

사주에 비겁이 많으면 어떨까요?

수강생1

잘난 체를 잘하고 재성을 나누어 갖는다.

수강생2

남자는 아내와 인연이 불안하죠.

사부님

인덕이 없습니다. 잘 해주고 욕먹고 돈 빌려주고 못 받습니다. 신강사주들은 대체적으로 인복이 없습니다. 돈 거래 안 해야 합니다.

수강생2

맞아요.

사부님

사주에 식상이 많으면 어떨까요?

수강생1

일복이 많다.

사부님

봉사성이 강해서 동내 형광등은 다 갈아주고 다닙니다. 돈 안 되는 일만 찾아서 합니다. 종교단체나 봉사단체를 직업으로 하면 좋습니다. 사주에 재성이 많으면 어떨까요?

수강생3

남자는 여자가 많으니 바람둥이다.

수강생2

학업을 중도에 포기하죠.

사부님

내 돈이든 남에 돈이든 돈 복은 많습니다.

수강생2

사주가 강해야 돈을 버는 것 아닌가요?

사부님

남자는 여자문제가 많이 발생하고 년에 편재는 학업을 중단시키는 작용을 합니다. 우리 협회 관법은 신강과 신약을 구분하지 않습니다. 신약사주가 재벌 아들도 있습니다.

수강생2

아~ 네.

수강생1

인성이 없고 재성 많은 사람들은 버릇이 없더라고요.

사부님

은행에 근무하는 사람들도 많습니다. 편재가 많으면 허풍이 심한 사람도 많아요. 여자도 잘 다루지요. 허풍쟁이를 여자들은 좋아하더라고요. 사주에 관성이 많으면 어떨까요?

수강생1

움츠려들고, 몸이 아프다.

수강생2

직장변동이 많다.

사부님

신약신강을 떠나서 관성이 많으면 남자는 관록사주고 여자가 관살혼잡이거나 관성이 많으면 과거에는 기생팔자라고 해석을 했는데 요즘은 평생 직업을 갖고 산다고 해석을 합니다.

수강생2

일복이 많아요.

수강생1

관살혼잡은 평생 직업을 갖는 것이죠.

사부님

사주에 인성이 많으면요?

수강생1

인성이 많으면 연구직.

수강생3

움직이는 것을 싫어한다.

사부님

아는 것은 판검사 급인데 직급은 순경이죠. 자기 위주로 행동하는 경우가 많습니다.

수강생2

공부한 만큼 써먹지 못하죠.

수강생1

눈치가 빠르다.

사부님

그래도 끈기가 있으니 무엇이든 끝장을 봅니다. 될 때까지 하지요.

수강생2

제가 인성이 많아서요.

사부님

식상이 많으면 빨리 배우기는 하는데 길게 하지는 못합니다.

수강생1

인성이 많은 사람들은 얌전하고 교양은 있죠.

사부님

인성이 많으면 느리게 배우지만 끝까지 가니까 전문가가 많습니다.

수강생2

저 교양 있어요.

수강생1

공망 맞은 인성이 삼합되면요?

사부님

인성 공망은 거의 작용력이 없다고 봅니다. 그리고 합이 되면 공망이 40% 풀리지요. 충 되면 80% 공망이 풀립니다. 다음시간에는 근묘화실 공부하겠습니다. 이것으로 마치겠습니다. 수고하셨습니다.

수강생1

수고하셨습니다.

수강생2

다음 주에 뵙겠습니다.

수강생3

감사합니다.

제 3 장
근묘화실

오늘은 근묘화실 편입니다. 사주를 보는 방법은 여러 가지가 있답니다. 그 중에서도 중요한 정도의 차이가 있겠지요. 우리 협회에서 가장 중요하게 생각하는 관법이 바로 근묘화실입니다. 우선 근묘화실은 사주팔자를 적으면서 바로 해석이 가능하게 만드는 정말로 중요한 관법이라고 봅니다. 년, 월, 일, 시 어느 위치에 어느 육친이 있느냐에 따라서 바로 해석이 가능합니다. 격용론을 공부하시는 분들은 별로 사용을 하지 않는 부분인데 저희 협회는 가장 중요하게 사용을 합니다. 이 점을 꼭 명심하시고 공부에 임해 주시기 바랍니다.

글자 그대로 근묘화실은 뿌리 근, 모 묘, 꽃 화, 열매 실입니다. 4개의 기둥으로 이루어진 사주는 각각 그 위치에 따라서 어느 기간 동안을 관장하고 어느 육친의 자리를 의미합니다. 먼저 년 주를 보면 태어나서 약 20세까지의 기간을 의미하며 육친으로는 조상의 자리로 봅니다. 월주는 부모의 자리로 20~ 40세가량의 기간을 관장한다고 봅니다. 일주는 배우자의 자리이며 40~60세까지의 기간을 관장하는 자리로 봅니다. 시주는 자녀의 자리이며 60~80세까지의 기간을 관장한다고 봅니다. 이렇게 각각 자리에 따라서 관장하는 육친과 시간을 규정한다고 봅니다.

근묘화실은 년, 월, 일, 시의 해석을 의미하는데 어느 자리에 어느 육친이 있어야 마땅하지만 그렇지 못한 경우에 따른 해석을 바로 할 수가 있기 때문에 사주팔자를 쓰면서 바로 해석이 가능한 관법이라고 한답니다. 우선 시기적으로 분석을 해 본다면 년에 있는 육친은 소년기에 상황을 알아볼 수 있는 중요한 자료가 됩니다. 예를 들어 본다면 년에 편재가 있다면 편재가 극하는 인성의 문제로 인하여 학문에 장애를 겪는다고 봅니다. 학업에 지장을 준다고 보는데 그것은 어릴 때 돈이나 여자문제로 학문을 게을리 할 수가 있다고 봅니다. 이렇게 년, 월, 일, 시에 있어야할 육친이 있는가 아니면 반대 기운의 육친이 있는가를 살피는 중요한 관법이 됩니다.

월에 육친은 청년기의 상황을 살펴볼 수가 있는데 사주팔자 중에서 가장 힘 있고 중요한 자리라고 봅니다. 물론 월지는 격용론을 공부하는 사람들에게는 가장 중요한 자리로 보는데 우리는 격국, 용신을 잡지 않는 대신에 사주팔자에서 가장 힘 있는 오행과 육친을 알아본다는 점에서 비슷한 점도 있습니다. 월주는 청년기의 자리로 우리가 사회생활을 시작하고 꿈을 펼쳐 나가는 중요한 시기임으로 인생에 있어서 가장 중요한 자리라고 봅니다.

일지는 장년기를 뜻하며 시지는 말년을 뜻한다고 봅니다. 예를 들자면 년, 월, 일에 관성이 없고 시에 관성이 있는 남자라면 일찍 조직생활이나 직장생활을 하기 힘든 사주라고 판단하는 것입니다. 시기적으로 분석하여 판단하는 관법으로 매우 유용하게 사용되는 것입니다. 우리 협회가 가장 많이 사용하고 중요하게 사용하는 관법으로 책에 보시면 년, 월, 일, 시, 어느 자리에 어느 육친이 있으면 어떤 작용이 있는지를 자세히 설명을 해 놓았습니다. 그것을 전부 외우겠다고 생각하시면 큰 오산입니다. 년, 월, 일, 시에 있어야 할 육친이 무엇인가를 먼저 아는 것이 중요하겠습니다. 그 다음 그것과 반대가 되는 육친이 거기에 자리한다면 어떤 작용이 일어날 것인가를 생각해 보고 이해를 하면 됩니다. 예를 들어서 여자 사주에 일지에 상관이 있다면 어떤 문제가 있을까요. 일지에는 정관인 배우자가 있는 것이 자연스러운데 정관을 극하는 상관이 있다면 배우자 덕이 없어지겠지요.

여자 사주가 시에 인성이 있다면 식상을 극해서 자녀와의 인연을 박하게 만든다고 봅니다. 이렇게 자리에 있는 육친을 보는 것만으로도 바로 해석을 하는 관법입니다. 이것을 정확히 이해할 수가 있는 정도의 수준만 된다면 충분히 사주풀이를 하는데 준비가 된 것이라고 판단합니다. 하지만 보통 어떤 이론이나 문제를 보면 우리는 무조건 외우려는 습성이 있습니다. 그러나 암기가 그리 쉬운 것이 아니고 자꾸 잊어버리거나 생각이 잘 나지가 않습니다. 그래서 저는 항상 충분한 이해를 요구합니다. 왜 그렇게 해석이 되는가를 이해한다면 외울 필요가 없어집니다. 이유를 아는 것이 중요한 포인트가 되겠습니다.

책에 보시면 모든 위치에 모든 육친을 대비해서 어떤 작용이 생기는지를 적어 놓았습니다. 그래서 특별히 제가 따로 설명을 덧붙여야 할 필요성은 못 느낍니다. 다만 어떤 방법으로 공부를 해야 하며 어떤 식으로 사용을 해야 하는지만 알려 드리고자 합니다. 책은 다 보셨을 것으로 보고 이제부터 제가 질문을 통해서 여러분의 학습 정도를 점검하고 또한 부족한 부분을 이해시켜 드리겠습니다. 그럼 이해 정도를 알아보기 위해 몇 가지 질문을 하겠습니다. 여자 사주에 일지와 시지에 재성이 있다면 어떤 해석이 나올 수가 있을 까요?

수강생3

여자는 시가집.

수강생1

시부모를 모시고 살게 됩니다.

수강생2

재성은 곧 나에 재물이 됩니다. 시부모도 되고요.

사부님

역시 우리 학인들의 수준은 대단합니다. 세상에 어느 학회나 협회 학인들 수준이 이 정도가 되겠습니까? 놀라운 실력들입니다.

수강생2

다 사부님 덕분이죠.

사부님

그렇다면 시에 壬, 癸, 亥, 子가 있다면 어떤 작용이 있을까요? 힌트 하나 드리지요. 제로 공망은 들어 보셨지요? 壬, 癸, 亥, 子는 모두 水이고 오행으로 水가 뜻하는 것이 무엇입니까?

수강생2

수면, 저녁이고, 느리고, 어둡다.

사부님

휴식, 모은다, 수렴한다, 밤, 지혜, 학문, 종교 등. 시에 水가 있으면 노년에 은둔생활을 뜻하므로 주로 나이 들어 전원생활이나 별장을 짓고 산 밑으로 들어가 사는 꿈을 가지고 있답니다. 시는 대문 밖을 의미하므로 대문 앞에 강으로 막혀 있는 형국을 말하며 그것은 은둔을 의미하여 제로 공망이라고 부릅니다. 이제 잊어먹지 않으시겠지요?

수강생3

제가 제로 공망이 있어요.

사부님

그럼 노년에 전원생활을 꿈꾸시겠네요?

수강생3

네~ 간절히 원합니다.

사부님

남자가 일지에 비겁이 있으면 어떨까요?

수강생2

재물을 나눠 갖는다. 여자 복이 없다.

수강생1

배우자와 다툼이 생긴다.

사부님

남자 사주 일지에 무슨 육친이 있는 자리인가요. 재성이 있을 자리에 재성을 극하는 비겁이 있으면 무슨 문제가 생길까요? 안방인 일지에 비겁이 있으면 또 다른 내가 있으므로 내 마음대로 안방을 좌지우지하려고 하겠지요. 그리고 재성을 극하므로 배우자가 자리하고 있기에 불편하겠지요. 그래서 고서에는 남자 사주에 간여지동은 이혼할 팔자라고 한답니다. 여자 사주에 상관이 일지에 있으면 정확하게 어떤 문제가 생길까요?

수강생3

남편 덕이 없어요.

수강생1

정관을 극하기 때문에 남편하고 사이가 안 좋습니다.

사부님

식상은 재능의 별이기도 하지만 자기가 하고 싶은 대로 표현한다는 의미도 있어서 할 말 다하고 또한 남편한테 대든다는 뜻이기도 합니다. 옛날에 여자는 남편에게 순종하는 것을 덕으로 삼았기 때문에 그런 풀이를 했다고 봅니다. 그러면 여자가 남자에게 잘 해주는 방법을 아는 여자는 무슨 육친이 있기 때문일까요?

수강생2

인성.

수강생3

관성.

사부님

그렇다면 남자가 여자에게 잘 해주는 방법을 아는 남자는 무슨 육친이 있을까요?

수강생2

식신.

수강생1

정재.

사부님

여자는 관성을 생해 주는 재성이 있어야 남자에게 잘 해주는 법을 알며 남자는 재성을 생해 주는 식상이 있어야 여자에게 잘 해주는 법을 잘 알고 있는 것입니다.

수강생3

아~ 그렇군요.

사부님

월지가 충 되면 나타나는 현상이 무엇일까요?

수강생2

집 밖의 회사에 일이 생기거나 윗사람과 불화가 생긴다.

수강생1

형제나 부모와 불화한다, 직장이동, 이사.

사부님

월주가 뜻하는 바가 무엇이지요? 주로 이사를 갑니다. 왜일까요?

수강생1

사는 주거지를 충 하기 때문에 이사를 간다.

수강생3

거주지에 안정을 못한다.

사부님

월주는 부모형제 자리인데 그것을 충 하니 고향을 떠난다는 의미를 가집니다. 그리고 월지에 비겁이 있으면 무슨 작용이 생길까요?

수강생3

형제가 많다. 상속을 나눠 갖고 부모 불화.

사부님

고서에는 고향을 떠나서 자수성가 한다고 되어 있는데 이유가 뭘까요?

수강생3

부모형제의 갈등 때문입니다. 큰 꿈을 가지고 있다.

수강생2

형제나 부모갈등은 재물도 나눠 가져야 하니까요.

사부님

월지는 부친인 편재의 자리입니다. 그런데 편재를 극하니 부친의 가업을 잇지 못하고 고향을 떠나서 힘들게 살아가야 한다는 의미 입니다.

수강생2

아 잊어버리지 않을 듯합니다.

사부님

항상 어느 자리에 어느 육친이 있다면 그것이 극하는 육친을 생각해 보시기 바랍니다. 또한 대운이나 세운도 마찬가지입니다. 항상 반대편에 극을 당하는 육친이 무엇인지를 살피면 금방 답이 나온답니다.

수강생1

주로 지지로 해석하나요?

사부님

월주나 년 주라고 말하면 천간과 지지를 모두 뜻하는 것입니다. 사주에 인성이 없다는 것이 무슨 문제를 일으킬 수가 있을까요?

수강생3

휴식이 없다. 항상 바쁘다.

수강생1

참을성이 없다. 결재권이 없기 때문에 직장에서 승진하기 힘들고 문서를 쥐기 힘들다.

사부님

가장 중요한 핵심은 브레이크 없는 자동차와 같다는 것입니다. 무슨 일이든 정지가 없고 계속적인 확장을 하다가 결국은 망하는 수가 많습니다. 그리고 인내심이 부족한 점도 있겠습니다. 그래서 책에는 주로 금고 열쇠가 없어서 돈이 머무르지 않는다고 해석을 합니다. 여자 사주에 인성이 없고 재성과 관성이 합이 되거나 가까이 있는 경우에 해석은 어떨까요?

수강생2

돈 벌어다가 남자한테 갔다가 바치고 매 맞는다.

수강생1

맞아요.

사부님

매까지야 맞겠습니까. 그런데 이유를 설명하면요?

수강생1

남자 좋은 일 시킨다는 뜻이죠.

사부님

재성은 돈이고 관성은 남자인데 돈을 벌어서 남자에게 가는 모양이고 그것이 내게 오려면 인성이 있어야 오는데 없으니 못 오고 남자 좋은 일만 시킨다고 해석합니다. 그래서 인성이 매우 중요합니다.

수강생3

남자가 재성과 관성이 합이면요?

사부님

남자는 부인과 자녀가 합세하여 나를 공격한다. 또는 좋은 직장이나 자녀의 발전이 있겠습니다.

수강생1

직장 생활에 돈 밝히다 쇠고랑 찬다.

사부님

직장인이나 공직생활 하시는 분들이 쇠고랑 차는 경우는 재성 운에 그렇습니다.

수강생3

인성을 극하니까요?

사부님

양심 없이 돈을 밝히다가 그렇게 됩니다.

수강생1

여자 사주에 시 천간에 관성이 있으면요?

사부님

아~ 시 천간에 관성이 있다. 그럼 년, 월, 일에는 없나요?

수강생1

월 지장간에 있어요.

사부님

그럼 봉사성 감투로 볼 수가 있고 또는 애인으로 볼 수도 있고 평생 직업으로 볼 수가 있습니다.

수강생1

아. 네~

사부님

우리는 여자 사주에 정, 편관 혼잡은 평생직장을 갖는 사주로 봅니다. 옛날처럼 기생팔자로 안 봅니다. 요즘은 그렇게 봐 주다간 맞아 죽습니다.

수강생2

아~ 평생직장.

사부님

교사 사주에서 많이 나타나는 사례입니다. 특히 정, 편관 혼잡사주.

수강생3

인성이 없다면 어떻게 해야 좋을까요?

사부님

사주에 인성이 없다면 마음수양을 많이 해야겠지요. 그리고 부동산을 지니지 말고 현금성 재산을 가지고 있어야 합니다.

수강생1

말년에 대운에서 재성, 관성 운이 온다면 어떻게 해석을 해야 되는 건지요? 60세가 넘어서 사주에는 없는데 운에서 오면요.

사부님

말년에 관운이 대운에서 온다면 나이 들어서까지 일을 해야 합니다.
재성 대운도 마찬가지로 경제활동을 늦게까지 해야 합니다.

수강생1

아이고.

사부님

물론 경제활동을 하니 금전적인 발전은 있다고 봅니다. 몸은 좀 힘들다고 하겠습니다.

수강생3

제가 좀 힘들어요.

사부님

공부하시는 데 큰 어려움은 없습니까?

수강생3

없어요. 재미있습니다.

수강생2

저도요.

수강생1

시간이 금방 가네요. 너무 짧아요.

사부님

그럼 오늘도 수고하셨습니다. 다음 주에 뵙겠습니다.

수강생1

수고하셨습니다. 감사합니다.

수강생3

고맙습니다.

수강생2

사부님 감사합니다.

제 4 장
위치에 의한 육친 변용법

오늘은 위치에 의한 육친 변용법을 공부하겠습니다. 근묘화실을 보다 세밀하게 적용시킬 수 있는 방법입니다. 이 분야는 우리 협회가 자랑하는 최고의 감명법 중에 하나입니다. 있어야 할 자리에 있을 육친이 있는지 아니면 반대되는 육친이 자리 함으로 인해서 어떤 문제점이 생기는지를 판별해서 바로 해석이 가능한 최고의 감명법이라고 봅니다. 육친이 어느 자리에 있어야 좋은지는 기본적으로 근묘화실에서 공부했듯이 년은 조상 자리이며 월은 부모 자리이고 일지는 배우자 자리이고 시는 자녀 자리입니다.

이것을 바탕으로 배치가 잘 되지 못한 육친을 판별하여 해석을 하면 됩니다. 아무리 좋은 육친이라도 있을 자리에 있지 않고 엉뚱한 자리에 있다면 결코 좋은 작용을 하지 못한다는 것입니다. 가장 중점적으로 보아야 할 부분은 자리와 반대되는 육친이 자리하는 것입니다. 예를 든다면 남자 사주에 일주는 배우자인 재성이 자리를 해야 마땅한데 그곳에 재성을 극하는 비겁이 있다면 배우자 운이 당연히 좋지 못하다는 것입니다. 마찬가지로 여자 사주에 일지는 남편인 배우자 자리인데 당연히 관성이 자리해야 마땅하지만 상관이 자리한다면 정관을 극하여 배우자 운이 좋지 못하다는 것입니다.

월지는 부모 자리인데 부친인 편재가 있으면 좋을 자리에 비겁이 있다면 부친과의 인연이 좋지 못하다고 판단하는 것입니다. 근묘화실과 위치에 의한 육친 변용법만 잘 익히면 사주팔자를 적으면서 바로 해석이 가능한 아주 훌륭한 감명법입니다. 이 부분을 자주 반복해서 눈에 익혀 놓아야만 우리 협회가 추구하는 감명법을 제대로 사용할 수가 있겠습니다. 사주를 분석하는 방법은 단순하게 격용론만 있는 것이 아니고 이처럼 아주 좋은 분석법도 많습니다. 일반적으로 다른 학회나 협회에서는 이러한 감명법을 가르치는 곳이 거의 없습니다. 무엇이 중요한 핵심인가를 잘 판단하여 공부하고 본인의 것으로 만드시기 바랍니다.

그러면 조금 더 상세하게 접근을 해 보겠습니다. 여자 사주 일지에 상관이 있으면 배우자와의 인연이 박하다고 한 이유는 일지는 배우자 자리인 정관이 있어야 할 자리인데 그것을 극하는 상관이 있어서 그런 해석을 합니다. 남자 사주 시에 상관이 있으면 자녀와 인연이 없다고 해석하는 이유는 시는 자녀인 관성 자리인데 그것을 극하는 상관이 자리하기 때문에 그런 해석을 한 것입니다.

책에 보면 년에 비견이 있을 때, 월에 비견이 있을 때, 일에 비견이 있을 때, 시에 비견이 있을 때를 모두 해석해 놓았습니다. 모든 경우의 수를 설명해 놓은 것인데 그것만 충분히 이해를 한다면 충분히 사주감명을 하실 수 있을 것으로 봅니다. 그것을 기준으로 몇 가지 방법을 추가하면 충분히 사주를 볼 수가 있겠습니다. 통변법이 이렇게 간단합니다. 어렵게 생각하면 끝도 없겠지요. 다시 말씀 드리는데 근묘화실과 위치에 의한 육친 변용법만 잘 이해하고 익히신다면 사주 감명법은 끝난 것이나 다름없습니다. 이처럼 매우 중요하고 소중한 분야를 충분히 자기 것으로 만드는 일은 여러분들 몫입니다. 아무리 좋은 방법과 정보를 가르쳐줘도 본인의 것으로 만들지 못하거나 중요성을 깨닫지 못하면 달리 방법이 없겠습니다. 무슨 뜻인지 아시겠지요? 책에 보시면 모든 경우의 수를 나열해 놓았으니 특별히 설명을 첨가할 필요는 없겠습니다. 이제부터 몇 가지 질문을 통해서 여러분의 실력도 알고 또한 이해도를 높여 보도록 하겠습니다. 저는 공부를 암기라고 생각하지 않습니다. 충분한 이해만 있으면 됩니다. 이해를 했는데 더 이상 외울게 뭐가 있습니까. 그럼 여러분의 이해도를 알아보겠습니다. 사주팔자의 년에 편재가 있으면 나타나는 현상이 무엇일까요?

수강생1

일찍 돈을 벌려고 한다. 공부를 안 한다.

수강생2

돈 이니까 일찍 장사를 하려고 한다. 공부 방해.

사부님

있어야 할 육친이 있을 자리에 있는지 아니면 반대되는 육친이 있다면 어떤 장애가 있는지 이해를 해야 합니다. 년이라는 자리는 어린 시절로 보시면 됩니다. 어린 애가 돈이나 여자를 안다면 학업에 지장을 받겠지요. 잘 알고 계십니다.

수강생1

네. 공부한 덕이에요. 사부님께서 지난번에 가르쳐 주신 것 복습했을 뿐입니다.

사부님

주변에 보시면 년에 편재가 있거나 대운에 편재 운이 어릴 적에 들어오면 학교를 중퇴하는 경우가 많습니다. 약간 변형된 형태의 질문을 해 보겠습니다. 응용이라고 생각하세요. 여자 사주에 일지에 상관이 있고 시지에 정관이 있다면 어떤 해석이 나올까요?

수강생1

상관견관. 남편을 잘 다룬다.

수강생3

이혼하고 재혼하지 않을까요?

수강생2

늦게 결혼을 한다.

사부님

어렵게 생각하시지 마시고 그 모양 그대로를 이야기해 보세요. 우리의 관법은 있는 그대로 관찰하여 해석하는 것입니다. 일지가 뜻하는 장소는 안방이고 시는 담 밖입니다. 안방에 자식이 있고 담 밖에 남편이 있는 모습입니다. 그대로 해석하면 됩니다. 자식과 동거하고 남편은 주말 부부면 좋겠습니다.

수강생2

아~ 자리배치가 그렇군요. 그것이 잘 안 됩니다.

수강생1

안 잊겠습니다. 맞아요. 있는 그대로 보겠습니다.

사부님

만약에 남편과 떨어져 있지 않다면 어떤 처방이 있어야 할까요? 정관 남편이 안방에 상관 때문에 집에 들어온다면 버티기가 힘든 모습입니다. 처방은 남편의 주소지를 다른 곳으로 옮겨 놓는 것입니다. 서류상이라도 그렇게 해 놓으면 좋습니다.

수강생1

아~ 그러네요.

수강생2

와~ 그렇군요.

사부님

엄마가 인성 대운이고 자녀가 식상 대운이면 모자간의 관계가 어떤 사이가 될까요?

수강생3

서로 극하는 관계네요.

수강생2

자식하고 떨어져 살아야겠지요.

사부님

인성은 자녀인 식상을 극하고 식상은 모친인 인성을 극합니다. 사이가 아주 나쁘겠지요. 어떤 처방이 필요할까요?

수강생3

좀 떨어져 살아야 하겠네요.

수강생1

유학을 보내야지요.

사부님

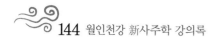

사이가 나쁘더라도 그 시기는 겪어야 합니다. 사주에 그려진 그림대로 살지 않는다면 극단적인 결과를 보게 될 수도 있다는 것입니다. 유학을 보내든 주소지를 다른 곳으로 해 놓든지 떨어져 지내는 방법을 찾는 것이 현명하겠습니다. 여자 사주에 정관이 없고 편관만 있는 경우를 어떻게 해석할 수가 있을까요?

수강생1

남편으로 봐야 합니다.

수강생3

뭔가 부족한 남편으로 봅니다.

사부님

정관이 없으면 편관이 남편이 됩니다. 편관은 치우친 부분이 있는 것을 뜻하므로 사랑과 돈을 공급하는 남편의 의무 중에서 하나만 해 준다고 봅니다. 일단 남편 복이 반감되었다고 보고 사랑을 주면 돈을 못 벌고 돈을 주면 사랑을 해 주지 않는다고 해석합니다.

수강생2

그러네요.

사부님

우리가 좋아하는 재성도 어느 자리에 있느냐에 따라서 해석이 달라지요. 남자 사주가 시에 재성이 있으면 어떨까요?

수강생3

남자는 애인이 있다.

사부님

결혼이 늦거나 늙어서까지 일을 해야 합니다. 이렇게 뭐든 자리가 중요합니다. 근묘화실과 위치에 의한 육친 변용법만 잘 이해하고 익히신다면 사주팔자를 바로 보고 해석하는데 큰 어려움은 없습니다. 간지론 핵심 부분이라고 생각하시고 반복해서 익히시기 바랍니다.

수강생2

넵.

사부님

저도 이런 방법을 통해서 빠른 감명을 하게 되었습니다. 너무 빨리 보니까 사람들이 신 끼로 보는 줄 압니다. 적으면서 바로 말을 하니까요.

수강생3

도통 하신 겁니다.

사부님

이 부분만 잘 익혀 놓으시면 다 하실 수 있습니다. 공부 중간 중간에 제가 우리가 사용하는 감명법은 관찰력이 중요하다고 자주 말했지요?

수강생1

네. 이해와 관찰.

사부님

자리를 관찰하고 육친의 위치를 파악하면 바로 해석이 나옵니다. 있는 그대로를 말하면 됩니다.

수강생2

년에는 인성이 있어야 좋나요?

사부님

인성이 있으면 어릴 적에 공부를 잘 하겠지만 성장발달에 지연이 생기는 수도 있습니다. 식상을 억제해서 그렇습니다.

수강생2

아~

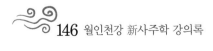

사부님

여자 사주가 년에 식상이 있고 월에 관성이 있으면 어떤 해석이 나올 수가 있을까요? 근묘화실을 생각해 보세요.

수강생1

자식 낳고 결혼을 한다.

수강생2

재주 있고 공부도 잘 하고요.

사부님

년, 월, 일, 시는 시간의 흐름입니다. 자식을 낳거나 임신해서 결혼한다가 정답입니다.

수강생1

네. 있는 그대로 보았습니다. 이해해서 있는 그대로 관찰해서 사부님 말씀 대로 했습니다.

수강생2

그렇군요.

사부님

시간적으로 년이 먼저고 월이 다음이니까 자식이 먼저 그 다음이 남편 이런 해석은 자식이 생기고 남편이 있는 모습이지요. 월에 비겁이 있는 사주를 보고 객지에서 자수성가 한다고들 합니다. 왜 그런 해석이 나올까요? 월지는 누구 자리지요?

수강생3

편재 즉 부를 극하기 때문에 고향을 떠나는 것이죠.

수강생1

부모 자리여서.

사부님

편재를 극하기 때문에 고향을 떠난다가 정답입니다. 부친을 극하니까 가업을 잊지 못하고 고향을 떠나서 고생을 하게 된다는 뜻입니다.

수강생2

그렇군요.

사부님

옛날에는 부친의 가업을 잊지 못하고 곁을 떠나면 고생이 컸습니다. 물론 요즘도 부친의 도움을 받지 못하면 출발이 힘듭니다. 항상 그 자리에 반대편을 보아야 합니다. 대운도 마찬가지입니다. 대운에 인성 운이 오면 어떨까요? 바로 식상이 극을 당한다는 생각을 해야 합니다.

수강생3

식상을 극해서 자식하고 인연이 멀어지겠지요. 세운에 丑이 오거나 대운에서 丑대운이 오면 水로 봐야 됩니까? 土로 봐야 됩니까?

사부님

丑대운이 오면 土나 水가 문제가 아니고 金이 입묘된다는 사실을 먼저 봅니다. 辰, 戌, 丑, 未는 입묘작용을 제일 먼저 봅니다.

수강생3

庚일주인데 金이 입묘된다면?

사부님

형제가 입묘되겠지요. 그 다음으로 대운에서 丑은 水작용을 먼저 봅니다. 왜냐면 대운은 계절이고 亥, 子, 丑은 겨울이니까요. 그런 다음 육친작용을 보아야 하니까 土로 봅니다. 여자가 壬癸일주일 때 土가 관성이니까 관성 작용도 보아야겠지요. 하지만 木, 火, 金, 水를 관성으로 사용하는 사람들보다는 일단 작용력이 떨어지고 관성의 품질도 떨어진다고 봅니다.

수강생1

겨울에 동토이니까요.

사부님

남자는 甲, 乙일주가 土를 재성으로 쓰기 때문에 배우자 운이나 돈복이 원천적으로 약하다고 봅니다. 오행 중에서 土는 가장 독립적이지 않은 것으로 볼 수가 있습니다. 우리는 겨울에 土라고 동토라고 해석하지 않습니다. 土를 흙으로 보는 것은 잘못된 생각입니다.

수강생1

네. 저는 관성 土로 본다고 해서요.

사부님

木을 단순히 나무로 보고서 사목이니 부목이니 하는 것이나 土를 단순히 흙으로 보고서 얼어 있는 땅이니 메마른 땅이니 하는 것은 잘못된 해석입니다. 여러분이 아무리 훌륭한 선생한테서 아무리 좋은 이론을 전수 받는다 하여도 여러분 본인 것으로 만들지 못한다면 모두 헛일 입니다. 책을 보고 강의를 듣는다는 것보다 더 중요한 것은 그 내용을 내 것으로 만드느냐 그렇지 못하느냐가 중요합니다.

수강생1

명심하겠습니다.

수강생3

왜 남자 甲, 乙일주가 돈 운이나 배우자 운이 안 좋나요? 입묘작용 때문에 그러나요?

사부님

남자가 甲, 乙일간이면 土를 재성으로 사용하니까요. 土는 사실 木, 火, 金, 水와는 다릅니다. 음양이 분화하여 음(陰)이 소음은 金으로 태음은 水

로, 양(陽)이 분화하여 소양은 木으로, 태양은 火로 분화가 되었습니다. 土로 분화되었다는 것은 없습니다. 다만 음양을 연결해 주는 작용을 한답니다. 그 점을 잊지 마세요. 그래서 土를 중요하게 사용하는 남자 甲, 乙일주, 여자는 壬, 癸일주가 배우자 복이 기본적으로 없다고 봅니다.

수강생1

네.

사부님

그럼 아무리 강조해도 부족한 근묘화실과 육친 변용법을 마치겠습니다. 질문이 있으시면 하세요.

수강생3

월지 지장간에 관성이 있고 시에 정관이 있다면 어떤가요?

사부님

일단 지장간에 정관이 있다면 정관을 배우자로 봅니다. 월지와 시지가 삼합관계면 동일한 관성으로 보고 그렇지 못하면 다른 남자로 봅니다. 시에 관성은 본인의 직업으로 사용하면 문제는 없습니다.

수강생3

남자 사주에 지장간에 편재와 정재를 모두 가지고 있다면 항상 여자가 있는 건가요?

사부님

재성은 여자이면서 재물이지요. 무조건 정, 편재가 여러 개 있다고 해서 여자가 많은 것은 아닙니다.

수강생3

네.

수강생1

상대방이 내 천을귀인을 가지고 있으면요?

사부님

저는 신살로 감명하지 않습니다.

수강생3

사부님 庚일주가 丑대운이 왔는데 丑의 지장간 癸, 辛, 己 모두 입묘가 되는 건가요? 형제가 입묘되는 것을 피할 수는 없나요?

사부님

그건 丑의 지장간이고요. 그냥 오행 庚 입묘만 생각하세요. 입묘작용은 식상이나 재성이 타격이 가장 큽니다. 공망도 크게 타격을 입는 육친이 따로 있듯이 입묘도 마찬가지입니다. 그럼 다음 시간에 뵙겠습니다.

수강생3

네~ 감사합니다.

수강생2

감사합니다. 사부님.

수강생1

네. 수고하셨어요.

제 5 장
육친의 확장과 변용법

오늘은 육친론을 공부할 차례입니다. 육친은 사주에 꽃이라고 하는데 그 이유는 자연현상을 인간의 운명과 연결 짓는 중요한 수단이기 때문입니다. 육친은 인간관계를 의미하기도 합니다. 육친을 정리함에 있어서 주의할 점은 육친의 상생과 상극의 관계에 빠지는 것을 경계해야 합니다. 오행에서 그랬듯이 육친도 상생과 상극이라는 관계가 있습니다. 예를 들어서 오행으로 水가 木을 생한다는 상생을 22간지에서 그대로 적용하면 안 된다고 말했었습니다. 재성이 관성을 생한다는 상생원리도 22간지에서 그대로 적용을 하면 안 된다는 것입니다. 격각살 등 여러 가지 조건에 의해서 재성이 관성을 생하지 못하는 경우도 있다는 것입니다. 이 점을 명심하시고 정리를 잘 해야 합니다.

육친은 우선 인간관계로 정리를 하겠지만 여러 가지 사물로의 정리도 머릿속에 잘 정리를 하셔야 합니다. 책에 나와 있는 육친의 정리는 모두 잘 알고 계시리라 믿습니다. 육친의 원리를 잘 정리해야 하는데 육친 사이에도 짝이 있습니다. 예를 들어서 재성을 사용하기 위해서는 식상이 필요하고 관성을 사용하기 위해서는 인성이 필요하다는 것입니다. 재성과 관성을 유용하게 사용하기 위해서는 식상과 인성이 짝을 지어 줘야만 쉽게 사용을 할 수가 있습니다.

그래서 금전 복이 있는 사람을 설명할 때에도 항상 식상이 재성을 돕고 있는지를 먼저 살피는 것입니다. 관성을 사용하는 사주는 항상 인성이 있는지를 먼저 살피는 것처럼 말입니다. 이렇게 짝을 이루어야만 재성, 관성을 사용하기에 편리하다는 점 명심하시기 바랍니다. 또 중요한 것은 육친을 인간관계로만 한정지어 해석을 하면 단조롭고 육친을 물상으로 확장을 해야 한다는 것입니다. 우리 협회가 추구하는 명리학은 항상 물상으로 확장이 기본적으로 필요합니다. 그것을 연습하지 않으면 통변에 많은 지장이 생깁니다. 그래서 그 부분은 개인적으로 많은 연습이 필요하다고 봅니다. 우리 학문에 최고에 포인트가 물상으로 확장이라고 해도 과언이 아닙니다. 또한 언제든지 재성 운이 오면 좋다는 해석은 맞지가 않습니다. 시기에 따라서 재성 운도 좋을 때가 있고 좋지 못할 때가 있다는 것입니다.

그것이 바로 나이에 따른 육친 변용법입니다. 재성 운은 젊을 때 상업사주에게 좋은 것이지 늙어서 오면 오히려 짐이 되고 건강에 좋지 못하고 너무 어릴 적에 온다면 학문에 방해가 된다고 해석합니다. 이렇듯 시기에 따라서 해석이 다르게 되는 것입니다. 그런 점들까지 세심하게 공부를 해야 합니다.

우리 학문에 강점이 바로 여기에 있습니다. 대충 육친관계만 알고 넘어가는 식의 공부는 기존에 격용론을 공부하는 학파들이 하는 것이고 우리는 좀 더 깊게 연구하고 공부해야 합니다. 그런 점에서 타 학파와는 공부하는 방식과 방향이 많이 다릅니다.

이런 점을 잘 고려해서 공부를 해야 우리 학파의 장점을 충분히 발휘하실 수가 있습니다. 충분한 이해와 준비를 바랍니다. 육친에 대한 내용은 대략 공부를 하셔서 잘 알고 계시리라 믿고 오늘은 육친의 확장과 시기에 따른 변용법을 알아보겠습니다. 우선 육친의 확장을 얼마나 알고 계신지 질문 드리겠습니다. 자동차가 도로를 달린다고 생각하고 답해 보시기 바랍니다. 자동차에 가속기를 뜻하는 육친이 뭐라고 생각하십니까?

수강생1

상관.

사부님

답은 식신입니다. 상관은 터보기능입니다. 인성은 자동차에 무엇에 비유가 될까요?

수강생1

주차장.

사부님

그럼 인수가 일반적인 해석으로 무엇에 해당됩니까? 휴식이나 학문, 문서, 종교, 자격증, 움직임이 없는 것입니다.

수강생1

브레이크, 문서, 임대업.

수강생2

주차장.

사부님

인수는 브레이크라고 볼 수가 있고 편인은 주차장이라고 봅니다. 만약에 가수가 사주에 편재가 있다면 어떻게 해석할 수가 있을까요?

수강생1

전국에 무대가 많다고 할 수 있죠.

사부님

편재는 넓은 매장이나 전국적인 무대를 말합니다. 정재는 고정무대나 작은 점포를 말합니다. 직장생활이나 공직에 있는 사람에게 재성 운이 온다면 어떤 일이 생길 수 있을까요?

수강생1

뇌물로 인해 관재수가 있을 수 있겠어요.

수강생3

인성을 극하니 돈으로 망신을 당한다.

사부님

맞습니다. 물론 여러 가지 종합적인 해석이 필요하겠지만 일단 조직생활을 하는 사람들에게는 재성 운이 별로 좋지 못합니다. 장사를 하는 사람에게 좋은 운은 어떤 운일까요?

수강생3

재성 운과 식상 운.

수강생1

식상 운입니다.

사부님

그렇습니다. 어느 길을 가느냐에 따라서 어떤 운이 좋은가가 결정이 됩니다. 무조건 좋은 것은 없다는 뜻입니다. 어느 한 상황을 설정해서 거기에 육친을 대입시켜 보는 연습을 해 보세요. 수없이 많은 반복과 연습이 필요한 부분입니다. 창의적인 공부가 필요한 대목입니다. 우리 협회가 요구하는 공부는 주로 이런 부분임을 명심하세요. 22간지를 물상으로 확장하는 것은 기본이고 육친도 이렇게 확장을 하는 연습이 필요합니다. 기본적으로 이런 훈련이 선행되지 못한다면 격용론을 공부하는 사람들과 별반 차이를 못 느끼게 됩니다. 우리가 통변하는 것을 격용론을 공부한 사람들이 보고 전혀 상상을 못하는 경우를 많이 보는데 그것은 이러한 부분에서 우리가 월등히 앞서기 때문입니다. 이러한 강점을 갖기 위해서 여러분의 많은 노력이 필요합니다. 우리에 강점이 무엇이며 어떤 방향으로 공부를 해야 하는지 방향을 잡으셔야 합니다. 필요 없는 신실론에 시간을 투자할 여유가 없습니다. 어느 부분에 더 많은 시간을 투자해야 하는지 그것만 제대로 안다면 그것만으로도 월등히 높은 수준에 명리를 연마하실 수 있습니다. 그러면 질문 계속 드리겠습니다. 청소년기에 정재 운을 만나면 어떤 작용을 할까요?

수강생3

학업을 중단한다.

수강생2

돈 번다고 알바 한다.

사부님

학업중단이나 여자문제 그리고 돈에 욕심은 주로 편재의 작용입니다. 정재는 약간 다릅니다. 모든 것을 적당히 합니다. 공부도 적당히 하고 행동도 적절하게 합니다.

수강생2

편재랑 많이 다르네요.

사부님

요즘 저에게 대학교에 재직 중인 강사 분들이 주로 교수임용에 대한 문의를 하러 많이 방문을 합니다. 본인 사주가 교수임용이 가능한가를 묻습니다. 무엇을 기준으로 교수임용에 대한 판단을 내릴까요?

수강생1

관성과 인성.

사부님

맞습니다. 관성과 인성이 소통이 되었는지 또한 어느 자리에 있는지를 봅니다. 관성이나 인성이 시에 있으면 상당히 임용이 늦겠지요. 이 정도 실력이면 매우 훌륭합니다. 벌써 그런 것을 다 아시다니 고수의 길이 멀지 않은 것 같습니다.

수강생2

그 정도는 알고 있습니다.

수강생2

덕분입니다. 감사합니다.

사부님

격용론을 공부하시는 분들은 잘 알지 못하는 부분입니다. 식신과 상관에 대한 정확한 이해가 되어 있는지 궁금해서 질문 드립니다. 식상이 있고 재성이 없으면 어떤 식의 장사를 해야 할까요?

수강생2

점포 없이 장사한다.

수강생1

이동하면서 장사를 한다.

사부님

재성이 점포이니까 변변한 점포가 없겠지요. 노점상이나 자동차를 이용한 장사 또는 배달전문이 잘 맞겠습니다. 유통은 재성으로만 장사를 하는 경우입니다.

수강생3

아~

사부님

상관을 사용해서 장사를 하는 사람의 업종은 주로 무엇일까요? 육친으로만 봐서 추정해 보세요.

수강생3

생산이나 유흥.

수강생2

유흥업과 미장원 또는 기획적인 일.

사부님

주로 기호식품이며 과자, 과일, 장식품, 술, 아이스크림, 빵 등입니다.

그렇다면 정재를 가지고 장사를 한다면 업종을 선택해 보세요.

수강생3

유통업.

사부님

정재나 편재는 모두 유통입니다. 정재의 특징은 생필품에 한정된 장사를 말한답니다. 주로 쌀, 기름, 반찬, 속옷, 신발 등등.

수강생2

네.

사부님

많이 알려고 하지 마시고 정확하게 한 가지라도 알려고 노력하세요. 대충 알면 실전에 사용이 어렵습니다. 정확하게 의미를 정리해서 기억해야 합니다. 여러 차례 강조를 했듯이 효율적인 시간을 투자하세요. 핵심을 바로 알아야만 공부에 진전이 있습니다. 주변에 보면 아직도 헛공부하는 분들이 너무나 많습니다. 우리 카페에서도 보시다시피 누가 신살론 적어 올리면 좋다고 그것 보고 감사 인사합니다. 신살론 공부할 시간이 어디 있습니까. 방향이 틀렸어요. 진짜 필요한 부분은 알지 못하고 엉뚱한 곳에 눈을 돌리니 발전이 있겠습니까? 가뜩이나 시간도 없는데 말입니다.

주로 공부 잘하는 사람들 보면 선생이 강조한 부분을 체크해 놓고 그곳을 열심히 팝니다. 한눈 팔 시간이 어디 있습니까. 여러분도 잘 생각해서 길을 잡으세요. 본인이 선택해서 받아들이고 빼고 하는 것이야 자유지만 이것저것 골라서 받아들이는 것은 죽도 밥도 안 되는 경우가 많습니다. 공부 오래하신 분들의 병은 무엇을 가르쳐 주면 본인의 입맛대로 몇 가지 뽑아서 자기가 알고 있는 것에 덧붙이기 하려고 합니다. 명리는 그런 식으로 해서 될 공부가 아닙니다. 격용론을 못 버리고 제가 가르치는 것 몇 가지만 덧붙여서 사용하겠다는 심산이죠. 그러면 이것도 저것도 모두 안 됩니다. 그런 사람들 많습니다. 그래서 제가 "왕초보 입문 편"을 새로 낸 것입니다.

기초부터 우리식 공부를 해야 한다는 것입니다. 지금까지의 모든 것을 내려놓고 새로운 명리를 써 내려가야 합니다. 시간이 지나면 아시게 되겠지만 여러분은 진짜 행운아 이십니다. "왕초보 입문 편"의 핵심이 22간지의 물상으로 확장입니다. 물상론을 기초에서 끝내지 못하면 진도가 나가도 소용이 없습니다.

수강생3

전 알아요. 행운이라는 것을요.

수강생2

저도 알아요.

사부님

격용론을 공부한 사람들은 물상론이고 22간지 해석이고 하나도 모릅니다. 오직 오행과 격국만 알고 있습니다. 우리는 22간지를 넘어서서 육친 변용법까지 들어갑니다. 방향만 정확히 잡으시면 실력은 금방 향상이 됩니다. 주변을 살피지 마시고 올인 하시기 바랍니다. 질문 있으면 받겠습니다.

수강생1

장사하는 사람이 인성 운이 오면 어떤가요?

사부님

장사하는 사람이 인성 운이 오면 식상을 억제시키므로 제조를 하지 말고 유통만 하면 됩니다. 답이 되었나요?

수강생1

아~ 네.

수강생1

그리고 세운에서 편관 운이 오면 건강이 대체적으로 나빠지나요?

사부님

세운에서 편관 운이 오면 무조건 건강이 나빠지는 것은 아닙니다. 물론 급성질환이나 사고가 발생할 수도 있습니다. 하지만 사주의 구조에 따라서 해석은 달라집니다. 직장생활을 하는 사람이면 승진을 한다거나 직장이동을 할 수도 있습니다.

수강생1

장사하는 사람들은요?

사부님

주로 장사를 하는 사람들이 편관 운에 돈 안 되는 감투를 쓰거나 급성질환에 잘 걸리고 사고가 발생하는 수가 있습니다.

수강생1

대운에서 정관 운이 오면요?

사부님

마찬가지로 어떤 일을 하느냐에 따라서 해석이 다르겠지요.

수강생1

제 주위에 庚일주들이 요즘 목 디스크로 고생하는 이들이 있어서요. 저도 요즘 좀 그렇고요.

사부님

디스크는 간이 좋지 못하여 생기는 질환입니다. 일단 디스크가 발병을 하면 교정을 하면 쉽게 낫습니다.

수강생1

간하고 연관이 있나요?

수강생2

저도 허리디스크 있어요.

사부님

간은 오행으로 木에 속하고 관장하는 신체기관이 근육과 힘줄입니다. 디스크는 뼈 질환이 아니고 근육과 힘줄 질환입니다. 척추를 지탱하는 것이 힘줄이니까요. 척추 교정하는 데서 교정을 하면 금방 낫습니다. 병원에서 물리치료나 한의원에서 침 맞아도 잘 안 낫습니다.

수강생2

무서워서 교정은요.

사부님

목 디스크는 이틀에 한 번 교정으로 7회 정도 하면 낫습니다. 허리디스크는 이틀에 한 번 교정으로 10회 정도면 낫습니다.

수강생2

아플 것 같아요.

사부님

하나도 안 아파요. 그냥 뼈만 맞추는 일인데요. 교정하는 곳으로 가세요. 질문이 없으면 이것으로 마치겠습니다. 수고하셨습니다.

수강생2

네~ 감사합니다.

수강생3

감사합니다.

수강생1

네. 감사합니다.

제 6 장
질문 답변

사부님

공부하시다 궁금한 점이 있으시면 질문하는 시간을 갖겠습니다.

수강생1

지지에 午는 왜 역마인지요?

사부님

지지에 寅, 申, 巳, 亥가 원래 역마입니다. 午는 말이라서 그렇게도 봅니다. 옛날엔 교통수단이 주로 말을 이용했으니까요.

수강생1

상관이 아름답다는 뜻을 잘 모르겠어요.

사부님

상관은 원래 정관을 극해서 흉신으로 취급을 하는데 직접 정관을 극하지 않고 사주에 많은 비겁을 배출시키는 작용을 하거나 혹은 많은 관성이나 또는 관살혼잡을 정리해 주는 역할을 하는 경우를 말합니다. 상관이 사주에 문제점을 정리해 주는 역할을 한다는 뜻이 되겠습니다.

수강생1

비겁을 배출시킨다는 뜻은 무엇인가요?

사부님

비겁이 식상을 생하니까요. 너무 많이 몰려 있는 기운을 배출한다고 보시면 됩니다.

수강생1

아~그렇군요. 감사합니다.

수강생2

乙丑대운이라고 한다면 대운지지 계절을 중심으로 년, 월, 일, 시를 대비해서 해석하는지요? 어떤 책에는 대운에서 천간 50%, 지지 50% 어떤 책은 30%, 70%로 본다고 하는데 우리 협회는 지지 중심이라고 책에서 읽었습니다.

사부님

무엇을 중심으로 한다기보다는 乙丑대운과 사주팔자와의 관계를 모두 살피겠지요. 제가 쓴 책에는 대운 해석법이 자세히 나와 있답니다.

수강생2

압니다. 읽었는데 몇 번을 더 읽고 또 읽어야 이해가 갈 듯 합니다.

사부님

천간지지 50%씩이나 천간 30%, 지지 70% 등 여러 가지 학설들이 있으나 우리가 선택한 대운 해석법은 다릅니다. 우리는 자평진전에서 설명하는 쪽을 택하고 있으며 대운이나 세운 모두 지지를 기준으로 감명을 하고 천간은

사주에 있는 천간과의 합, 충 관계를 살핍니다. 乙丑대운이 왔다면 우선 丑
(土)이 내 사주를 기준으로 볼 때 육친이 무엇이냐를 살펴야 합니다. 그 다
음 丑에 입묘가 되는 육친이 무엇인가를 봐야겠지요. 다음으로 乙丑대운과
사주명조와 합, 충, 형, 파를 살펴야 합니다.

수강생2

네. 사부님에 설명을 들으니 더욱 확고하게 잘 이해가 되었습니다.

사부님

대운에 대한 여러 가지 학설이 있어서 학인들이 많이 어려워합니다. 사실
어느 학설을 믿어야 할지 저도 예전에는 많이 갈등도 하고 여러 가지 바꾸어
서 적용도 해 봤습니다. 많은 실전 경험과 시행착오 끝에 결론을 내린 것입
니다.

수강생2

책에서는 사부님께서는 '몇 %다'라고 딱히 말씀은 안 해 놓으셨던 것 같아
서요. 하지만 대운은 지지를 중심으로 본다고 알고 있습니다.

사부님

천간과 지지를 몇 %로 보는 것이 아닙니다. 천간은 천간대로 지지는 지지
대로 보면 됩니다. 물론 대운지지가 월지를 이어서 나가는 계절로 보았을 때
운동성이나 기운은 지지를 중심으로 봐야겠지요. 천간은 내 사주 천간과의
관계만 살피면 됩니다. 사실 작용력이 크지 않은 것이 대운 천간입니다.

수강생2

네. 저도 사부님 그 말씀을 전적으로 믿어요.

수강생3

대운지지가 월지를 충 한다면 직장이나 가계 등등 이사하게 되나요?

사부님

월지는 원래 본거지나 고향을 뜻합니다. 부모형제 자리니까요. 그래서 월지를 대운이나 세운에서 충 하면 본거지를 떠난다는 의미에서 이사를 간다고 해석을 합니다. 그리고 직장이동도 가능하지만 직장은 관성과 인연을 따져봐야 하겠지요. 주로 월지를 직업으로 삼으니까 그런 해석도 가능하겠습니다.

수강생3

대운지지 재성이 월지 양인을 충 한다면 손해를 보고 이동을 한다고 보고 재성이 깨질 수도 있겠네요.

사부님

충은 깨지는 것이 아니고 역마작용으로 해석을 한답니다.

수강생3

아~ 네.

사부님

재성 대운이니까 돈은 들어오는데 본거지에서 점포를 하는 것이 아니고 타지에 점포를 낸다거나 아니면 여기저기 돌아다니면서 장사를 한다는 뜻이겠지요. 문제는 돈이 된다는 점입니다. 무조건 충이 있다고 깨지거나 나쁜 것은 아닙니다.

수강생3

저는 양인을 충해서 손해를 보는 것으로 해석을 했습니다.

사부님

상업 사주는 대운 재성 운에 나쁘지 않습니다.

수강생2

삼형살을 면하는 비법 좀 가르쳐 주세요.

사부님

삼형을 면하는 방법은 자기가 그런 업종의 일을 하는 것입니다. 형살과 연관이 있는 업종에 종사하면 됩니다. 간호사 하신다면서요.

수강생2

네. 이번 달부터요.

사부님

그럼 됐습니다.

수강생3

재성이 삼형살이고 년, 월, 일에 있어요. 土가 재성이네요. 未, 戌, 丑.

사부님

본인이 형살과 관련된 직장이나 일을 하면 됩니다. 아니면 배우자가 그런 일을 하면 됩니다.

수강생3

본인은 기계과에 다니는 대학생입니다.

사부님

그럼 부인을 그런 사람 만나면 됩니다. 재성이 여자니까요. 형살은 제조, 생산은 아니지만 가공이나 모양을 변경하는 기술도 해당하므로 기계과도 관련이 되는 것으로 보입니다.

수강생3

삼형살이 있어서인지 사고도 많이 나는 것 같아요.

사부님

의료, 법무, 세무, 금융 등에 근무하는 부인을 만나면 좋습니다. 본인의 직업도 가공을 하는 직업이니까 기계공학이 맞습니다.

수강생3

네. 감사합니다.

수강생2

사주에 식신이 없는 여자가 있어요. 결혼 한지 8년이 되었는데 아이가 없는데요.

사부님

보통 여자 사주에 식상이 없으면 자녀가 없다고 봅니다. 남편 사주도 같이 보아야 하고 부부 모두 水가 없는지도 봐야 합니다.

수강생2

그런데 그 사람 시지가 공망입니다.

사부님

여자 사주에 자녀를 뜻하는 식신이 없고 시는 자녀자리인데 공망이니 자녀와 인연이 없겠습니다.

수강생2

네. 그렇군요.

수강생1

사주에 년, 월, 시 3자가 공망이고 년 지가 재성입니다. 어떻게 살아야 하는 것인가요?

사부님

쓰리 공망이라고 하지요. 그럼 일지 한글자로 살면 됩니다. 일지가 배우자니까 배우자와 함께 일을 하면서 살아가면 되겠습니다.

수강생1

그렇겠네요.

수강생3

丙寅일주인데 사주에 火기운이 약한데 올해 巳년이 오면 좀 좋아지지 않나요?

사부님

비겁 운에 좋은 사람 별로 못 보았습니다. 하지만 세운보다 대운이 더 중요하다고 봅니다.

수강생3

그럼 내년에도 겁재 운인데 별로네요.

사부님

우리 학파는 신약신강을 따지지 않습니다.

수강생1

맞아요.

수강생3

장사하는 사람은 어떤 운이 와야 돈을 버나요?

사부님

장사하는 사람은 식상이나 재성 운이 좋겠습니다.

수강생3

신약 신강에 상관없는 것인가요?

사부님

상관없습니다. 제가 아는 사람 중에 극 신약사주가 있는데 사주에 재성만 많아서 재다 신약사주입니다. 격용론으로 풀이한다면 가난하거나 남에 시종이라고 감명을 하겠지만 그 사람은 재벌 2세입니다.

수강생1

아~ 그렇군요.

수강생3

시에 편재 비견이 있는데 공망이면 어떻게 됩니까?

사부님

공망이면 없는 것으로 보기도 하고 한 단계 격을 낮추어 보기도 합니다.

자리 공망과 육친 공망을 모두 참고합니다.

수강생3

여자 사주인데 시부모를 모시지 않더라고요.

사부님

요즘에 시부모 모시는 사람이 흔하지 않습니다. 물론 재성이 공망이 되어서 그런 작용도 있겠습니다.

수강생3

시에 비견이면 안 좋은데 공망이면 나은 것 아닌가요?

사부님

시에 비견이 있어서 안 좋은 것은 아닙니다. 시공망은 자녀인연이 박하다고 볼 수가 있습니다.

수강생3

천간에 편재 지지에 비견이 있으면 재산을 탕진하지 않을까요?

사부님

공망 중에서 인성이나 비겁은 별로 큰 피해는 없습니다. 그리고 비견 위에 편재가 있다고 해서 재산을 탕진한다고 해석하지 않습니다.

수강생3

아~ 그러나요. 庚辰일주 특징이 무엇일까요?

사부님

庚辰은 일지에 식신이 자동으로 입묘가 되니까 여자 사주라면 자녀와의 동거가 불안하겠습니다.

수강생3

식신이 입묘가 되면요 자식하고 떨어져 살아야 하나요?

사부님

안방에 자녀의 입묘지가 있으니 16세가 지나면 밖으로 내보내는 것이 좋겠습니다. 유학을 보내거나 기숙사에 보내면 됩니다. 단, 남자아이에 해당하고 여자아이는 관계가 없습니다.

수강생1

庚辰일주가 그래서 자식도 안 생기는군요.

수강생3

떨어져 사는 것이 더 좋다는 말씀이네요. 사부님 丙寅일주 癸巳년에 寅, 巳 형은 어떻게 해석하는지요?

사부님

일지가 형이니까 본인이나 배우자가 형작용을 받을 수 있고 육친이 인성이니까 윗사람 또는 모친이 받을 수도 있습니다.

수강생3

수술, 사고 그런 것 말씀이죠?

사부님

네. 대운에 영향은 크게 받겠지만 세운에 영향은 그리 크지 않습니다. 오늘은 질문답변 시간을 가졌습니다. 더 이상 질문이 없으면 이것으로 마치겠습니다. 다음시간에는 지장간과 월령용사를 공부하겠습니다. 수고하셨습니다.

수강생3

네~ 감사합니다.

수강생1

감사합니다.

수강생2

수고하셨습니다.

제 7 장
지장간과 월령용사 해석

오늘은 지장간과 월령용사에 대하여 공부를 하겠습니다. 현재까지 우리가 알고 있었던 지장간은 사실 월령용사입니다. 지장간과 월령용사 두 가지가 있었는데 한문으로 된 고서를 한글로 번역하는 과정에서 명리에 밝지 못한 번역가들이 비슷한 내용이 있어서 같은 것인 줄 알고 월령용사를 지장간으로 번역을 해서 지금껏 우리는 월령용사를 지장간으로 알고 사용을 한 것입니다. 그래서 이것을 바로 잡고자 하는 사람들에 의해서 두 가지를 구분지어 사용해야 한다는 주장이 있었고 저도 거기에 동의를 하여 분리해서 사용하고 있습니다.

우리가 추구하는 명리학 간지학파에서는 월령용사를 중요하게 사용하지 않습니다. 우리는 지장간만을 사용한다고 보시면 됩니다. 월령용사는 격용론을 공부하시는 분들이 많이 사용을 합니다. 그럼 우선 지장간부터 설명을 드리겠습니다. 지장간은 12지지가 내포하고 있는 천간의 기운을 말하는데 각 지지에 들어 있는 천간의 기운을 살펴보도록 하겠습니다.

子(癸)

丑(癸, 辛, 己)

寅(戊, 丙, 甲)

卯(乙)

辰(乙, 癸, 戊)

巳(戊, 庚, 丙)

午(己, 丁)

未(丁, 乙, 己)

申(戊, 壬, 庚)

酉(辛)

戌(辛, 丁, 戊)

亥(甲, 壬)

이것이 지장간입니다. 전에 알던 지장간과는 약간 차이가 있지요. 하지만 크게 다르지는 않습니다. 다만 여기, 중기, 정기라는 사령기간이 없다는 점입니다. 우리가 알던 지장간은 월령용사라고 이해를 하시면 됩니다. 그리고 우리는 월령용사를 사용하지 않으니 크게 헷갈릴 부분은 없습니다. 월령용사는 따로 설명하지 않겠습니다. 그냥 지장간만 아시면 됩니다. 전에 알던 지장간이 월령용사라고만 기억하세요. 여기, 중기, 정기로 지지를 분류하는 것은 월령용사 또는 월률분야도라고도 부릅니다. 지장간은 지지 안에 천간의 기운을 내포하고 있는 것이 어떤 것이 있는지를 알면 됩니다.

우리가 보통 천간은 주인공이고 지지는 조연이고 지장간은 엑스트라라고 합니다. 물론 지장간에 있는 것도 사주에 있는 것으로 봅니다. 보이지는 않지만 때에 따라서 나타나서 활동을 하는 것이 지장간입니다. 천간에 있는 글자가 지지에 뿌리를 두었다면 아주 강한 기운을 가지고 있다고 보겠지요. 하지만 천간이 지지에 뿌리가 없다면 사용이 불가능해집니다. 지지에 있는 글자는 무조건 100% 사용이 가능합니다. 지지에 글자가 천간에 투간이 되어 있지 않아도 무조건 사용이 가능합니다. 지장간에 있는 것은 일단 있다고 보고 어느 시기에 사용이 가능한가를 살펴야 합니다. 우리가 추구하는 간지론에서 가장 핵심으로 다루는 부분은 辰, 戌, 丑, 未 (土)라고 봅니다. 진, 술, 축, 미에 대한 이해가 매우 중요한 것입니다. 격용론에서는 중요하게 사용하지 않던 진, 술, 축, 미를 우리는 아주 세밀하게 이해를 해야 합니다.

먼저 辰이라고 하는 글자는 첫째 申, 子, 辰이라는 삼합작용을 하는 글자로서 12운성으로 보았을 때 水를 입묘시키는 작용을 합니다. 辰이라는 글자를 보면 가장 먼저 생각을 해야 하는 부분이 土가 아니고 水를 입묘시킨다는 점을 기억하세요. 辰, 戌, 丑, 未(土)는 오행에서 木, 火, 金, 水와는 다른 개념으로 이해를 하셔야 합니다. 더 자세히 설명하자면 음양이 분화하여 사상이 되는데 먼저 음이 태음과 소음으로 분화되고 양이 태양과 소양으로 분화되는데 음양을 연결시켜 주는 역할을 하는 것이 土라고 정리를 하면 됩니다. 그래서 土를 중계, 연결 작용으로 봅니다. 아직도 木, 火, 土, 金, 水를 나무, 불, 흙, 쇠, 물이라고 생각하시는 분들은 없을 것으로 믿습니다.

두 번째로 辰은 계절의 연장으로 보면 봄입니다. 寅, 卯, 辰은 봄입니다. 다시 말하면 辰은 土 이전에 봄이라는 木으로 작용을 합니다. 세 번째로 辰은 여름을 낳습니다. 봄과 여름을 연결해 주는 작용을 하지요. 그래서 다음 글자인 巳를 낳습니다. 이렇게 辰을 이해하시면 됩니다. 戌은 寅, 午, 戌이라는 火국을 이루는 삼합작용을 합니다. 그래서 戌은 12운성으로 보았을 때 火를 입묘시키는 작용을 합니다. 또한 戌은 계절적으로 申, 酉, 戌 가을을 뜻하기도 합니다. 그리고 戌은 가을과 겨울을 연결해 주는 작용을 하며 다음 글자인 亥를 낳습니다. 丑은 巳, 酉, 丑이라는 金국을 이루는 삼합작용을 합니다. 그래서 丑은 12운성으로 보았을 때 金을 입묘시키는 작용을 합니다. 또한 丑은 亥, 子, 丑이라는 겨울을 뜻하지요. 그리고 丑은 겨울과 봄을 연결해 주는 작용을 하며 다음 글자인 寅을 낳습니다. 未는 亥, 卯, 未라는 木국을 이루는 삼합작용을 합니다. 그리고 未는 12운성으로 木을 입묘시키는 작용을 합니다. 또한 未는 巳, 午, 未라는 여름을 뜻하겠지요. 그리고 未는 여름과 가을을 연결시켜 주는 작용을 하며 다음 글자인 申을 낳습니다. 辰, 戌, 丑, 未는 이렇게 정리를 하셔야 합니다. 만약에 사주에 辰이 있는데 운에서 子라는 글자가 온다면 辰(土)은 무엇으로 변할까요?

수강생1

水로 성질이 변합니다.

사부님

맞습니다. 辰이 子를 보는 순간 土가 아닌 水로 변합니다. 그러면 水로 변하는 근거를 대보세요. 왜 갑자기 土가 水로 변합니까?

수강생2

헉~

사부님

원리를 알아야 합니다.

수강생1

辰은 水의 입묘작용도 하고 申, 子, 辰 삼합작용을 합니다.

사부님

그러니까 근거를 제시하셔야지요. 辰(土)이 水로 변할 수 있는 근거가 있어야 합니다.

수강생2

잘 모르겠습니다.

사부님

그냥 辰이 子를 만나면 子, 辰 반합으로 水가 된다고 외우기만 하면 안 됩니다. 이유를 알아야죠? 그래서 지장간을 배우고 있답니다. 辰의 지장간에는 (乙, 癸, 戊)라는 지장간이 있습니다. 辰이 子를 만나면 辰의 지장간 중에서 癸라는 지장간이 작용을 해서 水로 변한 것입니다.

수강생2

아~ 그렇군요.

사부님

辰의 지장간 중에서 乙이 작용을 할 때는 무엇을 만날 때입니까?

수강생2

卯입니다.

사부님

맞습니다. 寅이나 卯를 만나서 방합 작용으로 봄인 木작용을 辰이 하는 것입니다. 방합으로 그냥 木작용을 그냥 하는 것이 아니고 지장간에 숨겨져 있던 乙이 작용을 하는 것이라고 이해를 하세요. 그러면 지장간을 이해하기 쉬워집니다.

수강생3

예.

사부님

지장간에 있는 글자들이 그냥 있는 것이 아닙니다. 어떤 글자를 만나면 밖으로 나가서 활동을 한다는 것입니다. 어떻게요? 아까 설명처럼 근거가 되어 주는 것입니다. 辰이 水를 입묘시킨다고 했는데 어떻게 어디에 저장하는지 찾아보세요. 지장간에 숨겨 놓았습니다. 癸로 말입니다. 辰(乙, 癸, 戊) 이제 보이십니까?

수강생2

乙과 戊 사이에.

사부님

辰의 지장간에는 木도 있고 水도 있고 土도 있습니다. 그것들이 외부에 어떤 글자를 만나면 변신을 하는 것으로 생각하세요.

수강생2

네.

사부님

土는 여러 가지가 모여 있는 곳입니다. 그래서 辰, 戌, 丑, 未월에 태어난 사람들의 격을 잡을 때는 항상 앞에 잡기라는 말을 붙입니다. 잡기 재격, 잡기 관격이라고 합니다. 남자 乙(木)일간이 辰을 정재로 사용하고 있는데 子라는 글자가 운에서 오면 어떻게 될까요?

수강생1

정재가 변해서 인성으로 변하죠.

사부님

변하면 무슨 일이 일어납니까?

수강생1

돈 벌다가 공부한다고 한다.

사부님

배우자가 변해서 사라집니다. 아내 역할을 못하겠지요. 그런 변화를 보아야 합니다.

수강생2

네~

사부님

우리는 22간지의 변화를 잘 읽어야 합니다. 각 글자의 성질과 물상으로의 분화도 매우 중요하지만 지장간에 감추어져 있던 기운이 밖으로 나오는 형태도 잘 알아야 합니다. 일단 합이나 충 그리고 형에 의해서 글자 성질이 변합니다. 변화를 잘 읽어야 합니다.

수강생2

土의 지장간을 이해하기가 좀 어려웠어요.

사부님

그냥 삼합이다, 육합이다, 외우는 것만으로는 부족합니다. 그 글자가 무엇으로 변하는지 근거가 무엇인지를 알아야 합니다. 子, 午, 卯, 酉는 절대 양보하지 않는 아주 강한 기운을 가진 글자들입니다. 변화가 전혀 없습니다. 寅, 申, 巳, 亥는 어떻습니까? 역마작용을 하며 변화도 많지요. 寅이 午를 만나면 무엇으로 변하지요?

수강생2

火로 변합니다.

사부님

근거가 무엇입니까?

수강생2

헉~

사부님

寅(戊, 丙, 甲)의 지장간에 丙이 있습니다. 寅(木)이 그냥 火로 변할 수가 있겠습니까. 寅, 午, 戌 삼합도 그냥 삼합이 되지 않습니다. 무슨 근거가 있어야 합니다. 우리가 寅이라는 글자를 물상으로 확장을 할 때 전기, 전자라고 했습니다. 이유가 뭡니까?

수강생2

丙(火)이 있어서요.

사부님

원래 전기, 전자, 통신, 방송 등은 오행에서는 火에 속하는 것들입니다. 그런데 寅(木)이 전기, 전자, 통신이라고 했습니다. 원리를 이해해야 합니다. 이해를 하면 외울 필요가 없겠지요. 寅을 발화라고 말하기도 하는데 그 이유는 寅, 午, 戌. 火국의 출발점이 寅이기 때문입니다.

수강생1

네.

사부님

寅, 申, 巳, 亥를 보시면 거의 모든 지장간에 土가 있습니다. 그것은 바로 앞 글자가 모두 土이기 때문입니다. 寅, 申, 巳, 亥는 모두 계절의 첫 기운입니다. 계절과 계절을 이어주는 것은 土입니다. 이해가 되십니까? 이제부터 辰, 戌, 丑, 未 그러면 土라고 대답하면 안 됩니다.

수강생1

입묘작용도 하고 계절로서 작용력도 있고 다음 글자를 낳는 작용도 있다고 했습니다.

사부님

맞습니다. 남자 사주가 木일간이 土를 재성으로 사용할 때입니다. 또는 여자 사주가 水일간이 土를 관성으로 사용하는 때도 그렇습니다. 土는 오행 중에서 주체성이 가장 약한 오행입니다. 木, 火, 金, 水는 주체성이 강한 글자들이고 土는 단지 연결이나 마무리 작용을 하는 오행입니다. 그러면 木일간은 재성이 없다고 볼까요? 水일간들은 관성이 없다고 봐야 할까요?

수강생1

약하다고 봐야겠습니다.

사부님

그렇지요. 없다고 볼 수는 없지만 土를 사용함으로 인해서 작용력은 다른 오행보다 약하다고 보아야겠지요. 하지만 자주는 옵니다. 대운에서는 꼬박꼬박 20년마다 옵니다. 세운에서도 2년마다 옵니다. 그런데 土에 대한 한 가지 또 다른 특징이 있습니다. 12운성에 보시면 火와 土는 함께 움직입니다. 辰, 戌, 丑, 未가 가장 활발하게 土작용을 하는 시기가 12운성으로 언제일까요? 火와 土는 12운성이 함께 간다고 했으니까 巳, 午, 未 여름에 土기운이 가장 강하겠지요. 그럼 질문을 받는 시간을 갖겠습니다.

수강생1

그럼 丁과 己는 12운성에서 같다.

사부님

일단 크게는 12운성을 오행의 12운성으로 보느냐 아니면 음양을 구분한 12운성으로 보느냐가 먼저입니다. 아직도 학계에서는 논란이 되고 있습니다. 음양을 구분해서 12운성을 적용하는 것은 안 될 말이다. 오행으로만 적용을 해야 한다는 주장들이 엇갈리고 있습니다. 저는 먼저 오행으로 12운성을 적용합니다. 그리고 필요에 따라서 구분이 필요할 때 음양으로 구분하여 사용을 합니다.

수강생2

土를 여름으로 보나요?

사부님

火를 여름으로 봅니다. 土를 여름으로 보는 것이 아니고 火와 土는 12운성으로 같은 주기를 간다는 뜻입니다.

수강생2

네~ 알겠습니다.

사부님

천간에서 甲, 乙은 봄이고 丙, 丁이 여름이고 庚, 辛이 가을이고 壬, 癸가 겨울입니다. 戊와 己에서 戊는 여름에 극단이고 己는 가을로 가는 길목입니다. 양 운동과 음 운동을 이어주는 역할이 戊, 己입니다.

수강생1

절대 안 잊겠습니다.

사부님

오늘 처음 참여를 하신 수강생분 소감이 있으시면 말씀해 보세요.

수강생3

이런 강의는 처음입니다. 참~ 괜찮습니다.

사부님

오늘도 수고하셨습니다. 다음 시간에 뵙겠습니다.

수강생1

사부님 감사합니다.

수강생2

감사합니다.

수강생3

예~ 수고하셨습니다.

제 8 장

12운성과 12신살 해석

오늘은 12운성과 12신살을 공부하겠습니다. 12운성은 포태법이라고 하며 격용론에서는 잘 사용하지 않는데 우리는 중요하게 사용을 하고 있습니다. 그리고 12신살은 별로 사용을 안 하고 있습니다. 신살론은 단식 판단법으로 우리는 거의 사용하지 않습니다. 오늘 12운성을 공부하는데 책에 보시면 10 천간의 12운성을 모두 나열해 놓았는데 그 이유는 그만큼 중요하기 때문입니다.

12운성의 사용법은 만약에 甲을 재성으로 사용하거나 또는 寅을 재성으로 사용한다면 寅은 천간 화를 시켜 甲으로 변환시켜서 적용을 해야 합니다. 甲이나 寅을 재성으로 사용하는 사람은 금전 문제가 어떻게 될 것이냐를 감명할 때 甲이 12운성으로 대입하여 어느 운에 속하느냐를 보면 금방 감명이 될 것입니다. 만약에 庚을 재성으로 사용하는 사람이 올해 금전 운을 묻는다면 올해 운이 癸巳이므로 12운성으로 庚이 巳에 장생이 되겠지요. 그래서 금전 운이 매우 좋다고 해석을 합니다. 이렇듯 직접 운을 감명하는데 매우 유용하게 사용을 하니 12운성을 많이 활용을 하게 됩니다.

격용론을 공부하는 사람들은 오행으로 보아서 庚(金)을 재성으로 사용하는 사람은 癸巳년은 巳(火)가 庚(金)을 극하므로 좋지 못하다는 감명을 할 것입니다. 이렇게 오행으로 생각을 하면 잘못된 판단을 하게 됩니다. 우리는 무조건 12운성에 대입하여 판단을 하니 이 점을 유념하시기 바랍니다. 얼마나 중요했으면 10천간 전체를 각각 12운성에 일일이 대입하여 책에 적어 놓았겠습니까. 이것 하나만 가지고도 훌륭한 감명을 하는 술사들이 많습니다. 여러분들도 꼭 중요하게 사용을 하실 것을 바랍니다. 먼저 12운성의 가장 큰 핵심은 10천간이 잉태되고 자라서 세상에 모습을 드러내고 최고의 자리에 올랐다가 다시 시들어가고 마침내 죽고 묘지에 드는 일대기를 표현한다고 보면 됩니다. 그중에 가장 중요한 부분을 골라서 함축한 것이 삼합입니다. 빨리 12운성을 파악할 때에 삼합을 보시면 됩니다.

丙(火)이 寅에 장생하고 午에 제왕하며 戌에 입묘합니다. 火국 삼합이 寅, 午, 戌입니다. 삼합은 12운성을 함축한 것이라고 이해를 하시면 됩니다. 그리고 빨리 12운성을 알아보는데 삼합을 이용합니다. 12운성은 생, 욕, 대, 관, 왕, 쇠, 병, 사, 묘, 절, 태, 양으로 진행되어 갑니다. 여기서 생, 욕, 대, 관, 왕은 성장해가는 단계를 말하고 쇠, 병, 사, 묘, 절은 시들어 가는 운을 뜻합니다. 태와 양은 보이지는 않지만 잉태가 되어 자라고 있다는 것을 의미합니다.

10천간의 12운성은 매우 중요하므로 각 10천간의 12운성 순서를 잘 이해하고 암기를 해 두시기 바랍니다. 그러면 천간에 재성이 없고 지지에 재성 寅을 사용한다면 12운성에 어떻게 적용을 시키느냐를 잘 모르는 분들도 있는데 그것은 寅을 천간 화를 시켜서 적용을 하면 됩니다. 즉 지지에 寅은 천간에 甲과 같으므로 甲을 재성으로 화하여 적용시키면 됩니다. 12운성과 12신살은 무엇을 말하는가 하면 사실은 천간과 지지의 관계를 말하는 것입니다. 천간이 지지에 어느 정도 뿌리를 내리고 있는가를 알아보는데 12운성을 사용합니다. 甲일간이 월지에 亥를 만났다면 보통 亥(水)가 甲(木)을 오행으로 생한다고 생각하기 쉬운데 우리는 그렇게 해석하지 않습니다. 甲(木)은 亥(水)에 12운성으로 장생지에 해당하므로 장생 지를 얻었다고 해석을 합니다. 두 가지 해석법은 큰 차이가 있습니다. 모든 천간의 지지에 대한 관계를 해석할 때는 무조건 12운성의 어느 자리에 앉았는가를 살피면 됩니다. 또 한 가지 중요한 점은 亥는 寅을 생하지만 子는 寅을 생하지 못합니다. 오행으로 보면 둘 다 水생 木에 해당되지만 亥가 寅을 생(生) 할 수 있는 이유는 첫째 寅, 亥합이 되어 오행의 상생이 22간지에서는 합으로 대용이 되어 생 할 수 있다고 보고 또 한 가지는 寅은 천간에 甲이고 甲은 亥에 장생을 하므로 도움을 줄 수가 있다고 봅니다. 그리고 亥, 卯, 未는 木국 삼합이므로 亥는 寅을 도울 수가 있답니다.

子가 寅을 생하지 못하는 이유는 寅은 寅, 午, 戌 삼합으로 火국을 추구하고 子는 申, 子, 辰 삼합으로 水국을 추구하는 반대운동을 하는 글자이기 때문에 그렇게 해석을 합니다. 지지의 운동성 분류는 삼합을 기준으로 분류하여야 합니다. 뒤에 다시 배우게 되겠지만 子가 寅을 돕지 못한다는 이유가 분명하게 드러나게 되는데 그것은 격각살이라는 것으로도 나타납니다. 그것은 뒤에 배우기로 하고 우선 삼합을 기준으로 12지지는 분류되어야 한다는 것을 명심하세요. 일단 여기까지 설명을 드리고 12운성을 직접 사용하고 활용하는데 문제가 없는지 확인을 해 보는 시간을 갖겠습니다. 그럼 모두 이해를 하셨는지 제가 질문을 드리겠습니다. 寅을 재성으로 사용하는 사람이 酉 세운에 찾아와서 개업을 하고 싶다면 뭐라고 답을 해줘야 하겠습니까?

수강생1

말려야 합니다.

사부님

이유는요?

수강생2

작게 시작하라고 하겠습니다.

수강생1

寅을 천간 화를 하면 甲이고 酉는 甲의 태지이기 때문입니다.

수강생2

절지를 지났기 때문에 시작은 하되 소규모로 해야 합니다. 계획을 잘 세워 보라고 하면 어떤가요?

사부님

정확한 답은 잉태라는 말이 아직 모습이 보이지는 않지만 안 보이게 잉태를 한 모습이므로 큰 길에서 보이지 않는 골목 안쪽에서 작게 시작을 해도 좋다고 말해야 합니다. 운이 순행을 한다고 보았을 때 2년 뒤 장생 운이 오는데 그때는 길가로 점포를 확장 이전 해야겠지요. 문제는 오행으로 해석을 하지 않고 12운성으로 해석을 한다는 자체가 중요합니다.

수강생1

예.

사부님

그리고 천간과 지지는 서로 상생하거나 상극하는 것이 없습니다. 다시 말하면 지지에 子(水)가 천간에 甲(木)을 생하지 못한다는 것입니다. 다만 甲은 子에 12운성으로 목욕이라는 정도에 기운을 가지고 있다고 해석을 해야 맞습니다.

수강생3

네.

사부님

천간에 甲(木)이 지지에 未(土)를 극하지 못합니다. 오행으로 木극土하지 못한다는 말입니다. 천간지지는 따로 논다고 보시면 됩니다. 다만 그 관계를 설정해 주는 것이 12운성입니다. 甲은 운에서 未를 만나면 무슨 일이 일어날까요?

수강생2

묘지에 입묘하게 되지요.

사부님

그렇습니다. 甲은 未에 입묘가 됩니다. 단순하게 저장을 한다기보다는 木을 입묘시킨다는 것은 작용력을 상실한다고 보시면 됩니다. 오행으로 해석을 하지 말고 12운성으로 해석을 하면 됩니다. 이것은 감명법에 있어서 제가 주장하는 오행에 빠지지 말라고 강조하는 부분이기도 합니다. 육친에도 빠지면 안 됩니다. 辛일간에 子가 식신이고 寅이 정재면 水생 木하여 식신이 정재를 생한다고 해석하면 안 된다는 것입니다. 子와 寅은 삼합운동이 정반대이므로 子 따로 寅 따로 입니다. 오행이나 육친의 상생 상극법은 22간지에서는 통하지 않습니다.

수강생3

입묘된다는 것은 재성활동을 멈춘다는 건가요?

사부님

입묘되는 육친은 작용력이 없어진다는 뜻입니다. 묘지에 들어간 모습이라고 보면 됩니다. 쇠, 병, 사, 묘, 절은 운세하락기라고 설명했습니다. 식상이나 재성 그리고 관성을 어떤 상태인가 살펴볼 때 가장 유용한 방법이 12운성입니다. 申을 관성으로 사용하는데 癸巳년 올해 관운은 어떨까요?

수강생3

장생이니까 좋습니다.

사부님

맞습니다. 巳(火)가 申(金)을 극한다고 해석을 하면 안 됩니다. 여러분은 이제 오행이나 육친에 빠지지 않으시겠습니다. 이거 하나만으로도 엄청난 발전입니다.

수강생3

감사합니다.

사부님

土를 볼 때에 입묘작용을 먼저 본다는 것만으로도 벌써 고수에 반열에 오른 것입니다. 오행의 상생상극이나 육친의 상생상극에 빠지면 안 된다고 주장하는 의미를 잘 아셨을 것입니다. 놀라운 발전입니다. 절대 잊지 마시고 12운성으로 해석을 하시면 고수가 바로 됩니다. 12운성에 적용은 곧 바로 재운이나 관운을 해석할 수가 있습니다.

수강생2

올해 재운은 丙일주보다 癸나 壬일주가 더 좋은 것 같아요.

수강생3

아닙니다. 재성 金을 12운성으로 대입해 봅니다.

수강생2

장생보단 제왕지가 낮지 않나요?

사부님

金이 巳에 장생이니까 안 좋은 것이 아니고 좋아지기 시작하는 것이지요. 물론 火를 재성으로 사용하는 水일간들보다는 덜 좋겠습니다. 10천간의 12 운성을 모두 책에 올려놓은 이유를 잘 생각해 보시고 표를 만들어서 눈으로 익히시기 바랍니다.

수강생2

庚일주는 앞으로 未년까지 어떻게 살아야 되나요? 재성 木의 활동이 점점 하락세로 가는데요.

사부님

정재인 乙이나 卯가 있으면 그것을 사용하면 됩니다.

수강생2

월급생활을 해야겠네요.

사부님

정재가 월급쟁이만 하는 것은 아닙니다. 생필품 장사도 하고 학원처럼 나누어내는 업종도 있고 월세를 받기도 합니다. 이렇듯 음양을 나누어 해석을 해야 하는 때에만 12운성을 음양으로 분류하여 해석을 합니다. 그래도 오행에 빠지지 않고 육친에도 빠지지 않고 지지를 천간 화해서 적용도 하실 줄 알고 입묘작용도 사용하시고 대단하십니다.

수강생3

12운성이 이제야 감이 옵니다.

사부님

이 상태로 가면 실력이 일취월장할 것 같습니다. 수고들 하셨습니다. 앞으로도 열심히 공부하셔서 학업성취하시기 바랍니다. 오늘은 이것으로 마치겠습니다.

수강생1

수고하셨습니다.

수강생2

네. 열심히 하겠습니다.

수강생3

사부님 수고 많으셨어요.

제 9 장
격국 용신론

오늘은 격국 용신론을 할 차례입니다. 격국 용신론을 공부할 차례인데 우리는 이 부분을 단 하루만 합니다. 그 말은 격용론을 전적으로 사용하는 학파가 아니라는 이야기가 되겠습니다. 거의 모든 역학인들이 선택에 여지가 없이 사용하는 격국 용신론을 단 하루만 공부하는 이유는 우리가 사용하는 감명법은 격국 용신론이 아니라는 이야기일 것입니다. 그렇다고 격용론을 사용하지 않는 것은 아닙니다. 격국을 다시 말하면 사주에서 가장 힘 있는 육친을 정하는 것입니다. 우리 감명법에서도 사주에서 가장 강한 육친을 사용해서 살아가는 방법을 제시해야 하니까 사용을 한다고 봅니다.

보통은 격국을 잡고 나서 용신을 정하는데 우리는 용신을 따로 정하지 않습니다. 좀 더 정확하게 구분을 하자면 격국은 사용을 하고 용신은 사용을 하지 않는다고 볼 수가 있겠습니다. 그 이유는 필자도 오랫동안 격용론을 공부하여 감명을 해 보았지만 석연치 않은 부분이 많고 또한 잘 맞지가 않아서 연구를 해 보니까 용신에 문제가 있다는 것을 알게 되었습니다. 격국과 용신은 서로 짝과 같아서 마치 공식처럼 답을 얻는 방법인데 실제 감명에서는 적중률이 많이 떨어집니다. 맞지가 않으니 문제가 되는 것입니다.

대부분 사주를 신약과 신강으로 구분하여 격을 정하고 억부용신과 조후용신을 적당하게 대입하여 사주를 감명하는데 문제는 잘 맞지 않는다는 것입니다. 맞지 않는 부분이 나올 때마다 수십 년 공부한 사람들은 좌절감을 맛봅니다. 명리학의 오랜 역사에 비추어 보아 학문에 문제가 있다고 말할 수도 없고 또한 반론을 제기할 수준도 못되니 한없이 더 많은 공부를 하는 수밖에 달리 도리가 없다는 결론을 스스로 내립니다. 물론 여기 계신 분들 중에서 격국 용신론도 잘 알지 못하는 분들도 계시겠지요. 그런 분들은 제 말을 이해하기가 어려울 것입니다. 물론 제 말에 전적으로 신뢰를 못 하실 수도 있을 것으로 압니다. 하지만 이 세상에 명리를 공부하는 사람치고 격국 용신론 말고 무엇을 공부했겠습니까? 다른 감명법이 없으니 당연히 격국 용신론 정도는 기본적으로 공부를 했다고 봐야겠지요.

격국 용신론으로 답을 얻지 못하다 보니 "명리공부는 무덤까지 가지고 가는 공부다."라는 말이 나왔겠지요. 격용론이 잘못된 학문이라는 것이 아닙니다. 단지 예전에 신분구별이 명확한 계급사회에서 명리는 지배층 인사들만 사용을 했으므로 당연히 정격에 속하는 분들이 많아서 잘 맞았을 것이라고 봅니다. 하지만 현대사회에서는 계급이 무너지고 일반인들이 명리학을 이용하다 보니 거의 모든 사람들 사주가 파격사주에 가까운 것이 현실이니 거기에서 문제가 생겼다고 봅니다. 그래서 이제는 파격사주를 감명할 수 있는 감명법이 필요해진 것입니다. 그 대안으로 간지론이 대두되었고 그것으로 감명을 하려면 물상론도 필요하고 12운성도 필요하고 근묘화실도 필요해졌다는 것입니다. 그런 점을 꼭 염두에 두시고 격국 용신론 공부에 임해 주시기 바랍니다.

격국 용신론은 정격사주에 잘 맞는 감명법입니다. 그럼 격국 용신론을 설명 드리겠습니다. 우리는 우선 신약사주와 신강사주를 구분하지 않습니다. 격국은 10정격만 사용을 합니다. 변격이나 종격, 화격, 특수격은 사용하지 않습니다. 격국을 잡는 방법은 세 가지로 분류합니다.

첫째 월지가 子, 午, 卯, 酉는 지장간의 정기를 따라서 바로 입격이 된다고 봅니다. 물론 충이나 합 그리고 형이 있을 때는 파격으로 분류합니다. 아무 간섭이 없어야만 입격이 된 것으로 봅니다.

둘째 월지가 寅, 申, 巳, 亥일 때는 지장간에 있는 정기, 중기, 여기 순으로 천간에 투간이 된 글자로 격을 정합니다. 여기서도 물론 충이나 형 그리고 합이 있으면 파격이 됩니다.

세 번째 월지가 辰, 戌, 丑, 未일 때는 지장간에 있는 정기, 중기, 여기 순으로 천간에 투간 된 글자 중에서 재성과 관성만 사용하고 잡기 재격 또는 잡기 관격으로 격을 잡습니다.

격을 잡는 이유는 사주팔자 중에서 가장 강한 육친이나 오행이 무엇인지를 분류하기 위해서입니다. 사주팔자에서 가장 강한 글자를 사용해서 살아가게 되니까 분류를 하는 것입니다. 우리 감명법에서도 10정격에 입격이 된 사주는 일단 책에서 설명하는 대로 해석을 합니다. 물론 정확하게 입격이 된 사주는 격이 높다고 보는데 그런 사주는 감명하기가 참 쉽습니다. 책에 나오는 대로 읽어줘도 다 맞습니다. 안타깝게도 그런 사주는 전체 방문자에 5% 정도라는 것이 문제라면 문제겠지요.

우리는 종격이나 화격 그리고 특수격은 인정하지 않습니다. 대자연의 특성상 나를 버리고 종속된다는 이론은 맞지가 않다는 견해에서 그렇게 판단합니다. 아무리 약한 사람이나 짐승 또는 식물도 다 알아서 먹고 삽니다. 그들만의 삶에 방식이 있다는 것입니다. 신약과 신강사주를 구분하지 않는다고 하니 그럼 사주를 무엇으로 보나 하시는 분들이 계시겠지요. 신약하면 용신이 비겁이나 인성이고 신강하면 관성이나 식상이 용신인데 그걸 정하지 않으면 무엇으로 사주를 본다는 것인지 궁금하실 것입니다. 요즘은 항간에서 용신 무용론이 나오고 있는 실정입니다. 이유가 뭐냐면 잘 안 맞으니까요. 격용론의 한계가 뭐냐면 사주를 감명할 때 딱 두 가지 뿐입니다. 당신은 용신 운이니 좋을 것이다. 아니면 당신은 기신이나 흉신 운이니 나쁠 것이다. 그러면 "나쁘면 어떻게 해야 하느냐"고 물으면? 답은 "그냥 그렇게 사세요."라고 합니다. 아니 사람이 운이 안 좋다고 손 놓고 가만히 있을 수가 있겠습니까? 살아야 하는데 방법은 알려주지 않고 그냥 가만히 있는 것이 남는 것이라는 답변만 합니다. 그것이 격국 용신론을 공부한 사람들의 한계입니다. 상담시간도 2~3분이면 할 말이 없습니다. 단지 "좋다, 나쁘다"로 끝나지요. 저도 그렇게 오랫동안 상담을 했었습니다.

누가 질문을 하더군요. 재다 신약사주가 있는데 그 사주는 운에서 비겁이나 인성 운이 와야 발복하는 것 아니냐고요. 고전에도 재다 신약이라는 사주가 많이 나옵니다. 하지만 비겁 운이나 인성 운에 잘 되는 재다 신약사주를 못 보았습니다. 재다 신약사주는 주로 돈 욕심이 많거나 집사로 돈을 관리해 주는 사람이 많다고 해석을 합니다. 격국 용신론을 공부하신 분들에게 재다 신약사주나 관살혼잡사주를 풀이하라고 하면 대부분 틀립니다. 답은 정해져 있으니까요.

실제 감명에서 보면 그렇지가 않습니다. 재다 신약사주인데 재벌도 있습니다. 관살혼잡사주도 고전에 자주 나오는데 주로 술집여자로 풀이합니다. 여자가 관살혼잡 사주인데 남자문제가 일어나지도 않고 술집여자도 아닙니다. 주로 교사들에게서 많이 볼 수 있는 사주가 관살혼잡 사주입니다. 관살혼잡은 옛날에는 여자들의 직업이 기생밖에 없을 적에 이야기고 지금은 직업을 갖는 여자들이 많으니까 해석이 달라져야 합니다. 평생 직업을 가지면 해결이 된답니다. 오늘 용신론에 대해서는 설명하지 않겠습니다. 대충 아시다시피 조후용신이나 억부용신을 많이 사용을 하는데 실효성이 없어서 공부할 필요가 없습니다. 우리는 무엇이 용신이냐를 찾기에 앞서서 사주팔자 주인이 그 사주를 가지고 어떻게 살아가는 것이 가장 현명하게 사는 것인지 지금 어떤 대운을 지나가니까 어떤 형태로 살아야 하는지를 분석하면 됩니다. 그리고 무슨 격인지를 찾기에 앞서서 당신의 재성은 형을 당해 있으니 장사를 할 때 업종을 형에 해당하는 것으로 갖는 것이 좋겠으니 먹는장사를 한다면 약이 되는 삼계탕 집이나 사철탕 집을 하는 것이 잘 맞겠다고 해석하면 된다는 것입니다.

우리 감명법은 사주팔자에 육친이 어느 위치에 놓여 있는지, 강한 글자가 무엇인지 또 그 글자에 어느 육친이 합을 하고 있는지, 충을 하고 있는지, 형을 하고 있는지, 공망을 맞았는지를 잘 살피고 어느 대운을 지나니까 어느 육친을 사용하기 힘들겠다는 정도의 관찰이 필요하다고 봅니다. 사주팔자 주인공이 사용을 하고 살아갈 글자가 무슨 글자며 육친으로는 무엇이고 간섭인자가 있는지를 살펴보면 바로 해석이 가능합니다. 여기까지 격국 용신론 강의를 마치고 여러분의 이해도를 알아보겠습니다. 질문이 있으시면 질문하세요.

수강생1

파격이 되면 어떻게 하는데요?

사부님

파격이 된 모양 그대로를 이야기해 주면 됩니다. 만약에 월지 재성이 충을 당해서 파격이 되었다면 무슨 장사를 해야 할까요?

수강생2

뛰어다니면서 돈 벌어야지요.

사부님

그렇습니다. 재성은 점포인데 점포가 충을 당해서 움직이니까 역마성 장사를 해야겠지요. 바다에 어부가 그런 경우에 해당합니다. 고기 잡는 배는 한 곳에 머물지를 않지요. 자동차로 이동하며 물건을 파는 장사도 그런 경우겠습니다. 재성이 어느 글자냐에 따라서 해석이 달라지는 것도 모두 참고를 해야겠습니다.

수강생1

그럼 입격이 되면 책 내용 그대로 풀이해도 된다는 말씀은요?

사부님

10정격은 일단 상류층일 경우가 많습니다. 교과서적인 삶을 산다는 말입니다. 그런 사람들은 사주 보러 잘 안 옵니다. 그리고 책에 10정격에 대한 해석이 나와 있는데 그대로 읽어줘도 맞는다는 말입니다.

수강생3

확장 해석하는 연습이 많이 필요합니다. 그게 힘들어요.

수강생1

물상해석 부분이 제일 힘이 듭니다.

사부님

22간지를 물상으로 확장을 하거나 육친을 확장하는 것은 많은 훈련이나 연습이 필요합니다. 스스로 시간을 내서 연습을 하는 수밖에 없는데 더 중요한 것은 각 글자에 대한 운동성을 정확하게 이해를 했느냐가 문제입니다. 정확한 이해가 부족하니까 억지로 확장을 하게 되지요. 깊이 있게 운동성에 대한 이해부터 하시는 것이 더 중요합니다. 안 되면 다시 기초부분으로 돌아가야 합니다. 부끄러워 할 필요가 없습니다. 기초를 다시 한다고 하면 하찮게 생각하는 사람들이 있는데 그러면 안 됩니다. 간지론의 성공여부는 기초에서 정해집니다.

수강생1

기초로 가서 다시 삽질하고 와야겠어요.

사부님

실제로 기초를 정확하게 이해를 했다면 확장이 어렵지 않습니다.

수강생3

입문 편을 다시 봐야 되나요?

사부님

입문 편을 다시 보는 것도 중요한데요. 보면서 깊게 생각을 해 보세요. 과연 명리학은 자연의 현상을 보고 만들었다는데 뭘 보고 만들었다는 것인지 근본을 알아야 합니다.

수강생3

입묘했다거나 합, 충, 형을 한다는 것이 표현이 안 되네요. 해석을 어떻게 해야 되는지.

사부님

사주팔자에 辰이 있고 水를 관성으로 사용한다면 水가 입묘되니 관성을 사용하기 어렵다고 판단합니다.

수강생3

재성이 입묘되면 있던 재물이 없어지나요?

사부님

있어도 없는 것이 되니까 장사에 소질이 없고 돈 버는데 소질도 없고 돈과 인연도 없겠지요. 상업 사주로 사는 것이 어렵다는 것입니다.

수강생3

이러한 해석들을 들은 적이 없어서요. 그런 것이 힘들어요.

사부님

관성으로 돈을 벌수도 있고 인성으로 돈을 벌기도 하니까요. 그런 자세한 해석은 책으로 나열하기가 어렵습니다. 강의를 들어야 합니다.

수강생3

사주에 고를 많이 가지고 있으면 세월이 가면서 해당되는 것이 다 그렇게 되나요? 관성이 입묘되고 식상이 입묘되고 재성이 입묘되고.

사부님

입묘 지를 많이 가지고 있으면 해당육친이 차례대로 입묘의 해를 입겠지요. 하지만 입묘의 해가 크지 않은 육친도 있고 입묘는 인기를 뜻하기도 하니까 무조건 나쁜 해석을 하는 것은 아닙니다. 사주에 입묘지가 없어도 세운에서 3년마다 입묘 운이 누구나 오는데 그렇다면 무조건 그때마다 입묘의 해를 입는다고 볼 수는 없겠지요. 종합적인 판단이 필요합니다.

수강생3

식상 고를 가지고 있으면 자식이나 활동도 제약을 받나요?

사부님

자식과의 인연이 부족하다고 봅니다. 그리고 제조, 생산업은 할 수가 없겠지요. 입묘 지를 가지고 있다고 해도 대운에서 오는 것을 입묘시키기는 어려우니 대운을 따라서 살아가면 됩니다.

수강생3

이런 해석들을 자주 들어야 되는데 책으로만 공부하니까 안 됩니다.

사부님

일단 책으로 기본기를 잘 다지시고 나중에 강의를 들으면 금방 풀립니다. 강의 몇 달 듣는다고 금세 사주풀이가 되는 것은 아닙니다.

수강생3

진전이 없으니깐 점점 열정이 식어가는 것 같아요.

수강생2

전 발전이 많았어요.

수강생1

저도요.

사부님

명리학은 짧은 기간에 끝나는 공부가 아닙니다. 누구나 겪는 일인데 처음에는 몇 달 공부하면 금방 도사가 될 것 같아서 열심히 멋도 모르고 덤볐다가 지쳐서 손을 놓았다가 다시 심기일전하여 책을 들고 공부 하다가 또 다시 포기를 했다가 또 돌아오는 식으로 세월을 보냅니다. 그러다 보면 어느덧 3년, 5년, 10년이 훌쩍 지나갑니다.

수강생3

독학으로 몇 년을 하다 보니 그러네요.

사부님

몇 십 년을 해도 안 되는 분들도 많습니다. 특히 독학을 하다보면 자신의 공부를 점검할 방법도 없고 몰라도 물어볼 때도 없고 방향을 제시해 주는 사람도 없으니 그냥 자기 마음대로 이것 조금 저것 조금 계획이나 방향도 없이 무작정 공부를 하다 보니 실력이 늘지를 않습니다. 더군다나 답도 없는 격용론을 붙들고 공부를 하니까 "명리학은 무덤까지 가지고 가는 공부다."라는 푸념이 나오게 되는 것입니다.

수강생2

저도 십년이 다가오네요.

사부님

여기서 강의 들으면서 집중해야 하는 것이 있는데 공부를 어떤 방향으로 어떤 방식으로 해야 한다는 감을 잡으시는 것이 가장 중요합니다.

수강생2

사부님 그걸 알고 확~ 끌렸습니다.

사부님

공부를 잘하는 학생들은 공부를 하는 방법을 알고 있습니다.

수강생1

전 공부를 잘했기에 그 방법을 순간 한 번 듣고 알았어요. 이 공부는 천천히 해야 되는 것이 자연의 이치인 것이고 인생인 거죠.

수강생3

저도 요즘에 길을 잘 잡아가는 것 같네요. 근데 성질이 급해서요.

사부님

제가 보기에는 여러분들 실력이 엄청납니다. 하지만 비교대상이 없고 점검을 할 수 있는 방법이 없으니 본인 실력을 잘 몰라서 그렇습니다.

수강생2

감사합니다. 사부님.

수강생1

그렇죠. 어디다가 내놓아도 절대 뒤지지 않아요.

사부님

강의를 차근차근 들으시고 나중에 감을 잡으시면 독학을 하셔도 실력이 일취월장하실 것입니다. 나중에 강의 모두 들으시면 격용론 공부한 사람들하고 이야기를 나눌 시간을 한 번 가져 보시기 바랍니다.

수강생1

전 이미 나눠 봤어요.

사부님

대화를 나누다 보시면 본인이 얼마나 많은 것을 알고 있는지 그들의 문제점은 무엇인지 금방 보입니다.

수강생1

제가 정말 많은 것을 알고 있었어요. 물상에서 절대 저하고는 게임이 안 되더군요.

수강생3

격국 용신론으로 감명을 하면 정말 할 말이 별로 없어요.

수강생1

제가 큰소리 뻥뻥 치고 박수 받고 왔어요.

수강생2

와~

수강생3

에고~ 전수 받아야겠네요.

사부님

우와~ 대단해요. 우리도 박수 한 번 쳐줍시다. 박수~ 짝짝짝.

수강생1

머~ 제가 교육 받은 그대로 한 것뿐이 없는데요.

사부님

실력은 알게 모르게 몸에 쌓이는 것입니다.

수강생3

시간이 가야 또 깨닫게 되는 것 같아요.

사부님

명리는 머리로 하는 공부가 아닙니다. 몸으로 체험을 하는 공부입니다.

수강생1

네~ 그런 것 같아요.

수강생3

느끼는 공부하려고 노력 중입니다

사부님

불교의 깨달음도 머리로는 안 되고 체득이 필요하듯이 명리도 그렇습니다. 숙제를 내드리겠습니다. 다음 공부시간까지 수천 년 전에 명리를 만든 사람이 무엇을 보고, 무엇을 알아차려서, 무엇을 대입해서 운명을 관찰하는 방법을 만들었는지 생각을 정리해서 발표하세요. 명리학이 만들어지게 된 계기와 원리를 파악해 보세요. 근본을 파고들어야 답이 나옵니다. 많이 아는 것보다 깊게 알아야 한다고 했습니다. 질문이 없으면 이것으로 마치겠습니다. 모두들 수고하셨습니다.

수강생1

수고하셨습니다.

수강생3

감사합니다.

수강생2

수고하셨습니다. 감사합니다.

제 10 장
명리학의 근본원리

명리학이 무엇을 기준으로 만들어졌는지 연구를 해 오라고 전 시간에 숙제를 내주었습니다. 숙제를 발표하는 시간을 갖겠습니다.

수강생1

생각은 많이 했습니다.

사부님

근본원리에 접근한다는 차원에서 명리학을 만든 사람들이 어떤 생각으로 무엇을 보고 무슨 원리를 가지고 만들었을까요? 뭔가 근본적인 원리가 있을 것인데 생각이 나는 대로 발표하는 시간을 갖겠습니다. 나름대로 생각하는 명리의 원리와 근본적인 바탕을 이야기해 보세요.

수강생1

사람들은 모두가 왜? 평등하지 못할까하는 생각 그리고 삶과 죽음에 대해서도 그렇고 여러 가지 궁금함 때문에 만들었을 것 같습니다.

사부님

무엇을 기준으로 어떤 것을 보고 사람의 운명을 예지하는 학문을 만들었을까요?

수강생1

자연에서는 밤과 낮을 보며 계절도 생각했을 것입니다.

사부님

구체적으로 자연의 무엇을 보고 무엇을 이용하여 운명에 접근을 했을까요? 막연하게 자연에 모든 것이 다 있다고 한다면 현실과 거리가 너무 멀게 느껴지겠지요.

수강생2

자연의 순환.

사부님

그러니까 자연에 순환이나 변화를 어떻게 사람의 운명에 적용을 했을까요. 우리가 정말 깊게 접근을 해야 하는 부분이 이 부분입니다.

수강생1

삶과 죽음.

사부님

대충 넘어가는 형식의 공부로는 자연의 이치를 깨우치기가 힘듭니다. 명리는 깨우치는 학문이니까요. 학인들이 공부를 하다가 어려움을 느끼는 부분이 대충 이렇습니다. 마치 자동차를 운전하는 것과 다를 바가 없습니다. 운전면허를 따서 자동차를 운전하다 보면 운전은 잘 하는데 자동차가 아주 작은 고장이라도 나면 전혀 손을 못 댑니다. 자동차가 어떤 원리로 가고 어떤 운동성을 지녔는지는 전혀 모르고 운전만 할 줄 알기 때문입니다. 그러다 보니 아주 사소한 고장에도 전혀 손을 쓸 수가 없게 됩니다.

우리가 명리를 공부하고 사주를 감명하다가 잘 맞지 않는 감명이 나오면 속수무책으로 손을 놓을 수밖에 없는 상황과 같은 이치라고 생각합니다. 사주를 감명하는 방법만 알고 있을 뿐 또 다른 문제가 생기면 아무리 사소한 문제라도 바로 탈이 나서 속수무책이 됩니다. 그 이유는 원리나 이치를 바로 깨닫지 못했기 때문입니다. 우리가 자동차 정비를 할 수 있어야 자동차를 운전하는 것은 아닙니다. 하지만 작은 결함이나 문제점 정도는 고칠 수 있어야만 자동차를 안다고 할 수가 있겠지요. 명리학이 어떤 이유로 무엇을 기준으로 만들어졌는가라는 근본적인 원리를 알아야 한다고 생각합니다. 단순한 답변 말고 좀 더 깊이 있는 답변을 하시면 좋겠습니다. 만약에 준비가 안 되었다면 지금이라도 생각을 하셔서 대화를 나누어 보도록 하면 공부가 많이 되실 것입니다. 제가 왜 이런 질문과 숙제를 내고 토론을 제안하는지 훗날 알게 되시겠지만 우선 생각하시는 동안 명언을 하나 소개하겠습니다.

하나의 이치를 깊게 깨치면 천하 만물의 이치에 통달할 수 있습니다. 주자가 이르기를 "나의 지식을 극진하게 이루는 것은 사물의 이치를 궁극에까지 이르는 데 달려 있다." 했습니다. 현자가 말합니다. "길을 잃고 헤매는 저 나그네여 무엇을 그리도 열심히 찾고 있나 마음은 일체를 담고 있나니 근본인 그 마음을 깨치라." 이 글이 너무나 마음에 와 닿아 이렇게 소개를 합니다. 우선 현재 알고 있는 명리학의 근본원리가 있으시면 말씀해 보시고 모르시면 모른다고 답을 해 주세요.

수강생2

모르겠습니다. 죄송합니다.

사부님

아직 거기까지 생각을 못해 본 것이 당연한지도 모릅니다. 그럼 지금부터 제가 설명을 해 드리겠습니다. 우리가 살아가는 세상을 가만히 살펴보면 어떤 원리나 규칙에 의해서 돌아가고 있습니다. 가장 먼저 알 수가 있는 것은 시간의 흐름이겠지요. 이 세상에 변하지 않고 가만히 있는 것은 아무것도 없습니다. 모든 것은 변한다는 것입니다. 그래서 역학(易學)이라고 한답니다. 우리가 사는 세상은 일정한 시간의 흐름에 따라서 반복하고 또 변화하게 되어 있습니다. 가장 기본적인 시간의 변화를 살펴보면 하루라는 시간이 우리 곁에 존재합니다. "대자연에 모든 답이 있다."라고 하면 너무 먼 이야기처럼 들리지만 실제 명리는 우리 생활 속에 존재합니다. 하루라는 시간의 흐름을 명리학에서는 음양이라고 표현을 합니다. 낮은 양(陽)이고 밤은 음(陰)입니다. 매일같이 하루라는 음양운동이 반복해서 돌아가고 있는 것이 우리가 살아가는 세상입니다. 그리고 그 음양이라는 하루는 다시 사계절이라는 다섯 가지의 길로 나아갑니다. 작게는 하루라는 음양이 크게는 오행이라는 사계절을 순환하며 흘러가는 것이 자연의 이치입니다. 동양철학을 음양 오행학이라고 부릅니다. 하루가 사계절을 돌고 있는 것이 자연의 이치입니다. 그것이 가장 기본적인 자연의 시간이지요. 음양오행이라는 것이 모두 시간의 흐름에 따라서 변화하는 운동성을 의미한다는 것입니다. 낮에는 활동하고 밤에는 잠자고 이것이 음양운동입니다.

기본적인 음양인 하루가 봄, 여름, 가을, 겨울을 거쳐서 지나갑니다. 봄에는 싹이 트고 여름이면 꽃이 피고 가을이면 열매 맺고 겨울이면 씨앗으로 보관합니다. 그리고 다시 봄에 씨앗을 뿌리면 새싹이 나옵니다. 이것이 대자연의 운동입니다. 우리는 그 시간 속에서 살아가는 자연의 일부입니다. 음양이라는 하루 안에 명리가 들어 있는 것이 사실 일까요? 우리가 사용하는 시간이라는 개념 속에 하루를 12시간으로 나누어 사용을 했습니다. 두 시간 간격으로 나누어서 子시부터 亥시까지 12시간으로 나누어 사용을 합니다. 사계절도 마찬가지입니다.

봄, 여름, 가을, 겨울 사계절을 3개월씩 나누어서 12개월로 분류를 해서 사용을 합니다. 12시간을 시간마다 운동성을 관찰하여 그것을 사람의 운명에 대입을 시켜서 사용을 합니다. 12개월의 시간에서 한 달마다 일어나는 운동을 관찰하고 그것을 사람의 운명에 대입하여 사용합니다. 대자연의 운동성을 각각 시간대별로 월별로 분류하고 그 운동성을 살핀 다음 육친이라는 인간관계를 대입시켜서 운명에 적용을 한 것입니다. 그렇다면 우리가 관찰해야 할 대자연은 무엇일까요? 산이나 강가에 가서 자연을 감상하면 명리학을 알게 될까요? 아니면 대자연이 살아 있는 아프리카에 가서 자연의 모습을 관찰해야 할까요? 아닙니다. 우리가 살아가는 하루라는 시간과 사계절이라는 시간의 변화를 관찰하면 됩니다. 멀리서 찾을 필요가 없습니다. 우리 생활 속에 있는 시간의 변화와 운동성을 관찰하면 됩니다.

지금까지 우리는 시간 속에 살아가면서 그것을 느끼지 못하고 살았던 것입니다. 마치 물고기가 물속에서 살면서 물을 전혀 느끼지 못하는 것처럼 말입니다. 저는 여러분이 시간의 변화에 따라서 어떤 운동이 일어나는가를 알아차린다면 더 이상 명리를 공부할 것이 없다고 생각합니다. 바로 하루와 사계절의 변화가 음양오행이고 음양오행은 동양철학의 근본입니다. 그것을 조금 확장하고 분화시켜 놓은 것이 12시간이고 12개월입니다.

세상에 모든 것을 음양오행과 10천간 12지지로 분류할 수 있습니다. 마찬가지로 음양오행과 10천간 12지지를 모두 우리가 생활하는 시간과 물상 그리고 운동성으로 분류를 할 수가 있습니다. 제가『월인천강 新사주학』책 뒷면에 자유라는 시를 적어 놓은 것을 보셨을 것입니다. 그것을 유심히 보시면 명리학의 근본적인 이치를 눈치 챌 수도 있을 것입니다. 오늘 중요한 명리의 근본이치를 전달하고자 노력을 했는데 여러분은 어떠셨는지요. 의미가 잘 전달되었는지 모르겠습니다.

수강생2

좀 느껴집니다.

수강생1

감사합니다.

사부님

당장 알아차리기는 어렵겠지만 시간이 지나고 공부가 깊어지다 보면 언젠가는 알아차리고 무릎을 탁~ 칠 날이 올 것입니다. 어떤 이론이든 깊게 파고들어서 근본을 알아차려야만 됩니다. 대충 알고 넘어가면 끝이 없습니다. 샘을 파도 그렇습니다. 땅속을 적당히 파고 돌아다니면 물은 나오지 않습니다. 아주 깊게 끝까지 파고 들어가야만 물이 나옵니다. 방향도 매우 중요합니다. 옆으로 파면 안 되고 바로 직각으로 땅속 깊게 파야 합니다.

여러분은 우선 어떤 감명법을 택하느냐를 결정해야 합니다. 그 다음은 근본적인 문제에 접근을 해야만 합니다. 책에 나오는 음양오행에 대한 내용을 암기하는 것으로는 부족합니다. 그 정도로 쉬운 공부를 가지고 사람들이 몇 십 년을 헤매겠습니까? 다 그럴만한 이유가 있겠지요. 스스로 명리학의 뿌리나 원리에 접근을 해야 합니다. 다시 말하면 대자연의 이치를 깊게 깨쳐야 한다는 것입니다. 그런 과정이 필요하기에 누구나 할 수는 있지만 아무나 할 수 없는 공부가 명리학입니다. 그 점 명심하시기 바랍니다. 질문이 있으면 질문 받겠습니다.

수강생2

오늘 많이 배웠습니다. 결정적인 것을 알았습니다.

수강생1

감은 벌써 잡았는데 제가 멍청해서요.

사부님

단순한 사람이 명리학을 공부하는 데는 더 이로울 수가 있습니다. 잔머리 굴리다가 실패하는 사람들이 많습니다. 자기 딴에는 머리 쓴다고 어디 가서 하나씩 배우는 것에 신경을 쓰는데 그렇게 공부하면 이것도 저것도 아무것도 안 됩니다. 뭐든 기초부터 완성까지 하나의 학파를 완성해야 합니다. 훌륭한 스승을 만나면 거기서 뭔가 배우고 또 다른 스승에게서 또 뭔가를 배우면 그 두 가지를 모두 알았으니 자기가 최고가 될 것이라는 생각을 합니다. 하지만 그것은 위험한 생각입니다. 둘 다 완성을 못하고 어정쩡한 사람이 될 공산이 큽니다. 이런 사람들도 많이 보았습니다. 나름 영리한 것 같지만 사실은 어리석은 사람들입니다. 요즘 세상은 제주가 많은 것보다는 하나를 최고로 잘하는 사람을 원합니다. 많이 질문하고 많이 가져가세요. 제가 일부러 감추는 것은 아무것도 없으니 비법을 내놓으라고 하지는 마세요.

수강생2

水기운이 필요하면 水기운을 주면 되는 것 같은데 왜 火기운이 있는 술에 담가 먹어야 효과가 있는 것입니까? 음양곽 술 말입니다.

사부님

火기운을 통해서 약효를 뽑아내야 하니까요. 그리고 火기운은 어떤 약효를 퍼뜨리는데 아주 빠르고 효과적이기도 합니다. 주로 빠른 약효를 내는 것은 약술이 좋습니다. 술을 이용하여 약 성분을 추출한다고 보시면 됩니다. 그럼 오늘도 수고가 많으셨습니다.

수강생2

감사합니다.

수강생1

감사합니다.

수강생3

수고하셨습니다.

제11장
사주팔자 해석순서

　오늘은 사주팔자 해석순서를 공부하겠습니다. 사주를 보러 오는 사람들이 대부분 여자들이 많습니다. 옛날에 사주를 보러 오시는 분들은 주로 남편이나 자식 문제가 많았는데 요즘엔 좀 달라졌습니다. 언제나 잘 살겠냐는 돈 문제를 묻는 사람들이 많아졌습니다. 시대적인 변화로 보여 집니다. 여자가 사주를 보러 왔을 경우 사주분석 순서는 대략 이렇습니다. 남편 운, 자식 운, 금전 운 순서입니다. 요즘은 애인문제를 묻는 사람들도 많습니다. 남자의 경우는 금전 운, 배우자 운, 직업 운, 자식 운 등입니다.

　주로 남녀를 불문하고 사주를 풀어 나가는 순서는 정해져 있습니다. 개인적인 차이가 약간 있겠지만 감명 순서는 본인이 편리한 대로 정하시면 됩니다. 먼저 사주팔자에 없는 오행과 많은 오행을 살펴봅니다. 그러면 어떤 기운이 부족한지를 알 수가 있겠지요. 먼저 크게는 음양의 기운을 분석하여 봅니다. 만약에 金, 水기운이 없다면 항상 바쁘고 쉴 틈이 없는 생활을 할 것이고 반대로 木, 火기운이 없다면 항상 움직임이 없고 활동력이 떨어지는 삶을 살아가겠습니다.

남자가 주로 오행이 양으로 구성되어 있고 대운이 木, 火대운으로 흐른다면 음 기운이 없어서 혼자 살고 있는 경우가 많겠고 여자가 주로 오행이 음으로 구성이 되어 있고 대운이 金, 水대운으로 흐른다면 양 기운이 없어서 혼자 사는 경우가 많겠지요. 이렇게 음양만 가지고도 운명을 감명할 수가 있습니다. 오행 중에 없고 많음을 분별하면 조금 더 많은 점을 알게 되겠습니다. 木, 火, 土, 金, 水기운 중에서 어느 것이 없는지, 많은지를 분별하여 감명을 하면 됩니다. 그리고 그 오행이 어느 육친에 해당하는지를 보면 자세한 감명이 되겠습니다. 근묘화실을 통해서 어느 위치에 어느 육친이 있는가를 살펴보고 또한 합, 충, 형을 살펴봅니다. 상담자가 재물 운을 물으면 재성의 모양을 관찰하고 천간에 있는지, 지지에 있는지, 뿌리가 있는지 합, 충, 형이 있는지, 식상의 도움을 받는지를 살핍니다.

그런 다음 12운성으로 대운이 어디에 해당하고 세운은 어디에 해당하는지 보고 그대로 설명을 하면 됩니다. 사주팔자의 모양도 중요하지만 대운의 영향이 더욱 중요합니다. 물론 사주팔자가 완벽하게 갖추어진 경우라면 다르겠지만 그렇지 못하다면 주로 기3 운7이라고 대운의 영향이 70%를 차지합니다. 사주팔자에 어느 정도 크기의 관성인가를 살피기 위해서는 인성의 유무를 중요하게 봅니다. 사주팔자에 어느 정도 크기의 재성인가를 살피기 위해서는 식상의 유무를 중요하게 봅니다.

상담을 실제로 해 보면 묻지도 않는 것은 말할 필요가 없다는 것을 느끼는 때가 많습니다. 그래서 사주명조를 모두 적어 놓고서 첫 마디에 "저는 묻지 않는 것은 말하지 않습니다."부터 이야기합니다. 예전에는 주로 먼저 맞추고자 하는 마음이 앞서서 "아~ 당신은 배우자와 10 중 8~9 헤어졌을 가능성이 많겠습니다."라고 선공을 펼쳤답니다. 그 결과는 주로 이렇습니다. "그래요. 저 이혼했는데요. 그래서요? 맞춘 것을 신기해하기 보다는 "누가 그런 것 물어 봤나? 입니다. 한때 맞추기에 신이 나서 연구를 많이 한 적이 있었습니다. 먼저 선방을 날려야 뻑~ 간다고 생각했기 때문입니다. 예전에 누구에게 들은 이야기인데 무속인들이 많이 사용하는 방법이 있답니다. 방문을 열고 들어오는 사람한테 무조건 "젊어서 죽은 조상이 있지?"라고 말을 한답니다. 하루 종일 방문자에게 이 질문을 던지면 80~90%는 그렇다고 한답니다. 이것이 잘 맞는 이유는 우리 부모님 때나 그 윗대에는 모두 전쟁을 겪었고 또한 어릴 적에 유아 사망률이 매우 높았기 때문에 어려서 죽은 조상이 없을 수가 없으니까요. 그러니 안 맞을 수가 없겠지요.

예전에 제가 사용하던 방법은 사주를 작성하면서 당신 남편이 박 씨지? 안 씨지? 배우자 성씨를 맞추는 것이었습니다. 그러다 별로 신기해하지 않는 것 같아서 남편이 소 키우지? 아님 개장수지? 직업과 업종을 맞추었지요. 그것도 별로 신기해하지 않는 것 같아서 요즘에는 안 합니다. 먼저 무엇 때문에 온 것인지를 맞추는 것이 힘들기도 하고 또 맞춰 보았자 별 이득도 없으니까요. 오히려 말하고 싶지 않은 것을 끄집어내어 상대방을 화나게 하는 경우도 생깁니다. 그래서 먼저 모험을 할 필요가 없다고 생각합니다.

상담자 대부분은 금전 운이나 직장 운을 묻는 경우가 대부분인데 가장 많이 사용하는 감명방법이 12운성입니다. 사주팔자에서 木, 火, 土, 金, 水 어느 오행을 재성으로 사용을 하는가를 살피고 그것을 12운성에 대입하여 해석해 주면 됩니다. 지금 어느 환경에 있다는 것을 바로 알 수가 있겠지요. 먼저 대운에 대입하고 다시 세운에 대입하면 따로 설명할 부분이 더 이상 필요하지 않습니다. 여기까지 사주팔자 해석순서를 알려드렸습니다. 지금까지 중급반에서 사주를 분석하는 방법이 어떤 것이 있는지를 공부했습니다. 이 방법들을 어떻게 자기에 맞게 구성을 해서 무기를 갖추느냐만 남아 있습니다.

수강생1

金이 재성이라면 올해 癸巳년의 금전 운을 12운성으로 본다면?

사부님

장생 운에 해당합니다. 장생 운에 아주 좋습니다. 엄청 쉽죠.

수강생1

직장 운은 관성으로 보나요?

수강생3

대운이나 세운에 대입할 때 천간과 지지를 따로 어떻게 해석하나요?

사부님

관성이 직장 맞습니다. 12운성은 천간으로만 대입이 가능합니다. 그러니 천간에 없다면 지지를 천간 화를 시켜서 대입하면 됩니다.

수강생1

건강 운은 식상으로 보는지요?

사부님

모든 건강을 식상으로 보는 것은 아닙니다. 편관 운이나 편인 운에 다치거나 아픈 경우도 많습니다.

수강생3

올해 癸巳년 巳가 12운성으로 어떤 위치에 있는지 보면 되는 거지요?

사부님

癸巳년에 巳를 12운성으로 무엇이냐를 보는 것이 아니고요. 만약에 癸일주가 금전 운을 물었다면 火가 재성이므로 火를 12운성으로 보면 癸巳운에 관대에 앉아 있어 매우 좋다고 감명을 합니다.

수강생3

대운이 申 인성 운이네요.

사부님

申이 인성 대운이라는 것이 중요한 것이 아니고요. 火재성이 申에 12운성으로 뭐냐를 해석해야 합니다.

수강생3

대운도 재성의 12운성을 보는군요. 인성 운만 생각했네요.

사부님

그것을 보고 육친에 빠졌다고 하는 것입니다.

수강생4

癸巳일주가 巳세운에 子대운이라면요?

사부님

그럼 재성인 丙이 대운 子에 12운성으로 태지에 들고 세운 巳에 관대에 해당합니다. 대운은 금전 운이 점차 좋아지는 방향이고 세운은 현재 좋은 운에 속한다고 감명할 수가 있겠습니다.

수강생3

대운은 절지인데 세운에서 관대에 있네요. 세운 영향을 많이 받나요?

사부님

대운이 대세라고 보시면 됩니다. 세운은 영향력이 크지 않습니다.

수강생3

대운에 재운이 안 좋으면 사업을 하면 안 되네요.

사부님

대운과 세운의 영향력을 잘 구분하지 못하시는 분들이 많습니다. 대운이 나쁘면 세운이 아무리 좋아도 결국 망합니다. 대운이 좋으면 세운이 아무리 나빠도 부도는 안 납니다.

수강생2

명리 학문을 가르치는 선생이나 철학원장 또는 카페지기 분들은 자기 명리의 노하우나 비법을 밝히지 않나요? 100이라고 했을 때 95%만 공개를 하나요?

사부님

비법이 있다면 그것을 감추려는 사람들도 물론 있겠지요. 여러분은 명리선생이나 철학원장 또는 평생교육원 강사들이 비법이 있을 것이라고 생각하세요? 자기 학문도 없는데 무슨 비법이 있겠습니까. 별것도 아닌 것을 가지고 혼자서 비법이라고 착각할 수는 있겠지요.

수강생2

마지막 히든카드를 숨겨놓고 있을 것 같아서요.

사부님

명리선생들이 모두 고수일 것이라는 생각은 착각입니다.

수강생2

어머나~ 그래요?

사부님

자기 학문이 있다면 책을 냈겠지요. 그게 논문이나 마찬가지니까요.

수강생2

그렇겠지요.

사부님

물론 책의 내용으로 넣지 못할 정보도 있습니다. 비밀이어서가 아니고 검증된 정보만 책에 실어야 하기 때문에 조금 개인적인 것은 안 넣는 경우도 있습니다. 시중에 명리 책들은 내용이 거의 같습니다. 다를 수가 없는 것이 격국 용신론이 달라봐야 얼마나 다르겠습니까?

수강생2

네. 다른 책들도 많이 봤는데 머리만 아픕니다.

사부님

확실히 드릴 수 있는 답은 비법은 없습니다. 보통 학인들은 숨겨진 비법을 찾지 못해서 실력이 늘지 않는다는 잘못된 생각을 하는 사람이 많습니다. 그리고 선생들이 비법을 숨기고 가르쳐 주지 않을 것이라는 생각을 하기도 합니다. 물론 수준이 낮은 선생들 일부가 별것도 아닌 것을 비법인 것처럼 속여서 큰돈을 받고 비법을 팔아먹기도 합니다. 그것을 사는 사람들도 있는데 참으로 어리석은 사람들이라고 생각합니다. 비법이라면 명리의 새로운 감명법으로 떠오르는 간지론이 비법이라고 할 수가 있겠지요. 격용론을 기나긴 세월 공부해도 답을 얻지 못하고 있는 학인들을 위한 비법이 바로 간지론이 아니겠습니까?

수강생2

네. 그렇군요. 전 나중에 공부 많이 하면 비법을 한 가지만 숨겨놓고 제자한테는 말 안 해야겠어요.

사부님

사실 저도 처음에는 그럴 생각도 했었습니다. 그런데 다 말해줘도 못 알아듣더라고요.

수강생2

맞아요. 그것이 멍청한 빈 깡통이 소리만 요란하다지요.

사부님

감추고 있을 것이라는 의심을 할만도 합니다. 하지만 저는 없습니다. 저는 쉽게 전수시켜 주는 방법을 지금도 연구하는 중입니다. 다음시간에 뵙겠습니다.

수강생4

수고하셨습니다.

수강생1

고마워요.

수강생3

감사합니다.

제12장
사주감명 핵심

오늘은 사주분석에 중요한 포인트를 한 번 짚어 보도록 하겠습니다. 먼저 사주를 분석함에 있어서 인간의 삶을 두 가지로 분류할 수가 있겠습니다. 첫째는 관성이나 인성을 사용하는 직장인 사주입니다. 둘째는 식상이나 재성을 사용하는 사업가 사주가 되겠습니다. 사주는 주로 두 가지 종류의 사람으로 구분이 가능합니다.

먼저 직장인 사주를 분석을 할 때는 관성과 인성을 살펴야겠지요. 또한 정관이냐 편관이냐가 중요합니다. 천간에 있느냐 지지에 있는가도 참고해야겠습니다. 천간에 정관이 있고 지지에 뿌리가 있다면 주로 공무원이나 대기업에 종사하는 경우가 많습니다. 물론 년, 월에 있는 것이 좋겠습니다. 일, 시에 있으면 늦게 사용을 하게 되니까요. 그리고 편관이 천간에 있고 뿌리가 있다면 주로 이공계나 경찰, 군인처럼 힘든 직업일 경우가 많습니다. 관성이 지지에 있고 천간에 없다면 일단 격이 천간에 있는 관성보다는 떨어집니다. 지방 공무원이나 일반회사에 근무하는 경우가 되겠습니다.

관성과 함께 살펴보아야 할 중요한 짝이 인성입니다. 관성은 멋진데 인성이 없다면 회사임원이나 교수 등 책임자가 되기 힘듭니다. 그러나 대운에서 인성 운이 30년간 온다면 문제가 다르겠지요. 이렇게 관성은 인성과 짝으로 잘 살펴보아야 합니다. 취업이 되거나 시험에 합격을 하기 위해서는 관성 운이나 인성 운이 좋겠습니다. 인성이 강하고 관성이 약하게 있는데 관성 운이 온다면 승진이나 취업이 되겠습니다. 직장인들보다는 상업 사주들이 상담을 하러 많이 옵니다. 그 이유는 직장인은 삶이 별로 변동이 없지만 상업하는 사람들은 업종 변경이나 점포를 이전하는 문제 또는 장사가 안 되서 등 볼 것이 많기 때문입니다. 상업 사주를 볼 때는 3가지를 점검해야 합니다. 첫째 사주원국을 살펴서 그 사람에게 가장 잘 맞는 업종을 찾아야 합니다. 둘째 대운이나 세운이 장사를 하기에 적합한 때 인가를 살펴야 합니다. 셋째 가계의 출입문이 본인과 맞아야 합니다. 이렇게 업종, 운세, 방위가 삼위일체가 되어야만 성공할 수가 있습니다.

세 가지 문제를 모아서 보기 때문에 각각 33%의 영향력이 있다고 봅니다. 실제로 업종과 운은 좋으나 방위가 맞지 않아서 가계를 옮기라고 조언해서 대박을 친 경우도 많습니다. 물론 전에 돈을 못 번 것은 아니고 겨우 밥만 먹고 살 정도였는데 이사를 하고 난 이후에 3배가량 매출이 늘어난 경우도 보았습니다. 상업 사주가 업종을 정할 때는 재성을 주로 사용하는지 식상을 위주로 사용을 하는지 아니면 두 가지를 같이 사용을 하는지 식상과 재성이 합, 충, 형을 하는지 가까이 있는지 떨어져 있는지 모든 것을 살핀 연후에 결정을 해야 합니다.

업종편 첫째는 제조, 생산업입니다. 제조, 생산은 거창한 공장도 되겠지만 흔히 밥장사나 술장사도 제조업입니다. 식신과 재성이 합하고 있는 경우가 밥장사 사주입니다. 만들어서 바로 그 자리에서 파는 경우를 말합니다. 상관과 재성이 합을 하거나 가까이 있으면 술장사 또는 기호식품 장사입니다. 식상과 재성이 떨어져 있는 경우는 만든 곳과 파는 곳이 떨어져 있어야 좋겠지요. 아예 식상이 없고 재성만 있다면 유통업을 하면 됩니다. 유통업은 물건을 만들지 말고 가져다가 파는 업종입니다. 그다음 식상과 재성이 없고 인성만 있다면 임대사업을 하면 됩니다. 움직임 없이 돈을 벌어야 하기 때문에 시설을 빌려주고 돈을 받는 사업입니다. 주로 노래방, 여관, 찜질방, 주차장, 당구장, 카페 등입니다. 또한 여러 가지 모양들이 있겠지요. 재성이 충을 당한 경우나 식상이 충을 당하거나 형을 당한 경우도 있겠지요. 그런 경우는 충을 당한 형태인 역마성으로 해석을 하면 됩니다. 이동을 하면서 장사를 하는 것입니다. 업종 선택은 매우 중요합니다.

그 다음으로는 대운이 중요한데 아무리 강한 식상을 원국에 가지고 있는 사주라도 대운이 인성 운으로 흐른다면 사용을 못하겠지요. 대운이 받쳐줘야 사용을 합니다. 대운이 사업을 하기에 좋으면 아무리 세운이 안 좋아도 망하지 않고 살아나갈 수가 있습니다. 마지막으로 업소 출입문 방위가 중요합니다. 만약에 사업자가 쥐띠라면 그 사람은 가계 출입문이 항상 동쪽이 필수적으로 열려야 하고 뒷문이나 쪽문이 남쪽으로 있으면 좋습니다. 이 원리는 쥐띠는 삼합으로 申, 子, 辰 그룹에 속합니다. 그 그룹보다 한 글자씩 앞에 존재하는 삼합은 亥, 卯, 未 木국입니다. 申 바로 앞에 未, 子 바로 앞에 亥, 辰 바로 앞 글자가 卯가 되니까 申, 子, 辰보다 한 글자씩 앞선 삼합이 亥, 卯, 未가 되겠습니다. 그래서 이러한 그룹을 조상 그룹으로 보고 장사에서 손님을 전생에 조상으로 봅니다. 조상과 통하는 방위가 열려야만 손님이 많이 온다는 해석입니다. 매우 중요하니 꼭 참고하세요.

이렇게 상업 사주는 업종, 대운, 방위를 봅니다. 참고로 직장인 사주에서 한 가지만 추가로 말씀을 드리겠습니다. 우리는 주로 본인과 잘 맞는 직장을 정관이나 편관으로 분류하고 오행으로 분류해서 판단하고 다시 22간지의 특징을 살펴서 구분합니다. 거기에 한 가지 더 추가할 것은 여러분들 성명학을 잘 아실 것입니다.

木 - ㄱ,ㅋ.

火 - ㄴ,ㄷ,ㄹ,ㅌ.

土 - ㅇ,ㅎ.

金 - ㅅ,ㅈ,ㅊ.

水 - ㅁ,ㅂ,ㅍ.

이렇게 발음으로 나누어집니다.

만약 관성이 木이라면 대부분 직장이 木과 관련된 교육이나, 건축, 디자인 등에 직업이 좋다고 오행으로 분류하거나 글자의 특징으로 말합니다. 거기에 더 가까이 접근을 한다면 목이 ㄱ,ㅋ 발음이므로 국립공원관리공단, 국립박물관 등 ㄱ,ㅋ 발음이 들어가는 직장을 선택하면 인연이 깊다고 감명하는 것입니다. 이렇게 상담하면 적중률이 굉장히 높습니다. 어느 대학으로 진학을 할 것인가도 많이 사용이 됩니다. 정관은 국립, 편관은 사립대학 천간에 관성이 있으면 서울지역이나 중심지역, 지지에 관성이 있으면 지방대학 등으로 분류하고 관성이 土인 경우 인하대, 인천대, 성균관대, 이화여대 등 ㅇ, ㅎ과 관련된 대학과 인연이 깊다고 감명하면 됩니다. 여기까지 상담기법을 말씀드렸습니다. 질문이 있으시면 질문 받겠습니다.

수강생1

저는 土와 水를 잘못 알고 있었나 봐요. 土는 ㅁ, ㅂ, ㅍ. 水는 ㅇ, ㅎ 으로 알고 있었어요.

사부님

발음을 다르게 해석하는 학파도 있다고 들었습니다. 하지만 가장 보편적으로 많이 사용하는 것으로 선택해서 사용하면 됩니다.

수강생1

감사합니다. 출입문을 방위표로 할 때에 따로 보는 건가요?

사부님

네~ 따로 봅니다. 제가 질문 드리겠습니다. 천간에 정관이 있고 정관이 水인 경우 어느 대학에 원서를 내야 하겠습니까? 水가 성명학으로 어떤 발음인가요?

수강생2

ㅁ, ㅂ, ㅍ이요.

사부님

서울에 있는 국민대학, 명지대학이 좋겠습니다. 지지에 정관이 있고 관성이 木인 사람의 직장 이름은 어느 곳이 좋을까요?

수강생3

지방공무원이나 공사 직원인가요.

사부님

지지에 있으니 지방이고요. 직장명은 ㄱ,ㅋ이니까 국민은행 지점이나 국립

공원 관리공단 정도겠지요. 토끼띠가 장사를 하려면 출입문이 어느 방향으로 있어야 좋나요?

수강생3

인, 오, 술 火국 방향은 남쪽입니다.

사부님

그렇습니다. 해, 묘, 미 木국보다 한 글자씩이 앞서려면 인, 오, 술 火국이겠지요. 그러면 남쪽 방위가 필수적으로 열려야하고 아울러 戌방위가 보조로 열리면 좋습니다. 아직 이해가 안 되시는 분들은 오늘 강의내용을 잘 정리해서 이해하고 꼭 암기해 두세요. 오늘 너무 강한 강의를 했나요? 모두들 멍하신 것 같습니다.

수강생3

사부님 강의 들었던 내용이 새삼 정돈 되는 듯합니다.

수강생1

동서남북을 동卯. 서酉. 남午. 북子. 이렇게 보는 건가요?

사부님

네. 통신강의를 별로 시시하게 생각을 했는데 그렇지가 않죠?

수강생3

그럼요. 언제 들어도 공부 정리하는 데는 덜함이 없습니다.

사부님

제가 생각하기에도 통신강의가 참 좋은 점도 많은 것 같아요.

수강생3

듣고 또 듣고~~~ 듣는 것이 왕도입니다. 관성을 쓰려 하는 도구가 인성인 것은 서로 생하고 극하는 것을 막아주는 데서 필요한 것이지요?

사부님

관인이 소통하는 모양이 좋고 짝이니까요.

수강생3

네~ 재성과 식상도 같은 맥락이고요.

수강생1

식상은 없고 재성과 관성만 있으면 어떻게 해석을 해야 하는지요?

사부님

재성과 관성 중에서 어느 글자가 강하느냐가 중요하겠지요. 주로 월지가 무엇이냐가 중요합니다. 그리고 대운이 어느 방향으로 가느냐가 중요합니다. 직장인 사주라고 해도 식상 대운으로 흐르면 직장을 못 다니는 경우가 많습니다. 그래서 나온 말이 있는데 운7, 기3. 입니다.

수강생3

식상이 관성을 극하기 때문인가요?

사부님

그렇기도 하고요 또한 식상이나 재성은 자기 사업을 하는 인자입니다. 식상 운이 오면 뭘 시작하고 싶어서 가만있지를 못 합니다.

수강생1

월지가 대운을 충을 하면 그 화가 크다는 것을 뼈저리게 느꼈습니다.

사부님

처음부터 모든 것을 알 때까지 진도를 늦추면 안 됩니다. 무조건 읽고 넘어가서 여러 차례 봐야 합니다.

수강생1

남편이 대운지지 巳에 월지가 亥라서 충이 되지요. 십년 동안 다 까먹었어요.

사부님

월지가 충을 당하면 주로 고향을 떠나서 이사를 가는 경우가 많죠. 월지

亥가 육친으로 뭡니까?

수강생1

정관요.

수강생3

고향을 떠나 그런 사업을 하게 되는 것으로 해석해도 되나요?

사부님

관성이 월지면 우선 사업체질이 아닌 경우가 많지요. 조직생활이 맞는 경우인데 대운에서 충을 하니 직장 다니기도 힘들고 그렇다고 사업을 하면 잘 안됩니다. 巳는 비겁 대운이잖아요.

수강생1

지지에 편재가 있어서 그 힘으로 사업을 했나 봐요. 처음에는 잘 했는데 결국은 망했습니다. 비겁 운에 완전 망했습니다.

사부님

안타깝네요. 조금만 일찍 명리공부를 했었다면 막을 수도 있었는데요.

수강생1

모든 것이 시간이 지나니 잊혀집니다.

사부님

오늘 강의는 여기까지 하겠습니다. 수고가 많으셨습니다.

수강생2

감사합니다. 공부 열심히 하겠습니다.

수강생4

수고하셨습니다. 감사합니다.

수강생1

모두 수고하셨습니다.

수강생3

모두 좋은 시간 되세요.

제 3 부

고급 편

제 1 장

간지론

오늘은 간지론에 대하여 공부를 하겠습니다. 아시다시피 사주를 감명하는 방법에는 여러 가지가 있는데 대표적인 감명법으로 격용론이 있습니다. 명리학을 공부하시는 분들이라면 누구나 격용론으로 공부를 하셨을 것입니다. 저도 물론 수십 년 동안 격용론을 공부했습니다. 우리는 간지론이 있다는 사실을 모르고 있었고 또한 필요성을 느끼지 못하고 살았습니다. 격용론으로 복잡한 현대사회에서 팔자를 감명하는 것에는 한계가 있습니다.

정형화된 사주 즉 입격사주는 감명이 가능하지만 일명 파격사주는 감명이 어렵습니다. 그래서 간지론이 요즘 거론이 되고 있으며 격국, 용신 무용론이 대두되고 있는 것입니다. 격용론으로 사주를 감명하는데 아무런 문제가 없다면 다른 감명법이 필요가 없겠지요. 하지만 수많은 역학인들이 답을 찾지 못하고 헤매는 이유가 한정된 감명법인 격용론 때문입니다. 저도 대안을 찾지 못해서 한동안 많이 괴로워했습니다. 하지만 우리에게는 잘 알려지지 않은 간지론이 있었습니다.

요즘같이 다양하고 복잡한 사회 환경에서는 간지론을 통한 사주 감명법을 배워야 합니다. 간지론을 배우기 위해서는 격용론에서는 별로 신경 쓰지 않았던 기초부분을 가장 중요하게 공부를 해야 합니다. 기초부분에서도 특히 22간지에 대한 이해와 확장을 공부해야 합니다. 오늘은 반복해서 그 부분을 더욱 정확하게 인식하고 물상이나 운동성으로 확장을 함께 해보는 시간을 갖겠습니다. 나중에는 스스로 연습을 하는 시간을 갖도록 해야 합니다.

먼저 음양이 분화되어 오행이 되고 오행이 분화하여 10천간이 되고 10천간이 분화되어 12지지가 되었다는 것은 다 아실 것입니다. 이것을 따로 나누어서 공부를 하시면 안 됩니다. 음양부터 12지지까지의 과정을 정확하게 연결해서 인지를 해야 합니다. 격용론을 공부하신 분들은 대부분 음양오행으로 분류하여 직업이나 성격 또는 업종 등을 분류합니다. 우리는 22간지로 분류하고 천간과 지지의 구분도 정확히 합니다. 그런 훈련을 많이 해서 자기 것으로 만들어야 공부가 됩니다. 그 작업을 하지 못하면 격용론을 공부한 사람과 아무런 차이가 없게 됩니다. 우리 학문의 가장 큰 핵심무기는 22간지의 이해와 물상으로 확장에 있습니다.

음양오행과 육친이라는 것은 상생과 상극의 법칙이 사용되는데 22간지는 그런 법칙이 적용되지 않습니다. 이점을 명심하세요. 22간지는 합, 충, 형이라는 법칙이 작용합니다. 무슨 뜻이냐면 22간지 하나하나 글자들끼리 상생이나 상극은 없다는 것입니다. 오직 합, 충, 형의 작용만 있다는 것입니다. 그리고 10천간과 12지지 한 글자 한 글자에 대한 이해와 운동성 구분 그리고 물상으로의 확장을 연습해야 합니다. 책에 분류해 놓은 것들은 소용이 없고 본인이 직접 연구하고 구분을 해 보아야 합니다. 꼭 스스로 분류하고 확장을 연습하시기 바랍니다.

10천간을 이해하는 방법으로 먼저 글자의 형상이나 모양 그리고 의미 또는 천간으로서 특징, 시간적인 개념 등을 충분히 이해를 한 다음에 천천히 물상이나 형상으로 확장을 하는 것입니다. 22간지의 확장법이나 글자의 이해 등은 책에 자세히 나와 있으니 별도로 설명하지 않겠습니다. 한 가지 중요한 것은 천간과 지지와의 관계설정입니다. 천간과 지지를 오행으로 보니까 자꾸 甲辰년이라면 甲(木)이 辰(土)을 극한다고 생각을 하게 됩니다. 천간과 지지는 오행으로 보면 안 됩니다. 천간과 지지는 상생이나 상극이 없습니다. 둘의 사이는 뿌리가 되어 주거나 투간 되는 것 말고는 아무 상관이 없이 따로 입니다. 천간과 지지의 관계설정은 12운성으로 하시면 됩니다. 이 점을 잘 이해하지 못하시는 분들이 많아서 말하는 것입니다. 오늘은 고급 편 첫날이니까 요점정리는 여기까지 하고 간지론에 대한 질문이나 앞으로 강의에 대한 질문 있으면 받겠습니다.

수강생1

천간지지의 관계에서, 己亥일주라면 통근이 되었다고 보나요?

사부님

뿌리를 내렸다거나 통근을 했다는 것은 12운성으로 보시면 됩니다. 우선 음양을 구분하기에 앞서서 土라고 하는 己는 火와 12운성이 함께 갑니다.

수강생1

제 말씀은 그동안 지장간과 월령용사를 혼동하였습니다. 새로운 지장간을 보니까 亥에 지장간 戊가 없어서 질문을 드리는 것입니다.

사부님

지장간에 戊土가 없다는 것으로 근이 없다고 판단하지 않습니다. 12운성으로 火와 土는 戌에 입묘하고 亥에 절지가 된다는 것이 중요합니다. 己를 12운성으로 보아도 亥는 태지에 해당이 되므로 뿌리가 약하다고 보는 것입니다.

수강생1

그럼 통근에 대한 정확한 개념은 무엇입니까?

사부님

12운성을 활용하면 쉽습니다. 통근이라는 용어가 문제가 아니고 천간이 지지에 힘을 받고 있느냐가 중요합니다. 앞에 말했듯이 천간과 지지와의 관계설정은 12운성입니다. 천간이 지지에 뿌리가 있는지 구분하는 데는 12운성으로 구분하면 됩니다.

수강생1

예, 알겠습니다.

사부님

甲이 亥에 지장간(甲, 壬)으로 중기에 있으니 통근했다고 보는 것이 아니고 甲은 12운성으로 亥에 장생을 하므로 매우 강한 지지기반을 가지고 있다고 봅니다. 가장 맞지 않는 해석은 亥(水)가 甲(木)을 생한다고 하는 것이 되겠지요. 지지에 水가 천간 木을 생한다는 해석은 오행적 해석으로 맞지 않습니다. 이런 것이 오행에 빠진다는 것이고 천간지지를 구분하지 못하는 것이 되겠습니다. 이해가 됩니까?

수강생1

이해가 되었습니다.

사부님

아무래도 전에 배웠던 것들이 잘 안 잊혀 지겠지요. 그려진 그림 위에 다시 새로운 그림을 그린다는 것이 참 어렵습니다. 하지만 열린 마음만 있다면 안 될 것은 없습니다. 그럼 제가 질문을 드리겠습니다. 甲(木)을 관성으로 사용하는 사람의 직업은 어떤 것이 어울릴까요?

수강생2

선생님, 교사.

사부님

그럼 寅(木)을 관성으로 사용하는 사람은요?

수강생2

건설, 시공, 기사.

사부님

어디서 따로 간지론을 배우셨나요?

수강생2

아닙니다. 책에서 본 것입니다.

사부님

눈치가 빠른 것인지 예습을 확실히 하신 건지 대단하십니다. 우선 중요한 핵심을 안다는 것이 매우 중요합니다. 답이 맞고 안 맞고를 떠나서 대략 우리 간지학파의 색깔이 납니다. 우리는 木으로 직업을 분류하지 않고 천간에 甲, 乙 또는 지지에 寅, 卯를 구분하여 말할 수가 있다는 것입니다. 그리고 그 형태를 있는 그대로 말하는 것이 우리 감명법입니다. 만약에 甲이 정관인데 바로 옆에서 庚 식신이 충을 하고 있다면 어떻게 해석을 하시겠습니까?

수강생2

편관 작용을 합니다.

사부님

우리는 합, 충, 형을 좋고 나쁘다고 판단하지 않습니다. 충은 역마작용으로 보통 해석을 합니다. 甲을 교육자로 본다면 충으로 인해서 한곳에 오래 머물지 못하고 옮겨 다니는 임시직 교사라고 보아도 틀린 것은 아니겠습니다.

수강생1

아!

사부님

충으로 인하여 손상을 입어서 편관 화가 된 것도 맞습니다. 그리고 가까이에서 돕는다는 뜻이 책에 자주 나옵니다. 식상이 재성을 가까이서 돕는다는 부자의 사주가 나옵니다. 庚일주에 지지에 寅과 亥가 있는 사람과 寅과 子가 있는 사람이 있다면 어느 쪽이 금전적 발전이 더 많을까요?

수강생1

寅, 亥 합이니까요.

사부님

합하는 것하고 무슨 관계입니까?

수강생1

지지의 합은 상생효과라고 알고 있습니다.

사부님

맞습니다. 그리고 亥는 寅을 돕지만 子는 寅을 돕지 못합니다. 그 이유는 삼합의 운동성이 반대일 경우는 오행으로 水생 木이 되더라도 서로 돕는다고 보지 않습니다.

수강생2

아!

사부님

그럼 寅, 亥 합이 있는 사람이 장사를 한다면 무슨 업종이 좋을까요?

수강생1

길거리에서 장사.

사부님

이유는요?

수강생1

生지 寅재성은 역마지 그리고 식상과 재성의 합.

사부님

재성이 역마라서 길거리 장사를 하는 것은 아니고 재성이 寅이면 물상으로 확장하면 버스가 되고 버스정류장이나 버스터미널 옆이라는 것이 더 잘 어울립니다. 그리고 식상이 바로 옆에서 재성을 生하면 만든 장소에서 바로 파는 업종이니 요식업이 맞습니다.

수강생1

아~ 그렇군요.

사부님

길거리 장사는 재성이 점포를 의미하므로 재성이 없이 식상만을 가지고 장사를 하는 사람들 입니다. 간지를 물상으로 확장해서 감명을 한다면 상상할 수도 없을 만큼 다양한 해석과 기발한 감명결과가 나옵니다. 辰이라는 글자를 재성으로 사용하는 사람에게 잘 맞는 업종이 수영장이라고 책에 나옵니다. 그 이유는 뭘까요?

수강생1

水의 입묘지입니다.

사부님

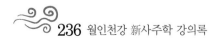

정답입니다. 이해력이 빠르시네요.

수강생1

열심히 따라가겠습니다.

사부님

격용론을 공부했던 분들이 가장 어려워하는 것이 22간지에 대한 확장입니다. 우리가 격용론을 아주 안 쓰는 것은 아닙니다. 격을 정한다는 것은 무슨 뜻이냐면 사주에서 가장 강한 글자를 알아내서 거기에 이름을 붙인 것입니다. 우리도 사주에 가장 강한 글자를 찾아봅니다. 다만 대부분의 사주가 입격이 되지 않는다는 것입니다. 신약하니까 비겁이나 인성이 용신이라고 보면 10 중 8~9는 틀린 해석이 됩니다. 간지론으로 해석을 한다면 당신은 상업 사주 또는 직장인 사주이다, 직장은 어느 분야가 잘 맞겠고 어느 시기에 이동을 하겠다, 당신은 甲이라는 정관을 가지고 있고 지지에 뿌리가 있으며 인성이 소통하니 아주 큰 대기업이나 중앙공무원으로 직업을 갖겠다. 등으로 감명합니다. 당신은 甲을 정재로 사용하고 있으며 뿌리가 지지에 있고 지지에 식상이 돕고 있으니 장사로 성공할 사주인데 학교 주변에서 문방구를 하면 좋겠다. 라고 풀이를 합니다. 질문 있으시면 하시고 없으면 다음시간에는 성격을 공부하겠습니다. 오늘도 수고하셨습니다.

수강생1

수고하셨습니다.

수강생3

감사합니다.

수강생2

감사합니다. 수고하셨습니다.

제 2 장
성격

오늘은 성격을 공부합니다. 성격이 무엇이냐 하면 어떤 사람이 어떤 일을 만나면 어떤 반응을 할 것이냐를 알아보는 것입니다. 사주를 보러 온 사람이 도사가 열심히 설명을 해 주면 말을 들을 것인지 안 들을 것인지를 알아볼 수가 있습니다. 성격을 판단할 때 먼저 양(陽)일간인지 음(陰)일간인지를 구별합니다. 여기서 양일간이라는 말은 甲, 丙, 戊, 庚, 壬을 말하고 음일간은 乙, 丁, 己, 辛, 癸를 말합니다. 양일간은 강직하여 명분을 따르고 음일간은 눈치껏 세력을 따릅니다.

도사 말을 양일간들이 잘 안 듣습니다. 그중에서도 자기주장이 강한 양간이 甲, 庚일간입니다. 부부간에 갈등이 가장 심한 경우가 甲일간과 辛일간입니다. 甲일간은 주로 대화를 통해서 문제를 해결하려고 하지만 辛일간은 무조건 자기 말만 앞세우고 대화를 하지 않습니다. 음양으로 먼저 성격을 크게 나누어 보고 다음으로는 일간으로 분석을 하면 알 수가 있습니다.

甲일간은 자존심이 강하고 굽히지 않으며 강직합니다.

乙일간은 사교성이 좋고 달변가이며 융통성이 있습니다.

丙일간은 예의바르지만 성격이 불같습니다.

丁일간은 평상시는 온화하지만 상황에 따라 불같이 변합니다.

戊일간은 대단한 실천가이며 추진력이 남다릅니다.

己일간은 타인과 잘 어울리지만 우유부단하다는 소리를 듣습니다.

庚일간은 말보다는 행동이 앞서는 경향이 있습니다.

辛일간은 자기만의 세계에 빠지고 옳다고 생각하면 변하지 않습니다.

壬일간은 자기가 손해나는 짓은 하지 않으며 모으는 것을 잘합니다.

癸일간은 결벽증에 가깝고 자기 잘난 맛에 사는 사람이 많습니다.

사주를 보러 가면 가장 많이 해 주는 말이 사주 주인공의 성격이나 스타일을 말해줍니다. 하지만 그것은 본인이 더 잘 알지 도사가 말을 해줘야 할 부분이 아니고 별로 도움도 안 됩니다. 그런데 그런 말을 해 주면 좋아하기는 합니다. 주로 아마추어 도사들이 성격을 자주 말하는데 그 이유는 별로 할 말도 없고 일간을 보아서 성격을 말해주는 것이 쉽기 때문입니다. 성격을 알아보는 방법으로 또 하나의 방법은 월지를 기준으로 격을 참고하여 판단합니다. 그것은 외적인 성격이나 환경을 알아보는 것입니다. 예를 들어서 丙일간이 子월에 태어났다면 원래 불같은 성질을 가지고 있는데 외부적인 상황이 그것을 드러낼 형편이 못되는지라 속으로 스트레스를 많이 받는 경우가 됩니다.

월지를 격으로 잡아서 외적인 성향을 알아보거나 또는 월지 자체의 육친을 보고서 성격을 판단하는데 사용합니다. 월지가 관성이면 정확하고 확실한 것을 좋아합니다. 월지가 편재라면 노는 것을 좋아하고 허풍이 심합니다. 이런 식으로 성격이나 환경을 안과 밖으로 판단합니다. 또 하나 참고할 수 있는 것은 합, 충, 형입니다. 합이 있으면 대화와 타협의 논리가 발달하여 사람들과 만나서 대화하는 것을 좋아합니다. 충이 있으면 경쟁심이 강하고 정치적인 성향이 강합니다. 형이 있으면 조정이나 균형능력을 가졌다고 판단합니다. 이렇게 하나가 아닌 여러 가지 방법을 통하여 전체적인 성격을 예측할 수가 있습니다. 성격을 잘 맞추는 도사들이 있는데 여러분도 한 번 연습을 해보세요. 어떤 사람이 말하는 것만 보고도 저 사람은 일간이 辛일 것이라고 맞추는 사람들이 있습니다. 그것도 하나의 능력이고, 성격이란 어떤 상황에 어떻게 대처할 것이라는 것을 추측을 하기 위해서 필요하고, 어떤 성격을 가졌다는 것을 알면 어떤 일에 적합하겠다는 것으로 연결이 가능할 수 있으니 분석이 필요한 것입니다. 이런 말이 있습니다. "저 양반은 저놈에 성질 때문에 안 된다." 그 말은 아무리 고치려고 해도 고쳐지지가 않는 것이 성질이고 그것 때문에 손해를 보는 경우가 많다는 것이지요. 그래서 타고난 성격대로 산다는 말이 있습니다. 성격은 곧 운명이라고 하는 사람들도 있을 정도입니다.

성격을 바꾸면 운명도 바뀌겠지만 그것이 그렇게 쉽게 바뀌지가 않습니다. 연습을 통하여 약간 변화는 되겠지만 근본적으로 바탕이 바뀌지는 않습니다. 주변에서 부단한 훈련을 통하여 십년 만에 辛일간이 庚일간 정도로 바뀐 경우를 본적은 있습니다. 우리가 성격을 공부하고 있는데 여기서 중요한 것은 각각 타고난 성격이 다른데 우리는 그것을 인정하지 않는 경향이 있습니다. 사람들 간에 다툼이 일어나는 이유는 상대를 이해하지 못해서입니다.

木일간이 대화를 시도하면 金일간이 말을 가로막고 자기 말만 합니다. 木일간은 자기 말을 들으려 하지도 않고 金일간의 입장만 되풀이하는 것을 이해하기 힘듭니다. 金일간은 木일간이 상황에 따라서 말을 바꾸는 것을 변명을 한다고 생각합니다. 그럼 두 일간들은 영원히 평행선을 타겠지요. 우리가 명리학을 공부하는 사람으로서 어떻게 생각을 해야 옳을 것인가. 木일간이나 金일간은 어차피 서로를 이해하기 힘듭니다. 왜냐면 반대적인 성향을 가지고 있으니까 당연히 서로를 이해할 수가 없겠지요. 문제의 해답은 서로를 인정하는 것입니다. 서로를 인정한다면 다툴 이유도 없습니다. 저런 스타일의 사람도 있다고 생각하면 됩니다. 서로 옳다고 주장을 하면 싸움이 되지만 서로 다름을 인정한다면 싸움이 안 됩니다. 火일간과 水일간도 서로 반대의 기운으로 이해를 하기가 힘들겠지만 다름을 인정한다면 별 문제가 없을 것입니다. 문제는 나와 다르면 틀렸다고 생각하는 것입니다. 우리가 음양의 이치에서도 배웠듯이 다름은 서로 상대성이지 반대는 아닙니다. 옳고 그름의 문제가 아니고 다름의 문제입니다. 우리 모두 서로 성격이나 성향이 다름을 이해하고 인정을 하는 사회가 된다면 지금보다 훨씬 좋은 사회가 될 것이라고 생각합니다. 질문 받는 시간을 갖겠습니다.

수강생1

근일간이 이성으로 인한 아픔을 많이 겪는다는데 왜 그런 것입니까?

사부님

나쁘게 말하면 우유부단하니까요. 이래도 응 저래도 응 그런 스타일이 많고 모질게 거절을 하지도 못하는 성격입니다. 이 말도 옳고 저 말도 옳다고 하다가 이편저편 모두에게 왕따를 당하기도 한답니다.

수강생2

월지에 따라 성격도 조금은 다를 수 있는지요?

사부님

그렇습니다. 일간이 타고난 성격이라면 월지는 외부적인 상황이나 환경이고 밖으로 드러나는 성격이라고 봅니다.

수강생2

월지와 일지가 합이 되어 火로 변한다면 성격이 어떻습니까?

사부님

우리 학파는 합의 결과물은 별로 신경 쓰지 않습니다. 합한다는 자체를 설명하고 간섭인자로 해석을 합니다. 월지는 외부환경이라고 이해를 하세요. 예를 들자면 甲일간이 子월에 태어났다. 인수 격과는 상관없이 子월에 태어난 사실이 중요합니다. 甲일간은 성격이 강직하고 추진력이 강하고 고집이 셉니다. 하지만 월지 인수는 온화하고 다정함을 뜻하고 水는 조용하고 사려가 깊은 것을 의미합니다. 겉으로 보기에는 고집이 세거나 강하게 안 보입니다. 사람들이 아주 선하고 조용하다고 평가를 하지요. 그러다 보니 눈치가 보여서 성질도 못 내고 속으로만 참게 된다는 것입니다. 스트레스가 많이 쌓이겠지요.

수강생2

네~ 그렇군요.

사부님

대체적으로 모든 사람이 이중적인 성격을 가지고 있겠지만 안과 밖이 같기도 하고 다르기도 합니다. 그 부분을 유심히 관찰을 하면 보입니다. 명리 책을 볼 때는 정독도 중요하지만 몰라도 그냥 한 번 끝까지 읽어보는 것이 중요합니다. 깊게 읽는 것보다 여러 번 읽는 것이 좋습니다. 명리 책은 적어도 20~30번씩은 읽어야 합니다. 왜 전체를 여러 번 읽어야 하냐면 처음부터 끝까지 전부를 통째로 알아야 하는 것이 명리학이기 때문입니다. 부분적으로 나누어서 공부를 하면 안 됩니다. 그렇게 되면 나중에 하나하나는 알아도 전체적으로 알지를 못해서 풀이를 못하게 됩니다. 그래서 저는 음양 따로 오행 따로 10천간 따로 12지지 따로 이렇게 가르치지 않습니다. 음양에서 오행으로 분화하고 오행에서 10천간으로 분화하며 10천간에서 12지지로 분화하였다고 연결해서 가르칩니다. 질문 드리겠습니다. 음(陰)과 양(陽)이 무엇이라고 생각하십니까?

수강생1

낮과 밤입니다.

수강생2

네~ 낮과 밤, 하루.

사부님

틀렸습니다. 그럼 오행은 무엇입니까?

수강생1

사계절입니다.

사부님

음양오행은 낮과 밤 그리고 사계절이라는 한정된 문자가 아닙니다. 양은 낮에 일어나는 모든 운동성과 기운을 말하고 음은 밤에 일어나는 모든 운동성과 기운을 뜻합니다. 오행은 사계절의 변화를 읽어야지 사계절이라는 문자가 아니라는 것입니다. 명리는 운기의 학문입니다. 여러분은 지금 음양과 오행이라는 글자에 매여 있는 것입니다. 움직임을 보지 못하면 명리공부에 진전이 없습니다. 역(易)은 변화를 관찰하는 학문입니다. 오행이라는 것은 하루라는 음양운동이 다섯 가지 변화를 거쳐서 나아감을 말합니다. 즉 4계절의 변화를 뜻하는 것이지요. 봄에 일어나는 모든 운동성과 변화가 木입니다. 이것을 정확하게 이해하지 못하면 물상이나 운동성으로 확장이 안 됩니다. 명심하시고 다시 한 번 생각을 해 보시기 바랍니다. 무엇을 놓치고 있는 것일까? 물론 처음부터 전부 알아차리기는 어렵겠지만 만약에 알아차리는 순간이 온다면 명리공부는 엄청나게 쉬워집니다. 음양오행을 똑바로 안다면 더 이상 무엇을 공부합니까? 모두가 거기에서 출발하는데요.

수강생2

너무도 쉽고 당연한 것이라 아무 생각 없이 받아들인 것 같습니다.

사부님

핵심을 바로 알고 근본으로 다가서야 합니다. 많이 알려고 하지 마세요. 정확하게 이해를 해야 하는 공부가 명리입니다. 하나를 알아도 깊고 정확하게 뿌리까지 알아야 하는 것이 명리공부입니다. 그럼 오늘도 장시간 수고하셨습니다. 다음 시간에 뵙겠습니다. 다음시간에는 직업과 전공을 공부합니다.

수강생2

감사 또 감사드립니다.

수강생1

사부님 감사합니다. 수고하셨습니다.

제 3 장
직업과 전공

　오늘은 직업에 대해서 공부를 하겠습니다. 직업에 대한 부분은 어쩌면 현대 명리학에서 가장 중요한 부분이라고 봐도 틀리지 않을 것입니다. 사람이 한평생 어떤 직업을 가지고 살아가야 하느냐를 알아보는 것은 매우 중요한 일입니다. 먼저 직업에 가장 중요한 작용을 하는 것이 월지라고 하겠습니다. 월지는 사주의 8개 글자 중에서 가장 강한 글자로 해석을 합니다. 또한 계절을 상징합니다. 우리가 보통 격국을 정하는데 월지를 위주로 합니다. 그 말은 월지가 차지하는 힘이나 의미가 그만큼 크다는 것입니다.

　보통은 오행으로 구분하여 사주를 판단하는 것이 일반적입니다. 물론 우리는 오행을 바탕으로 보기는 하지만 더 나아가 22간지로 분석을 합니다. 월지를 기준으로 무슨 격이냐가 중요한 것이 아니고 월지에 어떤 글자가 있는지를 중요하게 보아야 합니다. 그것이 오행으로 무엇이며 또한 12지지 중에서 어떤 글자인지 그 다음으로 육친으로 무엇이며 합, 충, 형이 있는지를 보면 됩니다.

먼저 월지가 오행으로 무엇인지를 살펴보는데 크게 분류해서 보기 위함입니다. 월지가 무조건 직업에 관여한다는 것은 아니고 사주 전체적인 모양을 살펴서 가장 강한 오행을 찾는 것이 좋겠습니다. 대부분 월지가 가장 강한 오행이나 글자일 경우가 많다는 것입니다. 사주팔자에 木기운이 가장 강한 사주는 직업을 선택할 때 주로 어떤 직업에 적합할까요? 단순하게 오행으로만 분석해서 본다면 목재, 종이, 산림, 가구, 식물원 등으로 분류하겠지요. 이것은 간지론을 공부하지 않은 분들의 구분이고 우리는 조금 더 세밀한 분석을 해야 합니다. 간지론의 입장에서 본다면 木이 단순히 나무라는 것에서 출발을 하는 것이 아니고 계절적으로 보아서 봄에 솟아오르는 기운이고 사람의 일생으로 보았을 때 청소년 시기에 성장 또는 공부가 해당되므로 그것들을 기준으로 확장을 해야 하겠습니다. 그렇다면 직업에 대입하여 학교, 학원, 건설, 건축, 교사 등으로 확장이 가능하겠습니다. 오행으로 火가 강한 사주가 직업을 택할 때 단순하게 불이라는 시점에서 본다면 주유소, 화장품, 조명기구, 소방소 등으로 단순하겠지요. 火를 발산하고 확장해 나가는 기운으로부터 출발을 한다면 전기, 전자, 방송, 통신, 광고, 언론, 어학, 번역 등으로 확장을 할 수가 있겠습니다.

土를 단순히 흙을 기준으로 출발을 한다면 토건, 농사, 축산, 도자기 등으로 해석을 할 수가 있겠지요. 하지만 土를 음과 양을 연결해주는 역할로 인식을 한다면 매매, 알선, 중계, 외교, 설비 등으로도 확산이 가능할 것입니다. 金을 단순히 쇠를 기준으로 출발을 한다면 금속, 철도, 조선, 자동차 등으로 분류를 하겠지요. 金을 결실과 마무리 또는 떨어뜨리는 운동으로 분류를 한다면 경찰, 군인, 정비, 총포, 고물, 금융 등으로 확장을 할 수가 있습니다.

水를 단순히 물을 기준으로 출발을 한다면 수산업, 양어장, 물장사, 주류 등으로 분류를 하겠지요. 水를 저장이나 수렴작용으로 분류를 한다면 유흥업, 유통업, 산부인과, 야간업소, 비뇨기과, 냉동, 사우나 등으로 확장을 할 수가 있습니다. 이렇게 사주에 강한 오행을 기준으로 직업을 1차로 분류한다고 보시면 됩니다. 다만 단순하게 오행을 물질로 보는데서 출발하지 말고 운동성으로 분류하여 확장을 해야 한다는 사실을 잊지 마시기 바랍니다. 사주를 분석하는데 중요한 역할을 하는 것 중에서 하나가 육친입니다. 사주에서 가장 강한 글자가 육친으로 어느 육친에 해당하느냐를 보고 직업을 분류하는 방법이 있습니다. 물론 오행과 육친을 겹쳐서 보아야 하겠지요. 사주에 가장 강한 글자인 월지가 오행으로 무엇이며 육친으로 무엇이냐에 따라서 크게 직장인 사주인가 아니면 상업 사주인가를 알 수가 있겠습니다. 육친으로 식상이나 재성이 월지에 있는 경우가 주로 상업 사주일 경우가 많습니다. 관성이나 인성 그리고 비겁이 월지에 있는 경우가 주로 직장인 사주가 되겠습니다.

한 가지 변수는 간섭인자입니다. 월지가 재성인데 바로 옆에 일지나 년지에 관성이 간섭을 하고 있다면 상업 사주보다는 직장인 사주에 가깝게 되겠지요. 간섭한다는 것은 주로 합을 하거나 충 또는 형을 하는 경우가 되겠지만 그 주변에 많이 포진해 있는 육친도 변수가 될 수 있습니다. 실제로 직업에 관여하는 몇 가지 경우가 있는데 그것은 주로 형살이 있는 사주입니다.

형(刑)이 있는 사주는 주로 의료, 법무, 세무, 금융 등에 종사하는 경우가 많다고 해석합니다. 또한 식상이 많은 사주는 연예계에 종사할 경우가 많고 인성이 많으면 교육계에 종사하는 경우가 많습니다. 특히 우리가 흔히 요식업을 쉽게 생각하여 뛰어드는 경우가 많은데 먹는장사는 아무나 하는 것이 아닙니다. 음식을 만드는 것도 제조업에 속하는 것이니까 사주에 식상이 있어야 하고 재성 또한 있어야 합니다. 그리고 중요한 것은 식상과 재성이 합을 하고 있는 모양이어야 만들어서 바로 파는 식당업을 할 수가 있습니다. 독립적으로 사업자등록을 내고 사업을 할 수 있으려면 사주팔자 지지에 비겁이 있어야 합니다. 자 그럼 간략하게 직업에 대한 설명을 드렸습니다. 질문이 있으면 하세요.

수강생1

의료, 법무, 세무는 꼭 삼형이 있어야 되는 것입니까?

사부님

삼형이 아니더라도 형살이 있으면 됩니다. 의료, 법무, 세무는 어느 정도 사주팔자가 격조가 있어야 가능한 직업입니다. 그렇지 못한 경우에 해당하면서 형살이 있는 경우에 식당을 한다면 주로 보신탕, 삼계탕처럼 약간 의학적인 것이 묻어 있는 장사를 한답니다.

수강생1

아! 책에는 삼합과 육합으로 생과 소통을 말씀하시는데요. 방합의 예문은 없는 것 같습니다.

사부님

오행에서 생(生)은 22간지에서는 합이고 오행에서 상극은 22간지에서 충이라고 보시면 됩니다. 방합은 삼합이나 육합처럼 결속력은 없습니다. 다만 오행의 강약을 구분할 때만 사용합니다. 제가 질문 드리겠습니다. 어떤 사주에 庚을 관성으로 쓰는 사람과 申을 관성으로 쓰는 사람이 있다면 누가 경찰이나 군인 직업에 더 잘 맞겠습니까?

수강생2

庚.

사부님

이유는요?

수강생2

기운입니다.

사부님

안다는 것은 이유를 정확하게 알아야 하는 것입니다. 庚 천간과 申 지지는 분명한 차이가 있습니다. 천간은 정신적인 것이고 지지는 현실적인 것이라고 했습니다. 그럼 현실적인 지지가 申인데 형상으로 보아서 무관 같지만 그렇지 않습니다. 그 이유는 무관은 단순하게 명령체계에 복종을 잘하는 사람이어야 합니다. 명령에 죽고, 살고 하려면 생각이 단순하고 결단력이 있어야겠지요. 정신무장이 중요한 것이지 실제 상황이 金이 중요한 것은 아닙니다. 그래서 庚이 무관에 더 가깝다고 판단한 것입니다.

수강생1

예!

사부님

그럼 상관과 편재가 사주에 있는데 가까이 있지만 합도 충도 없는 형태라면 어떤 장사가 잘 맞을까요? 모두 지지에 있다고 생각하고 업종이나 장사 형태를 말해보세요.

수강생2

제조업을 합니다.

사부님

그럼 더 접근하여 木이 상관이고 火가 편재입니다.

수강생2

옷을 만들어 판다.

사부님

무슨 장사를 어떤 형태로 어디서 해야 하느냐로 답해 보세요.

수강생3

미술, 음악학원.

사부님

먼저 상관이라는 것은 돈을 버는 재주나 상품입니다. 재성은 점포를 말하는 것입니다. 그것부터 정확하게 인식을 하셔야 합니다. 상관을 가지고 장사를 해야 하는데 상관은 기호식품이라고 말했지요. 술, 아이스크림, 빵, 분식 등이죠. 재성은 점포를 말하고 火는 번화가를 말합니다. 점포는 번화가에 위치하고 상관은 기호식품 그러나 합이 없으니 만들어서 바로 팔수는 없고 배달업이나 납품이 좋겠습니다. 돈을 벌게 해 주는 재료가 상관이고 木이 오행 분류표에 木은 곡류는 팥, 동물은 닭고기로 나와 있습니다. 그러면 통닭을 튀겨서 배달하는 치킨 집을 시내에서 하면 되겠습니다. 이것은 장사를 기준으로 하는 설명입니다. 물론 상관이 있어서 어린이들을 가르치는 학원사업도 되겠습니다.

수강생3

중요과목이 아닌 예, 체, 능 학원도 가능합니까?

사부님

맞습니다. 식신은 중요과목이고 상관은 선택과목이라고 보니까요.

수강생2

상관이 남이 망한 자리에 들어가서 성공한다는 것은 왜 그런지요?

사부님

상관은 정관을 극하고 상관은 법과 질서를 지키지 않는 반대기운이 많으니까 집도 경매로 사는 경우가 많답니다.

수강생2

아~네.

사부님

경매를 전문으로 하려면 상관이 필수이고 편재가 있으면 더 좋습니다. 편재는 투기성 자본이니까요.

수강생1

火가 없다면 번화가보다 약간 뒷골목이 좋습니까?

사부님

재성이 점포니까 火가 재성이니 번화가입니다. 재성의 오행에 따라서 지역이 달라집니다. 재성이 金이라면 어느 지역이 좋을까요?

수강생1

공장이 많은 곳, 공단.

사부님

공장도 맞지만 금융가나 관공서가 있는 곳도 좋겠습니다.

수강생2

아~ 네.

사부님

水가 재성이면 점포가 어디에 있어야 하는 걸까요?

수강생1

강가나 바닷가.

사부님

水의 운동성이 무엇인가요?

수강생1

저장합니다.

사부님

모으고 수렴하는 것이지요. 지하나 다리 밑이 되겠습니다. 재성인 점포가 火일 경우 높은 언덕이나 높은 빌딩 또는 시내복판이 좋고 水는 지하, 낮은 곳 또는 도로 밑 아니면 고가도로 밑 등이 맞겠습니다.

수강생2

어려워요.

사부님

책에 다 나옵니다. 차분히 생각을 해보고 충분히 이해를 해야 합니다.제가 백 번 해줘도 본인이 한 번 해보는 것보다 못합니다. 기초가 부실하면 진도가 나갈수록 답답해집니다. 모든 것이 기초 안에 다 있다고 하는 말이 정답입니다. 여러분도 얼른 감을 잡으셔야 합니다.

수강생2

그래도 이렇게 공부를 해야 잘 알아들을 수가 있어요.

수강생3

넓게 보면서 세밀하게 접근하는 유연성이 많이 부족합니다.

사부님

『월인천강 新사주학』 책에서 다른 명리 책들과 달리 가장 많은 신경을 써서 많은 분량을 할애한 부분이 바로 직업과 적성분야 그리고 건강분야입니다. 그 어느 명리 책보다도 많은 내용이 직업분야에 들어 있습니다. 그 이유는 그만큼 많은 사람들의 관심사이기 때문입니다. 직접 비교해 보시면 알게 되실 것입니다. 질병론도 마찬가지로 중요하게 다루었습니다. 일반명리 책에서는 찾아볼 수도 없는 전문성과 많은 정보를 담았습니다. 많은 활용을 바라며 질문이 없으면 이것으로 마치겠습니다. 수고들 하셨습니다.

수강생1

감사합니다. 수고하셨습니다.

수강생3

수고 많으셨습니다. 감사합니다.

수강생2

감사합니다.

제 4 장
배우자와 자녀 인연법

　오늘은 배우자와 자녀인연법을 공부하겠습니다. 남자는 재성이 배우자이면서 돈을 뜻합니다. 여자는 관성이 배우자이면서 직장을 뜻합니다. 남자는 편관이 아들이고 정관이 딸이라고 봅니다. 여자는 식신이 아들이고 상관이 딸이라고 봅니다. 배우자 인연법에서 가장 많이 활용하는 부분이 일지입니다. 일지가 배우자 자리라는 것이 근묘화실에 나옵니다. 그 다음으로는 남자는 사주팔자에 정재를 우선 배우자로 봅니다. 정재가 없다면 편재를 배우자로 봅니다.

　남자에게 좋은 배우자라는 것은 천간에 정재가 있고 지지에 재성의 뿌리가 있다면 좋은 배우자를 만날 수 있다고 봅니다. 지지에 정재가 있다면 그 다음으로 좋은 배우자라고 봅니다. 만약에 천간이나 지지에 정재가 없고 지장간에 있다면 중기보다는 여기에 있는 정재가 더 좋다고 보겠습니다. 정재가 천간이나 지지 또는 지장간에 모두 없다고 하여 배우자가 없는 것은 아닙니다. 편재가 정재역할을 하게 됩니다.

　정재나 편재 모두 없다면 배우자가 없다는 것일까요? 그렇지는 않습니다. 만약에 대운에 재성 운이 온다면 있는 것처럼 사용을 합니다. 대운을 약 30년 정도로 계산을 하니까 대운에서 오는 재성 운으로 배우자를 만나게 됩니다. 이런 모든 경우가 해당이 안 된다면 결혼을 못하는 것인가 하는 의문이 생기실겁니다. 남자 사주에 재성은 없는데 관성이 있다면 부인이 없고 자식만 있는 경우가 되는데 그것은 자녀생산을 위한 결혼이 가능하다고도 봅니다. 세운에서 재성 운이 오면 결혼을 하게 됩니다. 물론 재성이 사주팔자에 있는 경우보다 배우자와의 인연이 깊거나 길지는 못하겠습니다. 여자 사주에 정관이 천간에 있고 지지에 뿌리가 있으면 배우자 운이 가장 좋은 경우가 되겠습니다. 정관이 지지에 있다면 두 번째로 좋은 경우에 해당이 되고 정관이 없고 편관만 있다면 돈과 사랑 중에서 하나만 주는 배우자일 경우가 많습니다. 편관도 배우자에 해당이 되는데 정관보다는 능력이나 용도가 좀 모자란다고 판단합니다. 관성이 드러나 있지 않고 지장간에 있는 경우는 중기보다 여기에 있는 경우가 더 좋겠습니다. 중기에 있는 배우자는 무늬만 배우자인 경우가 많습니다.

　배우자 운을 볼 때 남자에게는 정재 그리고 여자에게는 정관이 가장 좋은 배우자인데 만약에 편재나 편관만 있다면 어떨까요? 그런 분들이 주로 하는 말들이 있습니다. 남자에 경우는 "세상 여자가 다 그렇지 뭐." 또는 "별 여자가 있겠어? 라고 말합니다. 여자에 경우 "세상에 남자가 다 그렇지 뭐." 이렇게 말을 합니다. 그것은 자기 팔자에 정관이나 정재가 없으니 딱 맞는 여자나 남자를 만나본 적이 없다는 것입니다. 자기 복에는 그런 사람을 만나기 어렵다 보니 그런 생각을 할 수밖에 없는 것입니다. 주변에서 그런 소리를 하는 사람이 있다면 확인을 해보세요. 분명히 편재나 편관밖에 없는 사주일 것입니다.

배우자를 만날 때 어떤 띠가 자기에게 가장 잘 맞는 배우자인가는 육친으로 정재나 정관에 해당하는 지지가 잘 맞습니다. 남자는 지지에 정재가 되는 배우자 띠를 만나는 것이 좋고 여자는 지지에 정관이 되는 배우자 띠를 만나면 좋겠습니다. 천간에 정재나 정관이 있는 경우는 그 천간 바로 밑에 있는 지지의 띠를 만나면 좋습니다. 그 다음으로는 일지에 있는 지지의 띠를 만나면 좋습니다. 일지가 배우자 자리이니까 그곳에 있는 띠를 만나면 자연스럽게 자리에 맞겠습니다. 그런데 배우자 운이 좋은 순서대로 만나지는 것은 아닙니다. 물론 선택사항이기는 하지만 대부분은 그렇게 만나지 못합니다. 제가 분석한 통계로 보면 보통 일지와 육합이나 삼합을 하는 띠와 결혼을 하는 경우가 많습니다. 보통 사람들은 배우자로서 가장 좋은 상대를 만나지 못하고 대충 3등급에서 4등급 정도의 사람을 만나는 경우가 일반적입니다. 그래서 나온 말이 있습니다. "내가 저 인간만 안 만났어도 이렇게 살지는 않을 것인데."라는 푸념들을 합니다.

좋은 배우자를 만나면 팔자가 바뀝니다. 잘못 만난 것도 자기 복이겠지만 상대방 때문에 이렇게 된 것도 사실입니다. 그래서 배우자 선택이 그만큼 중요하다는 것입니다. 배우자를 뜻하는 육친이 년에 있으면 결혼이 빠르고 월에 있다면 결혼적령기에 갈 확률이 높고 일지에 있어도 그렇게 늦게 가지는 않습니다. 하지만 시에 있다면 늦게 갈 확률이 높습니다. 요즘은 결혼 적령기가 남자는 보통 35세 여자는 보통 30세 정도입니다. 결혼을 옛날보다는 많이 늦게 합니다. 물론 배우자 운이 좋지 않다고 말하면 차라리 결혼을 안 하겠다는 사람들도 많은 것이 현실입니다. 혼자서 편하게 살겠다는 것이 요즘 세태입니다.

제가 책에 배우자 성씨 인연설을 넣어 놓았는데요. 요즘에 본인과 인연이 깊은 직장명이나 학교명 그리고 전공학과 인연 등을 많이 실험하고 있는데 대체적으로 잘 맞습니다. 배우자 성씨 인연설도 제가 많이 실험을 했던 것이고 요즘도 사용하고 있습니다. 배우자 성씨를 알아내는 법은 간단합니다. 성명학에서 오행을 한글발음으로 변환시켜서 작명을 하는데 사용을 하는 것을 응용하는 것입니다.

木 = ㄱ,ㅋ.

火 = ㄴ,ㄷ,ㄹ,ㅌ.

土 = ㅇ,ㅎ.

金 = ㅅ,ㅈ,ㅊ.

水 = ㅁ,ㅂ,ㅍ.

土일간인 여자가 관성이 木이라면 김씨, 권씨, 곽씨, 강씨 등과 인연이 깊다는 것입니다. 남자의 경우 土일간이라면 재성이 水가 되어서 민씨, 박씨, 표씨, 변씨, 문씨 등과 인연이 깊겠습니다.

얼마 전에 모대학교 박물관에 근무하는 사람들이 지방출장을 와서 사주를 보는데 두 명이 모두 乙(木)일간이고 관성이 金이 되므로 출신대학이 되는데 金 = ㅅ, ㅈ, ㅊ 발음이 들어가는 대학교가 되겠습니다. 그래서 두 사람은 서울대학교 출신입니다. 출신학교도 되지만 직장도 그 대학 박물관입니다. 그 다음 전공이나 학과는 인성이 해당됩니다. 乙일간의 인성은 水입니다. 그래서 水 = ㅁ, ㅂ, ㅍ이고 미술역사학과 그리고 고고미술 학예사 일을 한답니다. 이렇게 현장에서 실전에 활용을 하다 보면 상당히 정확도가 높다는 것입니다. 여러분도 이론적으로만 공부하지 마시고 실전으로 확인을 해보시기 바랍니다. 『월인천강 新사주학』 종합 편에 보시면 학교와 직장명 그리고 전공을 찾는 방법과 배우자 성씨 찾는 법이 나와 있으니 참고 바랍니다.

자녀를 구분하는 방법은 남자의 경우 편관이 아들이고 정관이 딸인데 천간에 있고 지지에 뿌리가 있다면 훌륭한 자녀를 두게 됩니다. 지지에 관성도 어느 정도 자식으로서 도리는 잘 하지만 천간에 있는 것보다는 잘 되지는 못 합니다. 관성이 드러나 있지는 않고 지장간에 감추어져 있다면 크게 세상에 이름을 떨치지는 못하는 자녀일 경우가 많습니다. 그냥 일반적인 자녀가 되겠습니다. 남자 사주에 관성이 어느 곳에도 없다면 자식이 전혀 없다는 것은 아닙니다. 대운에서 오거나 세운에서 관성 운이 오면 자녀가 생기게 됩니다. 하지만 원래 사주팔자에 있는 경우보다는 인연이 약하거나 덕이 없다는 뜻이겠습니다. 자식 운은 부부간에 모두 적용이 되므로 두 사람 모두를 함께 보는데 일단 없다는 것이 실제 생산이 안 된다는 뜻도 있지만 부모를 봉양하지 않거나 자식 덕을 보는 일이 없다고도 봅니다.

옛날에는 무조건 자녀는 부모를 모시고 부모는 자식에 의존해서 살아야했던 시절과는 달리 시대가 변하여 요즘은 별 의미가 없어졌으니 관성이 없는 남자나 식상이 없는 여자라고 해서 실망할 필요는 없습니다. 자식에게 의존할 것이 아니라면 별 상관이 없습니다. 그리고 자녀의 수는 생기는 대로 낳았던 시대가 아니고 요즘은 대부분 가족계획을 세워서 낳는 시대가 되었기에 잘 맞지가 않습니다. 이것으로 강의는 마치고 질문이 있으시면 질문 받겠습니다.

수강생1

남자 사주에 재성이 전혀 없는데 편재 대운에 결혼을 했다면 다음에 오는 정재 대운엔 편재인 아내가 뭔가 변화가 생겨 남편에게 잘하고 사랑받는 아내로 변하게 됩니까?

사부님

아닙니다. 편재 운에 만난 여자는 50점짜리 배우자이니 정재 운이 오게 되면 100점짜리 배우자가 나타나는 경우가 되겠습니다. 세운에서 그런 경우가 많은데 여자에게 편관 운이 온 다음에 정관 운이 바로 뒤이어 온다면 편관 운에 만난 남자는 그냥 지나가고 정관 운에 만나는 남자와 결혼을 하라고 상담을 해줘야 합니다. 그렇지 않으면 1년 뒤에 금방 후회할 일이 생기게 된답니다.

수강생1

예! 잘 알겠습니다.

사부님

몇 년 전에 제가 동네 아가씨를 상담한 일이 있었는데 내년에 편관 운이 오면 제복을 입은 남자를 만나게 되는데 그 사람은 연애만 하고 그 다음해에 정관 운이 오니까 더 좋은 남자가 생길 것이니 그 남자와 결혼할 것을 다짐 받은 적이 있습니다. 다음해 그 아가씨는 경찰(순경)을 만났고 제가 전에 했던 말을 상기 시키며 결혼을 반대했지만 듣지 않고 결혼을 하고 말았습니다. 그 후 1년 뒤에 아가씨가 찾아와서 늦었지만 작년에 결혼한 것을 크게 후회한다고 하더군요.

수강생2

남자 사주가 월지 정재인데 일지와 충 된다면 혼인이 안 되나요?

사부님

월지가 정재인데 일지와 충 한다고 혼인이 안 되는 것은 아닙니다. 배우자가 역마성 직업의 일을 하거나 본인이 그런 종류의 직장에 다니면 충의 해로부터 벗어나게 됩니다.

수강생3

천간에 편관이 있고 지장간 여기에 정관이 있다면 누가 배우자인가요?

사부님

지장간에 있더라도 정관이 배우자입니다. 정관이 어디에도 없어야 편관이 배우자가 됩니다. 원래 편관은 외간남자나 애인을 말합니다.

수강생3

부부가 자주 싸우는 이유는 무엇 때문일까요?

사부님

서로가 다름을 인정하지 않는 경우가 대부분입니다. 우선 음양이라는 남녀는 틀린 것이 아니고 상대성이라서 다름을 인정하면 시끄러울 이유가 없어집니다. 제가 질문 드리겠습니다. 여자 사주에 년에 식신이 있고 월지에 정관이 있는 경우는 어떤 의미를 갖는 걸까요?

수강생3

자식을 낳고 결혼을 한다.

사부님

맞습니다. 맞고요~ 자녀를 뜻하는 식신이 먼저고 남편인 정관이 뒤에 있으니 임신한 상태로 결혼을 하는 속도위반도 되겠습니다. 또 한 가지는 일지에 남편인 정관이 있고 저 멀리 년 지에 자녀인 식신이 떨어져 있는 모양이니까 식신 아들이 16세가 되면 유학을 보내거나 기숙사로 내보내는 모양입니다. 식상과 관성은 반대기운으로 부딪치는 경우가 많으니 떨어져 지내는 모양입니다. 어릴 때는 괜찮은데 16세가 넘으면 상황이 나빠집니다. 다만 딸인 경우는 관계가 없습니다. 그럼 여자 사주에 년 지에 편관이 있고 월지 정관이 있다면 어떻게 해석을 해야 할까요?

수강생1

두 번 결혼한다. 아~ 아니군요. 직장여성입니다.

사부님

년, 월은 담장 안이고 일과 시는 담 밖이라는 말은 들어 보셨지요? 일지도 어떻게 보면 담장 안으로 볼 수가 있지만 시는 담장 밖임이 틀림이 없습니다. 년, 월에 편관과 정관이 있다면 그 둘을 모두 겪고 지나가는 경우가 많겠습니다. 먼저 년 지에 편관이니 동갑내기 남자와 만나서 연애를 할 것이고 결혼까지 안하고 끝나는 경우도 있을 것이고 할 수도 있겠습니다.

수강생3

연애하다 다른 남자와 결혼하는가 봐요?

사부님

그런 다음 정관이 나타나겠지요. 만약에 편관과 결혼한 경우라면 이혼하면 팔자를 좋게 바꿀 것이고 다행히 결혼하지 않고 있었다면 좋은 남자를 만나 결혼을 하게 됩니다. 여러 가지 상황을 넓게 잡아서 감명을 해야지 단도직입적으로 "결혼하고 재혼할 거다."라고 하면 안 됩니다.

수강생2

그런 경우라면 직장생활을 하다 만나는 남자와 혼인하라 하는 해석이 가능한가요?

사부님

찍어서 맞추려고 하지 말고 천천히 상황을 설명해 주면 됩니다. 월지가 직업구성에 관여를 하니까 그런 해석도 가능합니다. 년이나 월 또는 일에 편관이 있고 시에 정관이 있는 경우에 어떤 감명을 할 수가 있을까요?

수강생3

연애만 하다 늙어서 결혼을 한다. 직장생활을 하다 늦게 결혼한다.

수강생1

대문 밖에 남자를 그리워한다.

사부님

정, 편관 혼잡인데 관성의 자리가 참 불편하지요? 담장 안에 남자는 편관이라 반만 만족스럽고 담 밖에 남자는 정관이라서 마음에 듭니다. 이런 경우 대부분 결혼을 늦게 하라고 합니다. 연애만 하고 아주 늦게 시집을 가라고 합니다.

수강생1

아!

사부님

원래 어려서 연애 많이 하고 다닌 여자들이 시집은 더 잘 갑니다.

수강생3

그럼요.

수강생2

위치에 따른 해석이 되는군요.

사부님

또 한 가지 방법은 담 밖에 정관은 자기 직업으로 택하면 남자문제가 사라집니다. 다시 말해서 평생직장을 가지면 남자문제는 없습니다. 여자에게 관성은 남자이면서 직업입니다. 우리는 상담을 하면서 분명히 해결책도 제시를 해야 합니다. 당신은 팔자가 그러니 어쩔 수가 없고 여러 번 시집을 가야 된다고 설명을 하면 안 됩니다.

수강생2

관성의 오행으로 직업의 종류도 풀이하면 되나요?

사부님

관성의 오행발음으로 직장명은 알 수는 있지만 관성의 오행으로 직업의 종류를 분석하는 것은 너무 단순합니다. 우리는 22간지와 간섭인자로 분류를 해서 직업을 분석합니다.

수강생2

정, 편관 혼잡인 기혼자의 직업을 물어올 때 어찌 해석하나요?

사부님

어차피 관성의 오행은 같지 않습니까? 결혼을 일찍 했는지 늦게 했는지를 알아보고 관성의 글자로 풀이를 하면 되겠습니다.

수강생2

그렇다면 월지와 간섭인자를 파악해서 설명하면 되는군요.

사부님

본인의 직업은 시지의 관성을 직업으로 선택함이 좋겠지요. 문제를 해결하기 위한 평생 직업이니까요.

수강생1

아!

사부님

년, 월, 일에 정관이 있고 시에 편관이 있는 경우는 바람은 피워도 가정을 저버리지는 않습니다. 하지만 시에 정관이 있는 경우는 팔자를 바꾸는 경우가 많겠습니다.

수강생3

오~ 놀라운 일이네요.

사부님

그래서 예방법까지 소상히 일러줘야 합니다. 년, 월, 일, 시에 있는 관성이나 재성들을 시기별로 구분하여 이성을 만나는 순서로 보면 됩니다. 그럼 질문이 없으면 이것으로 마치겠습니다. 수고하셨습니다.

수강생2

네~ 수고하셨습니다.

수강생3

감사합니다.

수강생1

사부님 감사합니다.

제 5 장
대운과 세운 해석

　오늘은 대운과 세운을 공부하겠습니다. 기3 운7이라는 말이 있습니다. 사주팔자가 30%, 운이 70% 정도 영향력을 갖는다는 뜻입니다. 그 정도로 운세가 매우 중요합니다. 아무리 좋은 사주를 갖고 태어나도 운을 잘못 만나면 강태공처럼 60년간 때를 기다려야 합니다. 물론 기본적인 사주구조는 갖추어야겠지만 사주와 운이 정반대로 흘러가면 마치 고급 승용차가 자갈길을 지나가는 것이나 마찬가지랍니다. 이렇듯 대운과 세운은 우리 생활에 지대한 영향을 미칩니다.

　대운과 세운을 해석하는 방법을 정확하게 아는 것이야말로 정말 중요한 일입니다. 하지만 여러 고전에서 각각 다른 주장들을 하다 보니 학인들이 공부하기에 매우 어려움을 겪는 것 같습니다. 저도 물론 여러 고전들을 섭렵하다보니 헷갈리는 부분들이 많았습니다. 그래서 정확하게 정리를 하지 않으면 안 되는 부분입니다. 사실 사주팔자 구성을 잘 보는 것도 중요하지만 대운과 세운을 해석하는 방법이 더 중요할 수도 있습니다. 사주팔자가 어설프면 차라리 대운을 따라서 살아가는 것이 세월에 순응하며 자연스럽게 사는 것이 된답니다.

고전에 보면 대운을 해석할 때 천간 5년, 지지 5년으로 나누어 보아야 한다는 주장도 있고 또 어떤 책에는 천간 3년, 지지 7년으로 보아야 한다는 주장도 있습니다. 개두라는 것은 대운의 천간을 중요하게 보아야 한다는 주장입니다. 절각이라는 것은 천간의 기운이 좋아도 지지가 반대 기운이면 좋지 못하다는 뜻이 됩니다. 전극이라는 것은 대운과 세운 천간이 상극됨을 말하고 대운과 세운이 충이 되는 상황을 흉하게 보기도 합니다. 이렇게 각자 다른 견해들을 주장하다 보니 저도 헷갈리는 부분이 많았습니다. 오늘은 그런 문제에 대하여 정리를 좀 하고 가겠습니다. 대운이라는 것은 월지에서 이어져 나가는 것으로 계절의 연장이라고 봅니다. 그래서 대운은 지지를 우선으로 해석을 하는 것이 옳다고 봅니다. 자평진전에서는 지지를 기준으로 천간을 참고하는 방법을 택합니다. 저도 자평진전의 내용이 옳다고 판단합니다.

지지를 기준으로 계절을 보고 천간은 오직 사주팔자의 천간과 합, 충, 형을 따져 봅니다. 개두나 절각은 전혀 신경 쓰지 않습니다. 천간과 지지는 별개의 것으로 해석을 해야 한다고 여러 차례 말을 한 바가 있습니다. 천간과 지지의 관계에서 밝혔듯이 천간과 지지는 서로 아무런 작용도 하지 못합니다. 천간과 지지가 상극하거나 상충하는 것도 인정하지 않습니다. 12운성으로 관계를 파악할 뿐입니다. 대운 천간 5년이나 지지 5년도 있을 수가 없는

발상입니다. 무조건 대운이나 세운 모두 지지를 기준으로 파악을 하고 천간은 사주에 있는 천간과 합, 충, 형 관계만 참고하시기 바랍니다.

　지지 중에서 辰, 戌, 丑, 未는 개고작용이라고 하여 辰 안에 들어 있는 지장간을 사용하기 위해서는 열쇠인 戌이 충을 해 주어야 사용이 가능하다는 주장은 실전에서 맞지 않습니다. 丑 또한 未가 와서 충을 해야만 지장간에 있는 글자들을 사용한다는 주장이 있는데 제가 실전에서 경험한 바에 의하면 전혀 맞지가 않습니다. 그래서 저는 개고작용을 채택하지 않습니다. 지지에 있는 지장간끼리 암합이나 암충도 사용하지 않습니다. 그런 해석이 나오는 이유는 미리 답을 정해 놓거나 어떤 결과를 두고서 해석을 하다 보니 어떻게 해서든 그런 부분까지 억지로 맞춰 내야 하는 상황에서 나온 궁여지책이라고 봅니다. 또한 신살론도 마찬가지입니다. 어떤 결론적인 일이 이미 만들어진 상태에서 답을 맞춰가야 하는 상황에서 이것저것 갖다 붙이다 보니까 빚어진 결과라고 봅니다. 요즘은 신살론을 사용하는 학인들이 거의 없으니 다행입니다.

　사주팔자나 대운, 세운으로 모든 상황을 설명하다 보면 전혀 어떤 작용력이 보이지 않을 때가 있습니다. 예를 들어서 누가 교통사고가 났는데 그것이 왜 발생하였는가를 설명해야 하는데 대운이나 세운에서 충이나 형도 없고 아무런 단서를 발견하지 못하면 신살 또는 암합, 암충 같은 여러 가지를 찾기 마련입니다. 그러다 보니 무조건 끼워 맞춰서 답을 제시해야 한다는 부담에서 나오는 억지주장이 많습니다.

　사주팔자라는 것이 사람이 살아가는 데 있어서 모든 사건사고를 증명해 보여줄 수는 없습니다. 또한 본인의 사주팔자나 운세와는 상관없이 배우자나 자녀들과의 관계에서도 사건이 발생할 수도 있는 것입니다. 예를 들자면 아버지 본인 사주에는 별 이상 징후가 없는데 자녀의 사주나 운에서 아버지가 입묘되거나 충을 당하는 운이 온다면 그런 문제로 말미암아 아버지에게 문제가 발생하는 수도 있습니다. 이러한 가족이라는 테두리 안에서 벌어지는 문제도 있는데 우리는 무조건 모든 문제를 사주팔자 또는 운에서 사건의 답을 찾으려 하다 보니 억지주장이 생기는 것입니다.

어떻게 사주팔자 8글자와 대운, 세운으로 인생의 모든 사건사고를 다 알아 맞힐 수가 있겠습니까. 사주 명리학은 100% 정확한 학문이고 모든 것을 증명해 보일 수 있는 학문이라고 주장하는 사람들도 있습니다. 저도 처음에는 그렇게 생각을 했고 거기에 도달하기 위해서 엄청난 노력을 했습니다. 하지만 생각해 보세요. 이 세상에 완벽한 것이 무엇이 있습니까? 법이 완벽합니까? 도덕이 완벽합니까? 의학이 완벽합니까? 세상에 모든 질병 중에서 의학적으로 병명을 알 수 있는 병이 전체 질병에 40%밖에 안 된다는 사실을 아십니까? 의학적으로 모르는 병이 60%랍니다. 또한 이름을 아는 질병 가운데 의학적으로 치료가 가능한 질병은 거기에서 다시 40%랍니다. 그런 의학을 우리는 대단한 학문으로 의지하고 절대적인 신임을 가지고 삽니다.

하물며 명리학은 어떻겠습니까? 명리학은 의학에 비교하면 대단한 학문입니다. 전에 어느 학인이 저에게 이런 말을 했습니다. 본인은 학문이라고 하는 것은 100% 정확해야 한다고 본답니다. 또 어느 학인은 이런 말도 하더군요. 본인이 모셨던 스승님이 3분 계시는데 그분들은 모두 사주 명리학은 100% 정확한 학문이라고 했답니다. 저는 이렇게 말했습니다. 이 세상에 완벽한 것은 아무것도 없다. 명리학 또한 완벽하지 않다. 하지만 명리학보다 더 훌륭한 미래예측 학문은 없다. 그대의 스승이 거짓말쟁이거나 내가 거짓말쟁이거나 둘 중에 하나다. 명리학의 정확도가 100%라는 스승에게서 배우는 것이 더 나을 것 같으니 그쪽으로 가서 배우라고 했습니다.

모든 사람들이 명리학을 처음 접할 때부터 도사가 되겠다는 의욕에 불타서 열심히 공부하면 100% 정확하게 운명을 모두 볼 수가 있을 것이라는 기대로 시작을 합니다. 출발점부터 우리는 함정에 빠지게 되는 것입니다. 세상 어디에도 없는 완벽함을 추구하기 때문에 이룰 수 없는 희망을 품게 됩니다. 그것이 문제가 되어 스스로를 영원히 빠져 나올 수 없는 수렁에 빠지게 만듭니다. 완벽하지 않은 것을 완벽하다고 보는 실수로 인해서 아무리 노력해도 영원히 이룰 수가 없는 꿈을 간직하고 거기에 이르지 못했다는 자괴감에 빠져서 명리공부를 포기하거나 크게 자신에게 실망을 하게 됩니다. 첫 단추가 잘못 끼워진 것이지요. 여러분은 그런 어리석은 착각은 하지 마시기 바랍니다. 조금만 생각해 보면 다 알게 되는 문제입니다.

명리학 이론은 100% 정확하다는 허풍이나 감언이설에도 절대로 속지 마세요. 세상에서 명리이론으로 100% 모든 일들을 알아낼 수 있다는 장담을 하다가 공개적인 몇 가지 질문에 답을 하지 못하여 망신만 당하고 소리 없이 사라져간 고수들이 많습니다. 어떤 분들은 제가 이런 말을 하니까 본인 학문이 완벽하지 못하니까 저런 소리를 하는 것이라고 말을 할지도 모릅니다. 그래도 상관은 없습니다. 저는 그런데 신경 쓰지 않습니다. 하지만 안타까워서 드리는 말씀입니다. 스스로를 함정에 빠지게 하지 마시라는 뜻으로 드리는 말씀입니다.

우리가 대운을 해석할 때 가장 중요하게 생각해야 하는 부분이 있습니다. 먼저 재성 운이 대운에 왔다면 어떤 해석을 해야 할까요? 돈 운이 왔으니 좋다고 해석해야 할까요? 물론 맞습니다만 그것보다는 사람들은 항상 좋은 면보다 나쁜 면 때문에 상담을 하러 옵니다. 좋지 않은 문제로 상담을 하러 온다면 대운에 재성 운이 오면 사주에 어떤 육친이 문제가 생길까요? 당연히 인성이 극을 당하겠지요. 대운의 반대편에 문제를 먼저 보아야 한다는 것입니다. 식상 운이 대운에서 왔으니 장사하는 사람은 좋겠다. 이것보다는 식상 대운으로 인해서 관성이 문제가 생긴다고 생각해야 합니다. 이렇게 항상 대운의 반대편을 먼저 봐야 하고 세운도 마찬가지 입니다.

대운은 주거지나 큰 흐름을 보는 것입니다. 계절이라고 생각을 하세요. 세운은 큰 의미가 아니고 작게는 호주머니 사정 정도로 보면 됩니다. 대운과 세운의 구분을 명확하게 하지 못하는 분들이 많습니다. 무조건 대운이 협조적이어야 좋습니다. 대운이 좋으면 아무리 세운이 안 좋아도 망하지 않습니다. 대운만 좋으면 유지가 됩니다. 그러니 대세는 대운이 되겠습니다. 만약에 대운이 좋은데 세운이 나쁘다면 외부에서 보기에는 전혀 변동사항이 없는 것처럼 보이지만 실제 상황은 어려운 상태를 말합니다. 하지만 크게 잘못되지는 않고 넘어갈 수가 있습니다.

대운이나 세운 모두 지지는 현실이니까 당연히 지지를 우선으로 해석을 합니다. 천간은 아무 소용이 없다는 것은 아닙니다. 사주팔자 천간과 대운의 천간이 합, 충, 형을 따져 보아야겠지요. 여기까지 대운과 세운의 설명을 마치겠습니다. 질문 있으면 질문 받겠습니다.

수강생1

사주에 있는 글자가 대운을 충을 하면 그 피해가 더 크나요?

사부님

무엇이 무엇을 충 한다는 것은 별로 의미가 없습니다. 사주에 있는 글자가 대운을 충 한다는 것은 사람이 하늘에 손가락질을 하는 것으로 하늘로부터 큰 벌을 받는다는 의미로 해석하는 책을 본 적이 있습니다. 하지만 사실은 다릅니다. 천간 충은 나쁘지 않고 지지 충은 역마작용으로 봅니다. 사주팔자에 좋지 못한 역할을 하는 지지는 충 하면 더 좋은 경우도 있습니다.

수강생1

월지나 일지를 沖 하면 어떤 작용이 있을까요?

사부님

월지를 沖 하면 대체적으로 이사를 하는 경우가 많고 일지를 沖 하면 배우자와의 관계가 시끄러워집니다. 월지는 본인의 직장을 의미하고 부모형제 그리고 고향을 의미하는 자리입니다. 일지는 배우자와 가정을 의미하는 자리입니다. 먼저 자리로서 분석을 하고 다음으로 어느 육친인가를 참고하면 됩니다.

수강생1

네~ 감사합니다.

사부님

충이라고 무조건 나쁘다는 인식은 버려야 합니다. 만약에 식상 운이 와서 관성을 억제하거나 충을 하면 직장에 문제가 생겨서 직장을 옮기거나 실직을 하게 되는 경우가 생기고 본인이 생각해 오던 새로운 사업을 시작하기도 합니다.

수강생1

사실은 직장, 자녀, 이사 문제가 모두 생겼어요.

사부님

특히 중요한 글자는 월지입니다. 그중에서도 정격사주는 충을 당하면 문제가 심각합니다. 예를 들자면 월지에 정관으로 정격에 해당한다면 급수가 높은 명조인데 그것을 沖 하여 건드리면 큰일 납니다.

수강생1

큰일이 일어났었지요.

사부님

그리고 월지 양인으로 양인격인데 충을 하면 장수의 칼이 부러진 것으로 잘못하면 사망에 이르기도 합니다.

수강생2

아! 그렇군요.

사부님

가장 힘 있고 멋진 글자를 沖 하거나 극하면 상당히 어려워집니다. 그럴 때는 대운을 따라 가야 합니다. 시절인연을 따라 가는 것이 사는 길이지요. 무슨 대운이냐에 따라 그 육친을 따라서 살아가면 됩니다. 식상이 관성을 沖 했다면 식상을 따라 가야 합니다. 식상을 사용해서 살아야 합니다. 식상 운에는 프리랜서나 교육적인 일을 하거나 또는 자기 사업을 하면 됩니다. 이미 30년이 식상 운으로 왔다면 직장생활을 하기에는 무리가 생깁니다. 가장 안타까운 사주가 관성을 강하게 갖고 태어난 사주가 중년에 그것을 사용하지 못하는 식상 운을 만나게 되는 것이지요. 그래서 사주보다 운이 중요하다는 것입니다.

수강생1

비겁 운이 오면 어떤가요?

사부님

비겁 운은 관성과 상관이 없지요. 재성을 극하는 것이 비겁 운입니다. 비겁 운에는 배우자나 금전 운이 불길해집니다.

수강생1

그럼 비겁 운이 오면 무엇을 해야 하는가요?

사부님

비겁 운에는 재성을 극하니까 직장에 다니는 것이 좋습니다. 비겁 운에는 장사가 잘 안 됩니다. 여자문제도 조심해야 합니다. 인성 운이 오면 식상을 극하니까 제조, 생산이 어렵게 됩니다.

수강생1

네~

사부님

그런데 장사하는 사람은 식상 운이 좋겠지요. 재성을 도우니까요. 무슨 일을 하느냐에 따라서 길흉이 다릅니다.

수강생1

기술로 자기 사업을 하는 사람이 비겁 운이 왔다면요?

사부님

비겁 운은 재성을 극하니까 판매를 하는 일이나 점포를 운영하는 것이 불리하겠습니다. 그래서 제조나 생산만 해서 납품을 하거나 자기 기술력으로 먹고사는 출장이나 서비스업, 교육적인 사업을 하면 됩니다.

수강생2

아!

사부님

비겁 운에 돈을 못 버는 것은 아닙니다. 하지만 많은 손실을 입지요. 주변

사람들로 인해서도 그렇고 돈이 많이 들어오고 많이 나갑니다.

수강생1

자기 기술을 사용해서 에어컨 방문수리를 하는 것은 어떻습니까?

사부님

자기 기술로 출장수리 같은 것은 괜찮습니다.

수강생1

네~ 감사합니다.

사부님

유통이 아니니까요. 비겁 운에는 재성을 사용하지 못하지만 식상이 뜻하는 재능이나 제조, 생산이나 기술을 사용하는 것은 됩니다.

수강생2

예!

사부님

이렇게 정확하게 구분 지어 상담을 해야만 요즘 세상에는 살아남을 수가 있습니다. 대충 보아서 용신 운이 아니니까 나쁘다, 용신 운이니까 무조건 좋다, 이러면 맞지도 않고 전체적으로 명리학에 대한 사회적 신뢰도가 떨어집니다.

수강생1

그렇지요.

사부님

세밀한 분석과 상담만이 명리학이 살아남을 수 있고 신뢰를 얻을 수 있는 방법입니다. 그러려면 격용론으로 통변을 하면 안 되고 간지론을 통한 통변을 해야만 합니다. 오행으로 대충 넘겨짚어 통변을 하면 안 통합니다. 지금 명리학이 사람들에게 믿음을 주지 못하는 이유가 있습니다. 고전대로 공부하면 현실에 맞지가 않습니다. 구시대적 논리를 요즘 같은 현대사회에 적용이 되겠습니까. 수천 년 전에 통하던 이론을 요즘 세상에 적용이 안 됩니다. 이런 식으러 나가다가는 명리학이 이 세상에 적응하지 못하고 소멸되고 말 것입니다. 대자연에서 모든 생물들은 적응하는 종들만이 살아남았습니다. 학문도 마찬가지입니다. 현실에 맞게 명리학도 발전하지 못하면 사라지는 것입니다.

수강생1

네. 맞습니다.

사부님

그래서 우리는 22간지를 통한 현실에 맞는 감명법을 공부하는 것입니다. 그리고 이것을 널리 알려서 이 세상 모든 사람들이 사용할 수 있게 만들어야 명리학이 살아남을 수가 있습니다. 격용론을 공부해 보신 분들이라면 간지론 감명법과 비교를 해 보세요. 무엇이 얼마나 다르고 어떤 감명법이 현대사회에 잘 맞는지 비교하면 바로 알 수가 있지 않습니까. 격용론은 간지론에 비교상대 자체가 되지 못합니다. 여러분들도 간지론 알리는데 동참해 주세요. 수고하셨습니다. 다음 주에 뵙겠습니다.

수강생1

감사합니다.

수강생2

사부님 수고하셨습니다.

제 6 장
래정법과 운명 개선법

오늘은 상담자의 방문목적을 아는 법 즉 래정법과 운명 개선법을 공부하겠습니다. 먼저 래정법을 알아보겠는데 무엇 때문에 온 것인가를 귀신같이 맞추는 방법이라고 해서 예로부터 명리고수들이 많은 관심을 가졌던 분야입니다. 귀신같다는 소리를 듣기 위해서 먼저 무엇 때문에 왔는가를 맞추는 것은 아주 중요한 일이었습니다. 이 분야에 특별하게 몰두하고 연구하는 학파도 있습니다.

물론 귀신처럼 방문자 무릎이 방바닥에 닿기도 전에 무엇 때문에 왔는지를 무릎팍 도사처럼 맞추면 얼마나 좋겠습니까. 이 분야를 명리학에서 가장 중요한 분야라고 주장하는 사람들도 있습니다. 저도 한때는 이 부분에 공을 많이 들였던 적도 있습니다. 육효 점으로도 보고 일진으로도 보고 여러 가지 방법은 있습니다. 요즘은 무엇 때문에 왔냐고 그냥 물어봅니다. 왜냐면 무엇 때문에 왔나 맞추는 노력을 할 필요성과 중요성을 느끼지 못하기 때문입니다.

　우리는 무엇 때문에 왔는가를 알아맞히는데 심혈을 기울일 것이 아니라 문제를 해결해주는데 노력을 해야 하고 해결방법을 알려주는 것이 상담의 목적입니다. 무엇 때문에 왔는가에 집중을 하다 보면 나중에 정작 중요한 해결책은 놓치게 됩니다. 래정법은 여러 가지 방법으로 유추해 볼 수가 있는데 가장 손쉽게 알아볼 수 있는 방법은 대운의 반대편 육친을 보는 것입니다. 무슨 말이냐 하면 크게 대운 30년 동안 어느 육친이 극을 당하여 문제가 발생하겠는가를 보면 됩니다. 한 가지 예를 들자면 木대운 20년째인 사람에게 위장질환으로 고생을 할 것이라는 감명을 한 적이 있은데 그렇다고 대답을 하였습니다. 木극 土하니 土는 위장을 뜻하므로 木대운이 오랫동안 지속되다 보니 土가 극을 당할 것이라는 점에서 그렇게 감명을 한 것입니다. 이렇게 대운의 반대편 육친이 문제가 되는 경우가 많으니 항상 대운의 반대편을 보고 문제점에 접근을 하면 됩니다.

　무슨 문제로 방문을 했는가를 맞춘다는 것은 매우 힘들고 어렵습니다. 하지만 명리실력 향상을 위해서 연습 삼아서 연구를 해 보는 것은 좋습니다. 저도 래정법 말고도 배우자 성씨를 맞추는 것과 직업을 맞추는 일에 많은 실전연구를 한 적이 있었습니다. 신기해하는 사람들도 있지만 그렇게 신통하다는 느낌은 주지 못하는 것 같았습니다. 래정법을 배워서 귀신처럼 되라는 것은 아니고 이런 방법들을 통해서 찾아온 목적을 알 수 있는 방법이 있다는 것으로 정리하시면 됩니다.

운명을 개선하는 방법을 공부하겠습니다. 쉽게 말하자면 내가 죽을 운이 왔는데 어떻게 살 수 있는 방법이 없겠느냐는 것입니다. 일반적으로 방편이라는 것이 있고 무속에서는 주로 굿을 하거나 조상천도를 하기도 합니다. 여러분께 권해드리고 싶은 방법은 방편입니다. 그러나 죽을 사람을 안 죽게 만들어 주는 것은 아닙니다. 이 세상에 그럴 수 있는 사람은 존재하지 않습니다. 그것은 신이나 할 수 있는 일이겠지요. 무속인들 중에서 굿을 하면 죽을 사람도 살 수 있고 또는 굿을 하면 부자가 될 수 있다는 말로 사람들을 속여서 자신의 이익을 추구하는 아주 못된 사람들이 간혹 있습니다. 만약에 정말 안 좋은 운이 와서 죽을 수도 있는 경우라면 그냥 조용히 죽을 날을 기다리는 것보다는 지푸라기라도 잡는 심정으로 하늘에 빌어보는 것도 나쁘지는 않다는 뜻으로 알려드립니다. 저는 죽을 운이 온 사람들에게는 항상 거북이나 물고기 또는 애완용 개 등을 키우라고 권합니다. 거북이나 물고기는 어항에 키울 수 있으니 개를 기르는 것보다는 수월할 겁니다. 원래 거북이는 장수의 상징이기도 합니다. 거북이나 개를 기르라는 뜻은 주인을 대신해서 거북이나 개가 잘못되면 그것으로 액을 면할 수도 있기 때문입니다.

옛날에는 집에서 기르던 소가 주인을 대신해서 갑자기 죽는 경우가 많았습니다. 이것을 하나에 방편으로 사용한다면 그렇게 욕먹을 짓은 아니라고 봅니다. 참고하세요. 물론 이러한 방편을 이용해서 나쁜 운을 넘긴 사례도 여러 차례 있습니다. 일이 잘 풀리지 않는다고 하는 사람들에게는 이사를 가라고 권합니다. 요즘은 이사를 가는 것이 그렇게 어려운 일은 아닙니다. 꼭 집을 사서 가는 것이 아니라 월세로 가도 되니까요. 심각하게 일이 안 풀리면 원룸으로라도 이사를 가면 분위기가 바뀌는 경우도 있습니다. 여유가 좀 있다면 해외에 나가서 몇 달이나 몇 년을 지내고 오는 방법도 있습니다.

무조건 안 좋은 운이 오면 앉아서 당해야 하는 것은 아닙니다.

운명을 개선하는 방법으로 예로부터 전해오는 방법들이 몇 가지 있습니다. 음택풍수는 묘지를 말하는 것으로 풍수지리라고도 합니다. 좋은 곳에 조상님의 묘를 써야 대통령도 되고 출세한다는 명당을 말하는 것 입니다. 요즘은 장례문화가 바뀌어서 급속도로 쇠퇴하고 있는 분야가 풍수지리입니다. 조선시대까지만 해도 운명을 바꾸는 가장 중요한 부분을 차지했던 것이 풍수지리였는데 요즘은 먼 옛날이야기가 되었습니다. 두 번째 양택풍수로 집터입니다. 좋은 명당 터에 집을 짓고 살면 운이 좋아진다는 좋은 집터입니다. 이것도 요즘은 주거문화가 대부분 아파트나 빌딩이다 보니 예전보다는 많이 신경을 쓰지 않는 것 같습니다. 만약에 집터로 좋아진다면 재벌 총수들은 영원히 잘 살아야 하는데 그렇지도 못한 것 같습니다. 집터가 모든 것을 해결해 주지는 못한다고 보면 되겠습니다.

세 번째 이름입니다. 요즘에 개명열풍이 불고 있습니다. 이름으로 부귀가 결정된다면 사람들은 모두 이름을 이병철로 개명을 할 것입니다. 작명이나 개명이 사주에 미치는 영향은 명리학 입장에서는 약 5%~7% 정도로 보고 있습니다. 그래도 후천적으로 사주팔자에 영향을 주는 것이니 5%~7%도 대단한 것입니다. 개명을 통하여 부족한 오행을 채워주는 것으로 단명사주를 타고난 사람들이 사용할 수 있는 좋은 방법 중에 하나라고 봅니다.

넷째로 부적입니다. 하늘의 언어라 하여 부적을 지니면 액을 면하고 복을 부른다고 수천가지 부적을 사용합니다. 물론 영험함을 경험한 사람들도 종종 있습니다. 하지만 그것은 부적을 지닌 사람이 부적을 믿는 마음이 커서 스스로가 부른 결과가 아닐까 생각합니다. 많은 돈을 지불하고 부적을 사서 지니고 다니면서 비싼 부적을 사서 지니고 다니니까 사고도 안 나고 일이 잘 될 것이라는 믿음이 커서 그것이 현실로 나타날 수도 있다는 것입니다. 믿는 마음이 일이 잘 되게 만드는 것이지 부적에 힘이라고 보기는 어렵습니다. 굿도 마찬가지입니다. 간혹 굿을 해서 잘 되었다는 이야기도 있는데 그것은 믿음에 차이라고 봅니다. 내가 이렇게 큰돈을 들여서 정성껏 조상님들을 위해서 일을 했으니까 잘 될 것이라는 믿음 말입니다. 눈에 보이는 세상만 존재하는 것이 아니고 보이지 않는 세상도 존재를 하기 때문에 단정 지어서 어떤 것이 맞고, 안 맞고를 판단하기는 어렵습니다. 다만 자기 자신의 믿음에 문제가 아닐까 생각합니다. 다섯째로 방위를 통한 운명개선법도 있습니다. 나에게 도움이 되는 쪽의 방위를 찾아서 병이 생기면 그쪽 방위의 병원을 간다든지 아니면 나에게 좋은 방위로 이사를 간다든지 말입니다. 모두 나름대로 운명을 개선하는데 약간의 작용력은 있겠지만 저는 그 작용력이 크다고 생각하지는 않습니다. 처음에 말한 방편 정도는 몰라도 큰돈을 들여서 어떤 일을 한다면 저는 반대입니다. 큰일을 당할 것을 방편을 써서 작게 넘어가는 정도는 가능하지만 모든 불행을 막을 수 있다는 생각은 어불성설이라고 봅니다.

가끔 이런 질문을 받을 때가 있습니다. 자기가 혹시 배우자를 잘못 만나서 이렇게 잘못된 것이 아니냐는 것이지요. 그럴 때마다 저는 "네~ 맞습니다." 이렇게 말합니다. 부부가 서로 잘 맞지 않는 배우자를 만나라는 사주이고 둘 다가 문제지 혼자만의 문제가 아닙니다. 내가 손해 본 것 같지만 따지고 보면 피차일반인 경우가 많습니다. 어쩌다가 특이하게 배우자를 잘 만나서 덕을 보는 사람들이 간혹 있습니다만. 그건 전생에 큰 덕을 쌓았던 것이겠지요. 여기까지 강의를 마무리하고 질문을 받겠습니다.

수강생1

타국으로 이민을 가면 확실하게 팔자를 바꿀 수 있다는 말도 있던데요. 어떻게 생각하십니까?

사부님

원래 물을 건너가면 귀신이 따라오지 못한다는 이야기가 있습니다. 그래서 운이 나쁘면 저승사자가 쫓아오지 못하게 해외로 나갔다가 운이 좋아지면 돌아오는 방법을 사용하기도 합니다. 그렇다고 이민을 간다고 팔자가 바뀌는 것은 아닙니다. 안 좋은 시기를 넘겨보는 방법 정도로 사용하는 것이 좋다고 생각합니다.

수강생2

신 내림을 받을 사주가 있는지요?

사부님

신 내림을 받을 사주는 사주학으로 극 신약사주가 해당됩니다. 사주에 비겁이나 인성이 하나도 없어서 하나의 영혼이 자신의 몸을 지키기 어려운 상황을 말합니다. 그래서 귀신들의 침범을 자주 받게 된답니다. 그것을 방지하기 위해서 극 신약사주들은 주로 어릴 적에 절에다 팔아야 한다는 소리들을 많이 합니다.

수강생2

꼭 신 내림을 받아야 하는지요?

사부님

방편이 있는데 그것이 절에 파는 것입니다.

수강생1

아! 그렇군요.

사부님

출가를 한 것처럼 가짜로 귀신을 속이는 것입니다. 주로 방편이라는 것이 거짓으로 귀신을 속이는 행위를 말합니다. 그럼 또 귀신이 모른 척하고 속아도 줍니다.

수강생2

스님이 되는 것이 아니고요?

사부님

무속인 팔자는 스님이 못 됩니다. 무속인은 영매라고 하여 하나의 몸에 여러 영혼이 들어갈 수 있고 자유자재로 자기의 몸을 통하여 영혼들을 연결해주는 역할을 하는 것입니다. 영매라는 말은 영혼의 매개체를 뜻합니다. 절에 판다는 의미는 출가를 한 것처럼 스님의 제자가 되는 것입니다. 하지만 출가를 한 것처럼 하고 실제로는 일반적인 생활을 하는 것입니다. 다른 질문 없으십니까? 수고하셨습니다. 다음 주에 뵙겠습니다.

수강생1

사부님 수고하셨습니다.

수강생2

감사합니다.

제 7 장
쌍둥이 사주와 지리학

　오늘은 쌍둥이 사주와 지리학에 대해서 공부하겠습니다. 먼저 쌍둥이 사주를 보는 법은 예전 방식과 요즘 사용되는 방식이 다릅니다. 예전 방식은 아시다시피 첫째 사주는 정석대로 해석을 하고 둘째 사주는 첫째 사주와 천간 합과 지지육합이 되는 글자들로 새로운 사주를 구성하여 감명을 하였습니다. 하지만 그렇게 되면 문제가 발생합니다. 첫째는 천간 합과 지지육합으로 구성한 사주는 보통 사주로서는 구성이 안 되는 60갑자에 맞지 않는 사주가 나온다는 것입니다. 또 한 가지는 같은 부모한테서 태어났는데 부모에 대한 정보도 다르게 나옵니다.

　요즘은 쌍둥이 사주를 보는 방법을 달리 사용하는 추세입니다. 먼저 첫째 사주는 그대로 해석을 합니다. 둘째 사주는 첫째 사주와 대운을 반대로 적용을 합니다. 다시 말하면 첫째 사주가 남자이고 대운이 순행이라고 하면 둘째가 남자여도 대운을 역행으로 해석을 한다는 것입니다. 만약 첫째가 남자이고 대운이 순행이라고 하고 둘째가 여자라면 그대로 대운만 역행으로 하면 됩니다.

여기서 궁금증이 하나 더 생길수도 있겠지요? 만약에 세쌍둥이나 네쌍둥이 아니면 다섯 쌍둥이면 어떻게 해석을 할 것인가. 우리가 육친에서 배웠듯이 무한대로 육친을 확대해 나가면 결국은 이치에 맞지가 않게 됩니다. 어느 정도까지만 확대를 해야 한다는 것을 배웠듯이 쌍둥이 사주도 마찬가지입니다. 우선 말 그대로 쌍둥이 사주에만 적용을 하고 세쌍둥이나 네쌍둥이는 더 연구를 해 보아야겠지요. 부득이 세쌍둥이나 네쌍둥이 사주를 봐야 한다면 대운을 순행, 역행 순으로 대입하여 보면 되겠습니다. 어디나 예외와 열외라는 것이 있습니다. 쌍둥이 사주를 보는 방법을 간단하게 설명을 하였습니다.

다음은 지리학에 대한 공부를 하겠습니다. 먼저 우리가 육친으로 식상이라고 하는 것이 있습니다. 각자 사주에 식신이나 상관이라는 것이 있는데 그것이 상징하는 의미가 무엇이냐면 자신의 고향을 유추해 보는 방법으로 활용을 합니다. 식상은 재능에 별이고 밥 먹고 사는 밥숟가락 또는 수족을 뜻하기도 합니다. 고향이 어디인가를 유추해 볼 때 식상의 오행을 보고 판단한다는 것입니다. 보통 사람들은 식상이 아주 중요한 작용을 합니다. 그 이유는 일반적으로 우리가 하는 말에서도 엿볼 수가 있습니다. "몸만 건강하면 된다." "밥은 먹고 댕기나." 이게 모두 식상을 의미하는 말입니다.

재물과 명예는 어느 정도 특정한 사람들이 가질 수 있는 것 들이고 보통 일반사람들은 그렇지가 못합니다. 사실 우리가 살아가는 세상은 공평하지 못한 부분이 많습니다. 사주를 보러 오는 사람들 중에서 파격사주가 95%이고 정격사주가 5% 정도라는 것은 무엇을 의미하는 것일까요? 대다수에 사람들은 일생동안 겨우 자기 집 하나도 장만하지 못하고 죽는 경우가 허다하다는 것입니다. 그런 팔자에게 무슨 재물복과 관운이 중요하겠습니까. 고만고만하게 살다가 가는 것이 대부분의 일반인들 삶입니다. 오늘은 좀 특별한 것을 알려드리겠습니다. 먼저 삼합은 모두 알고 계실 줄로 압니다.

申 子 辰 - 水국

巳 酉 丑 - 金국

寅 午 戌 - 火국

亥 卯 未 - 木국

위의 4가지 삼합을 잘 살펴보세요. 申, 子, 辰 바로 다음 글자의 집합체가 바로 巳, 酉, 丑입니다. 申 다음 글자가 酉이고 子 다음 글자가 丑이고 辰 다음 글자가 巳입니다. 巳, 酉, 丑도 마찬가지입니다. 巳 다음 글자가 午이고 酉 다음 글자가 戌이고 丑 다음 글자가 寅입니다. 삼합으로 풀이하는 여러 가지 감명법이 있는데 오늘은 그것을 몇 가지 알아보겠습니다.

申 子 辰 삼합의 원숭이띠, 쥐띠, 용띠는 바로 다음 글자들의 삼합인 뱀띠, 닭띠, 소띠와의 관계는 전생에 윗사람과 아랫사람의 관계 또는 조상과 자손의 관계였다는 것입니다. 申, 子, 辰띠들은 巳, 酉, 丑띠들의 전생의 조상이나 윗사람이었기에 그 기억이 남아 있어서 항상 나이에 관계없이 부려먹으려고 하고 巳, 酉, 丑띠들은 申, 子, 辰띠들을 만나면 알아서 복종을 하게 됩니다. 그러므로 회사에서 부하직원을 뽑을 때 전생에 아랫사람이었던 띠

를 뽑는 것이 좋겠지요. 申, 子, 辰과 巳, 酉, 丑으로만 그런 관계가 형성되는 것이 아니고 모든 띠를 삼합으로 분리하여 살펴볼 수가 있겠습니다.

그러면 4가지 형태로 나누어지게 됩니다. 첫째는 申, 子, 辰 삼합의 3가지 띠끼리 관계는 전생에 형제나 친척 또는 가족이었던 관계여서 뜻이 잘 통하고 서로 잘 맞습니다. 申, 子, 辰의 바로 다음 글자들인 巳, 酉, 丑띠들은 전생에 자손이나 아랫사람들이라고 했습니다. 그래서 항상 아랫사람 다루듯이 대합니다. 그럼 申, 子, 辰띠와 寅, 午, 戌띠는 무슨 관계일까요? 水局과 火局으로 반대기운의 삼합이지요. 그래서 전생에 적대관계였던 사이입니다. 그렇다고 원수라는 것은 아니고 서로 주는 만큼만 나도 지불하는 식으로 계산적인 관계로 봅니다. 한 가지만 더 예를 든다면 寅, 午, 戌띠들은 한 자씩 아래 삼합인 亥, 卯, 未띠들의 전생에 조상이나 윗사람들이었고 巳, 酉, 丑띠들의 전생에 자손이나 아랫사람들이었다는 것입니다. 그래서 말띠는 돼지, 토끼, 양띠를 보면 마구 부려먹으려 하고 당연히 받기만 합니다. 그러나 말띠가 뱀띠나 닭띠, 소띠를 만나면 말을 잘 듣고 복종을 잘 합니다. 이런 아이러니한 관계들을 우리는 살아가면서 가끔은 보게 되는데 아마도 이해를 못하셨을 것입니다. 그것은 바로 전생의 기억 때문입니다. 삼합이라는 것에 그 기억이나 비밀이 들어 있는 것입니다.

마지막으로 중요한 한 가지만 더 알려 드리겠습니다. 우리가 장사를 하는 사람들에게 명리학적으로 손님은 전생의 조상이라고 합니다. 그 이유는 손님이 오면 주인은 자리에서 일어나서 고개를 숙이고 손님을 왕처럼 모십니다. 손님은 전생에 나의 조상이라는 것이 명리학적 분석입니다. 그래서 장사가 잘 되게 하려면 사업장 출입문 방위가 중요하다고 봅니다. 조상들과의 소통

방위가 열려 있어야만 전생에 조상님들이 들어올 수가 있다는 것입니다.

자신의 조상님들과 소통하는 방위가 어디일까요? 申, 子, 辰띠들의 전생에 조상의 띠들이 亥, 卯, 未입니다. 그렇다면 申, 子, 辰띠들이 전생의 조상과 통하는 방위는 卯방위가 됩니다. 亥, 卯, 未는 木局이므로 방위가 동쪽이 되겠습니다. 申, 子, 辰띠들은 동쪽에 사업장 출입문이 있으면 손님이 많이 온다는 것입니다. 상업 사주를 감명할 때 매우 중요한 문제가 됩니다. 사업에 업종을 잘 고르는 것이 33% 성공률이고 대운에 영향이 33% 성공률이고 출입문 방위가 33% 성공률입니다. 이렇게 종합적인 판단으로 감명을 해야 정확한 통변을 할 수가 있습니다. 오늘은 책에 없는 중요한 몇 가지를 배워 보았습니다. 이런 것을 비법이라고들 하는지도 모릅니다. 사실은 알고 보면 비법이란 여러 가지 정보들을 종합해서 자신만의 방식으로 새로운 해석을 하는 창의적인 형태의 통변법인지도 모릅니다. 여기까지 강의를 마치고 질문 받겠습니다. 이해가 안 되는 부분이나 모르겠는 부분을 질문하세요.

수강생1

엄청 열심히 보았어요. 놀랍고 정말 비법이네요.

사부님

공부한 것을 모두 알고 계시는지 제가 질문을 드려 보겠습니다. 말띠가 상점을 열려고 하는데 출입문 방위가 필수적으로 열려야 하는 곳은 어느 방위일까요?

수강생1

서쪽입니다.

사부님

네. 맞습니다. 그럼 학원을 운영하는 소띠 아줌마가 강사를 들일 때 말을 잘 듣는 띠들은 어떤 띠들일까요?

수강생2

寅, 午, 戌입니다.

사부님

잘 알고 계시는군요. 남자가 말띠이고 여자가 양띠, 남자가 소띠이고 여자가 쥐띠, 어느 부부가 오래가기 어려울까요?

수강생1

말띠와 양띠가 오래 갑니다.

사부님

남자가 전생에 상전이었다면 그나마 여자가 참으면서 오래갑니다만 여자가 상전이고 남자가 아랫사람이었다면 남자는 끈기가 없어서 잘해 주다가 싫증을 내고 맙니다. 공주님 모시고 살기가 참 힘들답니다. 궁합을 볼 때 이런 관계를 잘 살펴야 합니다. 서로 적대적 관계는 오히려 잘 맞습니다. 왜냐면 서로 주고받는 것이 확실하니까요. 공주님과 머슴만 오래가지 못한다고 생각하면 됩니다. 공주님으로 모셨던 전생에 습관 때문에 여자는 받기만을 원하고 만족을 못하는 것이 문제가 됩니다.

수강생2

그렇군요.

사부님

그럼 범띠 사업자가 상점 출입문을 어느 방위로 열어야 할까요?

수강생1

서쪽입니다.

사부님

맞습니다. 그럼 궁금한 것 있으시면 질문하세요. 없으시면 이것으로 마치고 다음 시간에는 궁합을 공부하겠습니다. 수고하셨습니다.

수강생1

네~ 감사합니다.

수강생2

감사합니다. 수고하셨습니다.

제 8 장
궁합

오늘은 궁합에 대해서 공부를 하겠습니다. 궁합은 남녀 사이의 궁합도 있지만 부모자식 간에 궁합과 직장상사와 부하직원 간에 궁합 등 모든 인간관계에 궁합은 적용이 됩니다. 바로 전 시간에 삼합으로 구분하는 전생의 인간관계에 대하여 배웠습니다. 바로 한자 앞의 삼합과 바로 뒤 글자들의 삼합관계를 기억하고 계실 것입니다. 궁합에서도 그것이 통용이 됩니다. 먼저 남자가 전생에 윗사람인 경우 여자가 아랫사람이었던 관계는 그나마 큰 문제는 없습니다. 그 이유는 어차피 여자는 잘 참는 성향이 강하니까 복종을 잘하는 것입니다. 하지만 부인이 윗사람인 경우와 남편이 아랫사람인 경우가 만나면 좀 힘이 듭니다.

남자는 원래 인내심이 부족한 존재이니까 잘 해주다가도 포기하는 성향이 있습니다. 전생에 인연 또는 상하관계가 모든 인간관계에서 작용을 한다는 것을 기억하세요. 남녀 궁합에서 가장 먼저 살펴보아야 할 문제가 있습니다. 여러분은 이런 말을 들어본 적이 있을 겁니다. "남편 잡아먹을 사주다." "여자를 잘못 만나서 남자가 죽었다." 그것이 무엇을 보고 그렇게 판단하는지를 알아야 합니다.

당사주에 보면 천간살이라는 것이 있습니다. 천간살은 배우자를 아프게 하거나 심하면 사별하게 만드는 살이라고 합니다. 천간살이 만약에 월에 들어 있다면 중년에 배우자와 이별이나 사별을 하게 되는 경우에 해당이 됩니다. 년에 들어 있는 경우는 관계가 없고 날짜에 들어 있으면 배우자가 나보다 먼저 죽는다는 정도라고 해석을 합니다. 이것도 큰 문제는 안 됩니다. 그러나 시에 천간살이 있다면 평생에 배우자를 극하는 꼴이 되므로 이혼을 반복하여 결혼을 여러 차례 하거나 사별을 할 수도 있다고 봅니다. 천간살이 있는 배우자를 만나도 예외가 있는데 시에 천간살이 있는 남자는 마찬가지로 시에 천간살이 있는 여자를 만나면 중화가 되어 살이 없어집니다. 월에 천간살이 있는 남자는 월에 천간살이 있는 여자를 만나면 살이 없어진다는 것입니다. 이렇게 무서운 살을 가진 사람을 만난다는 것은 매우 위험한 일이고 그것을 면하고자 하면 살이 같은 위치에 있는 사람을 만나야 합니다. 궁합을 볼 때 꼭 참고해야 하는 살이 당사주의 천간살이고 시에 있거나 월에 있으면 불길하다는 것을 명심하세요.

하지만 천간살이 있다는 하나만 가지고 배우자와 이혼을 하거나 사별하게 만드는 무서운 살이라고 판단해 버리는 것은 무리가 있다고 봅니다. 신살론의 단점이 바로 단식 판단법인데 하나의 살이 있다는 것만으로 사주의 주인공을 단정 지어 판단하는 것입니다. 사주에 양인이 있거나 배우자 운이 좋지 않은 사주인지를 살펴본 연후에 종합적인 판단을 해야 할 것입니다.

남녀 궁합에 있어서 중요한 것은 궁합 이전에 상대방의 사주가 중요합니다. 결혼을 여러 차례 해야 하는 사주를 가진 남자를 택한 여자는 본인의 사주와는 상관없이 이혼을 하게 된다는 것입니다. 나의 사주와 관계없이 상대방의 사주에 따라서 내 팔자도 변할 수가 있다는 것입니다. 그것이 바로 인연법입니다. 우리는 수많은 만남을 계속하며 살아갑니다. 운이 좋을 때는 좋은 사람들을 만나지만 운이 나쁠 때는 나쁜 사람들을 만나게 됩니다. 그것은 정해져 있는 것이 아닙니다. 인생은 선택에 의해서 많은 변화를 보이게 됩니다. 마치 정해져 있는 것처럼 보이지만 인생은 정해져 있지 않습니다. 지나고 나서 보니까 정해진 운명처럼 보이는 것입니다. 인생은 선택의 연속입니다. 날마다 어떤 선택을 할 것인가를 결정해야 하는 것이 인생입니다. 우리가 사주를 공부하는 이유가 바로 이것입니다. 어떻게 하면 현명한 선택을 해서 운명을 좋게 만들어 갈 것인가를 알아야 합니다. 그것을 알기 위하여 명리를 공부하는 것입니다.

배우자의 사주팔자를 보면 그 사람이 어떤 삶을 살아갈 것이고 배우자와의 관계 그리고 자녀와의 관계를 대체적으로 알 수가 있습니다. 그 인생에 내가 끼어들어서 살아도 되겠는가를 먼저 알아야 합니다. 둘이서 궁합이 좋다, 나쁘다가 문제가 아니고 그 사람의 인생에 나를 맡겨도 되느냐가 문제입니다. 그래서 궁합 이전에 사주가 중요하다는 것입니다. 특히 여자는 배우자가 도둑이면 도둑의 아내가 되고 배우자가 대통령이면 영부인이 되는 것입니다. 물론 요즘은 여자들의 사회진출이 많아서 각자 생활이 있기는 하지만 배우자의 운명이 나에게 미치는 영향은 매우 크다고 하겠습니다. 이렇게 3가지를 먼저 살핀 다음에 궁합을 보아야 합니다.

정신적인 성향이나 추구하는 방향은 삼합으로 구분합니다. 예를 들자면 申, 子, 辰 삼합에 해당하는 세 종류의 띠를 가진 사람은 전생에 가족이나 친척 사이라서 생각하는 성향이나 기호가 비슷하여 잘 맞습니다. 잘 통하는 사람을 만나고자 한다면 삼합에 해당하는 띠를 선택하는 것이 좋습니다. 같은 띠를 만나거나 남자가 원숭이띠면 여자는 쥐띠나 용띠가 해당이 되겠습니다. 오행 궁합이 있는데 나에게 없는 오행을 상대방이 많이 가지고 있는 경우는 서로가 부족한 오행을 채워주는 관계라고 봅니다. 그렇게 되면 서로 필요한 오행을 나누어 갖고 있기 때문에 보완작용으로 잘 산다는 것입니다. 겨울에 태어난 남자와 여름에 태어난 여자가 잘 맞겠지요. 한 사람이 몸이 차다면 한 사람은 몸이 따듯해야 같이 붙어 있을 수가 있으니 좋다고 봅니다. 속궁합이라는 것은 아시다시피 밤 궁합이라고 합니다. 성적으로 잘 맞는 궁합을 말하는데 우리가 주변에서 볼 수 있는 상황은 평소에 다툼이 심한 부부인데 밤에 잠만 자고 나면 아침에는 언제 그랬냐는 듯이 사이가 좋아지는 부부들을 보셨을 것입니다. 그것이 바로 속궁합이 좋은 사례입니다. 아무리 싸워도 헤어지지 못하고 사는 경우가 속궁합 때문인 경우가 많습니다.

속궁합이 가장 좋은 순서는 첫째, 사주팔자 일지에 같은 글자가 있는 경우입니다. 안방에 같은 글자가 놓여 있다는 것은 생리주기가 같다는 뜻이기도 합니다. 둘째, 일지가 서로 삼합이 되는 경우인데 그것 또한 같은 운동성과 주기를 가지고 움직인다고 보기 때문입니다. 셋째, 일지가 충이 되는 경우인데 그것은 반대기운끼리 충돌을 하지만 오히려 반대로 잘 맞는 경우입니다.

사주 모양을 보아서 살아가는 모습을 예측하는 방법이 있는데 남자 사주에 관성이 일지에 있고 년에 재성이 있다면 그것은 안방에 자식이 있고 부인은 저 멀리 떨어져 있는 모습이 되겠지요. 그것이 뜻하는 것은 부인과 자녀 사이의 관계가 좋지 못함을 예견할 수가 있으며 자녀와 동거하고 부인과 떨어져 지내는 상황으로 생활이 만들어지지 않으면 가정생활이 이어져 가기 어렵다는 해석이 나옵니다. 반대로 일지에 재성이 있고 관성이 년에 있다면 부인과 동거하고 자녀를 멀리 보내는 형상이 되겠습니다. 그런 모습을 지닌 사주는 그런 모습으로 살아야 문제가 없다는 것을 예견하는 것입니다. 만약 여자 사주에 일지가 상관이고 정관이 년에 있다면 자녀와 동거하고 남편과는 떨어져 지내야 한다는 해석이 나오는데 그렇게 살지 않으면 어떻게 되느냐 하면 생긴 모습대로 살지 않는 피해를 당하게 됩니다. 그래서 팔자가 무서운 것입니다. 이런 경우는 남자가 직업상 외부에 나가서 사는 외교관이나 역마성 직업을 가진 배우자를 만나면 좋습니다.

방문자들 중에는 배우자와 갈등을 호소하는 사람들이 매우 많습니다. 그럼 어떤 운이 올 때 배우자와 갈등이 생길까요. 남자는 재성을 극하는 비겁운에 문제가 생길 것이고 여자는 관성을 극하는 식상 운에 문제가 생길 것입니다. 세운은 12년 만에 한 번씩 오기 때문에 시기에 따라서 작용력이 크지 않지만 대운에서 만나면 심각해집니다. 대운은 한 번 오면 30년을 관장하는데 어떻게 참고 사느냐가 문제입니다. 운이 그렇게 흘러간다면 참으로 힘든 결혼생활이 이어집니다. 그래서 사주보다 운이 중요하다는 것인지도 모릅니다.

사주팔자도 그렇지만 궁합도 마찬가지입니다. 한 가지만 가지고 모든 것을 판단하는 것은 옳지 않습니다. 항상 여러 가지 상황을 종합하여 복식판단을 해야 진실에 가깝게 접근을 할 수가 있습니다. 무조건 여자 사주에 관살 혼잡이면 시집을 여러 차례 간다거나 여자 팔자에 일지가 상관이면 이혼 사주라는 단식 판단을 한다면 운명을 맞출 확률이 10% ~ 20%도 되지 못할 것입니다. 오늘은 남녀궁합과 인간관계의 궁합에 대해서 알아보았습니다. 오늘 배운 내용 중에서 의문점이나 궁금한 것이 있으면 질문 받겠습니다.

수강생1

속궁합에서 일지육합이라면 어떤 상황입니까?

수강생2

천간살이라고 하는 것이 천살인가요?

사부님

일지육합은 크게 작용하지 않습니다. 삼합은 운동성이 같은 집단이지만 육합은 그렇지 않습니다. 천살은 명리에서 사용하는 살이고 천간살은 당사주에서 사용하는 살입니다. 귀, 액, 권, 파, 간, 문, 복, 역, 고, 인, 예, 수 12가지 살은 당사주에 사용됩니다. 앞에 천자를 붙이고 뒤에 살을 붙이는 것이 당사주입니다.

수강생1

아!

사부님

천귀살, 천액살, 천권살 등 『월인천강 新사주학』 책에 당사주가 있습니다. 천간살에 해당하는 사람들이 이별을 하거나 사별을 하는 경우는 많이 있습니다. 그렇다고 너무 맹신하여 천간살 하나만 가지고 해당사주 주인공을 색안경 쓰고 보지는 마세요. 항상 복식판단을 해야 합니다. 저도 전에 나체 도화살을 가진 여자들을 볼 때마다 이상한 눈으로 쳐다보던 때가 있었습니다.

하지만 모두 그렇지는 않더라고요.

수강생1

삼합에는 강약이 있는데요. 준 삼합, 반합, 가합. 이것이 속궁합에 적용해야 됩니까?

사부님

그것은 관계없습니다. 그냥 삼합이 되는 글자만 있으면 됩니다.

수강생1

예.

사부님

옛날에는 속궁합만 좋으면 만사가 좋았는데 요즘은 꼭 그렇지만은 않더라고요. 세상이 복잡해지다 보니까 사랑만 가지고는 못 산다는 것처럼 사랑이 없어도 돈만 있으면 잘 살더라고요.

수강생1

사부님 책에는 16세 이상을 말씀하시는데 왜 그런 것입니까? 자녀 나이 말입니다.

사부님

그것은 자녀가 성년이 되기까지는 부득이하게 양육을 해야만 하니까 그렇게 정한 것입니다. 16세를 기준으로 하는 것은 성년의 기준을 옛날에는 16세로 보았기 때문입니다.

수강생1

아. 그렇군요.

사부님

어릴 적에는 그렇게 큰 문제가 발생하지는 않습니다. 호랑이도 새끼 때는 귀엽고 예쁘잖아요. 새끼들은 상대를 해치지 않는답니다. 질문이 없으면 이것으로 마치겠습니다. 수고들 하셨습니다.

수강생1

수고하셨습니다. 감사합니다.

수강생2

고맙습니다.

제 9 장
공망과 사주분석의 연구

공망과 사주분석의 연구에 대하여 공부하겠습니다. 먼저 공망에 대하여 자세히 알아보겠습니다. 격국 용신론을 공부할 때는 공망을 적용하지 않았는데 간지론에서는 적용을 하고 있습니다. 공망을 한 마디로 정리하자면 육친의 작용력이 정지되고 오행은 있는 것으로 보면 되고 대운 공망은 없고 세운 공망은 적용합니다. 지지가 공망이 되면 천간도 같이 공망이 되고 년, 월, 일, 시 자리 공망도 적용이 됩니다. 공망의 작용력은 공망을 맞은 육친은 무조건 없는 것으로 적용을 하면 안 되고 기능이 현저하게 약해지는 정도로 해석하면 됩니다.

공망이 있는데 운이나 사주에서 충을 하면 공망이 80% 해소가 되고 합이 있으면 40% 해소가 되는 것으로 판단을 합니다. 년, 월, 일, 시에 공망이 되면 년은 조상의 인연이 박한 것이고 월은 부모, 형제 덕이 박한 것이고 일은 배우자 인연이 박한 것이고 시는 자녀 인연이 박한 것이 됩니다. 공망을 보면 완전 공망과 반 공망이 있는데 그것은 육친 모두가 공망에 해당하는지 아니면 하나만 해당하는지를 보는 것입니다. 예를 들자면 申, 酉가 공망이면 두 글자를 재성으로 쓰는 경우 정, 편재 모두 100% 공망에 해당이 될 것이고 子, 丑공망은 子를 정재로 사용한다면 亥편재는 남아 있어서 반 공망에 해당 됩니다.

재로 공망이라는 것이 있는데 시주에 水를 말하는 것으로 천간에 壬, 癸와 지지에 亥, 子, 丑을 말합니다. 이것은 대문 밖에 바로 강물이 가로 막고 있는 형상이므로 나이가 들면 한적한 곳에 별장이나 전원주택을 짓고 살고자 하는 생각을 가지고 산다는 것입니다. "나이 들어서 시골에 들어가서 살려고 계획하고 계신가요? 이렇게 물으면 10명 중 8~9명은 어떻게 그걸 아느냐고 반문합니다. 일간지를 기준으로 년, 월, 시가 모두 공망인 것을 3공망이라고 하는데 고전에는 오히려 대길하다고 해석을 합니다. 하지만 감명결과 꼭 그렇지만은 않습니다. 일지를 사용하여 사는데 나머지 글자는 없는 경우에 해당이 되다 보니 3개의 글자들이 충이나 형을 당해도 크게 문제가 되지는 않아서 해를 면하는 경우는 있습니다. 우리는 쓰리 공망을 해석할 때 그냥 일지를 사용하여 사는 것으로 해석을 하고 공망 당한 글자가 충을 당하면 오히려 공망이 풀려서 더 낳은 경우로 해석을 합니다. 쓰리 공망을 몇 명 보았는데 그냥 일지를 사용하여 살아가고 있었습니다. 일지가 배우자 자리이니 대부분 배우자와 함께 일을 하는 경우가 되겠습니다.

삼합은 아시다시피 12운성에서 삼합 첫 글자는 장생지고 둘째 글자는 제왕이며 마지막 글자는 입묘지입니다. 삼합을 간지론에서는 많이 활용을 합니다. 만약에 관성이 혼잡사주라도 관성의 지지가 모두 삼합에 해당하는 글자들로 이루어졌다면 그것을 같은 관성으로 취급을 하여 혼잡이거나 여러 명으로 해석하지 않습니다.

삼합을 활용하여 전생의 인연을 보는 법이나 부하직원 뽑는 법 또는 궁합에 이용하는 법 그리고 상업을 하는 사람들에게는 출입문 방위를 알아내는 법 등 여러모로 사용을 한다는 것은 잘 알고 계실 것입니다. 사주를 분석하는 방법 중에서 특별한 몇 가지를 알아보겠습니다. 간지론의 특성상 우선 10천간과 12지지에 대한 정확한 이해와 각 글자마다의 운동성과 그것을 기준으로 일상이나 물상으로 확장을 얼마나 훈련을 하여 잘할 수 있느냐가 가장 중요합니다. 예를 들어서 관성이 木이기 때문에 木과 관련된 직업을 가져야 한다고 격용론을 공부한 사람들은 해석을 합니다. 우리 간지론을 공부한 사람들은 그렇게 해석하지 않습니다. 관성이 천간에 甲인가, 아니면 乙인가, 아니면 지지에 寅인가, 아니면 卯인가에 따라서 해석이 달라집니다. 그러려면 22간지에 대한 물상으로의 변환을 초보시절부터 열심히 훈련을 해 놓아야 겠습니다. 그렇지 못했다면 진도가 나갈수록 곤란해질 것입니다. 그래서 기초를 공부할 때부터 22간지에 대한 확장 연습을 강조해 왔습니다.

다음은 사주에 없는 오행과 없는 육친을 보고 해석을 합니다. 없다는 것은 해당 오행이 의미하는 기능을 갖지 못했다는 뜻이고 해당 육친과도 인연이 부족하다는 것이겠지요. 사주를 분석할 때 크게 두 가지로 분류를 하는데 재성이냐 또는 관성이냐를 먼저 구분합니다. 상업 사주 아니면 직장인 사주를 분류하여 설명을 해야 합니다. 주로 구분의 기준은 사주에서 가장 힘이 있는 월지를 기준으로 봅니다. 가끔 특이하게도 월지와 다른 오행이나 육친이 사주에서 더 많고 강한 경우도 있겠지만 대부분 월지에 따라서 정해집니다.

사주를 30%라고 한다면 대운의 작용력이 70%라는 말이 있습니다. 이 말은 사주에 아무리 강한 육친을 가지고 태어났더라도 그것을 사용하지 못하게 하는 대운이 온다면 그것을 사용하지 못하기 때문입니다. 대운은 그 사람의 인생 항로를 거의 70% 결정을 짓는다고 보고 세운은 약 30% 정도에 영향력을 미친다고 봅니다. 격각살이라는 것이 있는데 이것도 삼합과 연관이 많습니다. 子 丑 寅 卯 辰 巳 午 未 申 酉 戌 亥 12지지가 있다면 한 자리 건너에 있는 글자와는 격각살이 됩니다. 子는 寅과 격각이고 寅은 辰과 격각입니다. 격각이라는 것은 서로 삼합의 운동성이 달라서 오행으로 서로 상생관계일지라도 서로 돕지 못한다는 것이고 아무관계도 맺지를 못합니다. 오행으로 해석한다면 당연히 子(水)는 寅(木)을 생해야 맞는데 사실은 그렇지 못합니다. 그 이유는 격각살이라서 그렇습니다. 그것을 자세히 보면 삼합으로 구분이 되는데 子는 申, 子, 辰 - 水국이고 寅은 寅, 午, 戌 - 火국이기 때문에 추구하는 오행이 서로 반대가 된다는 것이지요. 그래서 격각살이라고 이름 붙여서 오행의 법칙에 어긋나게 서로 돕지 못한다고 해석을 하는 것입니다.

간지론에서는 용신을 잡지 않고 신약과 신강을 구분하지도 않습니다. 모든 사람들의 용신은 공통적으로 재성과 관성을 추구하는 것으로 봅니다. 사람이 세상을 살아가는데 추구하는 것은 공통적으로 돈과 명예이기 때문입니다. 그래서 종교인이나 스님들은 사주를 안 봅니다. 왜냐하면 그들이 추구하는 것은 돈과 명예가 아니기 때문입니다. 우리는 사주의 주인공들 용신을 재성이나 관성으로 봅니다. 재성을 사용하기 위해서는 식상이 필요하여 식상이 희신이 되겠습니다. 관성을 사용하기 위해서는 인성이 필요하니까 인성이 희신이 되겠습니다.

실제 감명에 있어서 간섭인자를 많이 활용하는데 그것은 합, 충, 형입니다. 월지가 관성인데 일지가 형을 하고 있다면 그것은 의료, 법무, 세무와 연관이 있는 직업을 갖는다고 해석을 합니다. 만약에 충을 하고 있다면 그것은 역마성 직업에 해당한다고 해석을 합니다. 만약에 재성이 합을 하고 있다면 직업에 돈이 간섭을 하는 것이니까 금융기관이나 서무, 재무와 관련된 직장을 다닌다고 해석을 합니다. 간지론 감명법에 대한 도구들을 간단하게 알아보았습니다. 질문이 있으면 질문 받겠습니다.

수강생1

제로 공망이 계획만 있는 것인지 현실로 그렇게 되는 것입니까?

사부님

오행으로 水라고 하는 것은 움직임이 없는 것을 의미하므로 제로 공망은 실제로 현실에 가깝습니다.

수강생1

공망에서 합은 40% 해소가 된다고 하셨는데 삼합을 말씀하시나요?

사부님

육합도 그렇습니다. 단지 방합은 약해서 해소가 되지는 않습니다.

수강생1

형도 공망 해소작용이 있습니까?

사부님

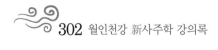

형은 작용력이 없습니다.

수강생2

정관에 정인을 쓰는 것과 정관에 편인을 쓰는 것과 차이가 있습니까?

사부님

정관과 정인은 100%라면 정관과 편인은 50% 정도라고 보면 됩니다. 生하는 정도를 말하는 것입니다. 격용론은 신약과 신강을 구분하여 용신을 잡고 사주를 분석하는데 우리는 그걸 사용하지 않고 사주 모양을 관찰하여 생김새를 설명하는 관법입니다. 예를 들자면 재성이 많은 가운데 관성이 하나 있으면 많은 돈을 관리하는 직장으로 보고 금융기관에 종사할 수 있는 것으로 사주 모양을 관찰하여 통변하는 방식입니다. 월지가 양인이고 일지에 水 식신이 있고 관성이 미약하다면 어떤 일이 어울릴 것 같습니까? 월지와 일지가 합을 하고 있어서 간섭인자로 해석을 한다면 말입니다.

수강생1

일을 같이 도모합니다. 생산하는 일.

사부님

무슨 직업이 가장 어울릴까요? 양인은 칼이라고도 해석을 합니다. 식상은 밥숟가락이고 먹고 사는 재주니까 그것이 水라면 물과 관련이 있고 칼을 더하면 아마도 횟집에서 칼을 쓰는 사람이겠지요. 관성이 미약하지 않고 강하다면 아마도 산부인과나 치과의사일 경우가 많습니다. 이제 그림이 이해가 되시나요?

수강생1

노력하겠습니다.

사부님

우리 관법은 이렇습니다. 자신이 22간지에 대한 이해가 우선되어야 하고 그 다음 스스로 그림을 그리듯이 해석을 해야 합니다.

수강생1

잘 알겠습니다.

사부님

월지에 子라는 글자가 있는 사람의 직업이 뭐겠습니까?

수강생2

경찰, 유흥업, 수산업, 치과, 산부인과.

수강생1

도둑.

사부님

오행 중에 水는 겨울이고 12지지에서 子는 밤 12시입니다. 학문, 종교, 임대업 등도 되겠습니다.

수강생2

종교가 되는 이유가 무엇인가요?

사부님

움직임이 없다는 것은 학문에 적합하고 종교나 수행자로서도 어울린다고 판단하는 것입니다.

수강생1

임대업은 어떤 연유에서인가요?

사부님

움직임이 없이 먹고 사는 것이 임대사업입니다.

수강생1

아!

사부님

오행으로만 보면 그렇습니다. 일간이 뭐냐를 보기 전에 월지가 子라는 글자만 보고도 직업이나 업종을 추측해 보아야 합니다.

수강생2

오행으로 水가 치과의사라는 것이 잘 이해가 안 가요.

사부님

치과는 입이고 입에는 항상 침이 고여 있기 때문입니다.

수강생2

아~ 네. 그렇군요.

사부님

월지만 보고서 연습을 하다가 숙달이 되면 이제 일간을 보면 됩니다. 子월지에 일간이 甲이라면 이사람 직업이 뭘까요? 子가 인수겠지요.

수강생1

학자입니다.

사부님

종교인, 임대업, 숙박업, 교수 등이 될 수가 있고 상업 사주냐, 직장인 사주냐를 알려면 주변 육친을 살피면 압니다. 타고난 사주가 중요하지만 대운의 영향력이 더 중요한 경우가 많습니다. 사주에 상관이 4개나 있는 사람이 인성 대운을 만나면 어떤 해석을 해야 할까요?

수강생1

하는 일이 안 됩니다.

사부님

상관이 많다는 것은 재능이 많거나 뛰어난 능력을 지녔다는 것인데 그것을 사용하지 못하게 하는 것이 인성이니까 어떻게 살아야 하는지요?

수강생1

임대업 하라고 권유합니다.

사부님

일이 잘 안 될 것이라고만 말하면 안 되고 살아갈 방도를 알려줘야 하지 않겠습니까? 업종을 바꾸는 것이 좋겠지요. 이유는 세월의 변화에 따르는 것이 정답이니까요. 아무리 훌륭한 재주를 지녔다고 하더라도 그것을 사용할 수 없는 운이 온다면 안타깝지만 그렇게 살아야 합니다. 질문 없으시면 마치겠습니다.

수강생1

그렇군요. 예. 사부님 감사합니다.

수강생2

수고하셨습니다.

제 10 장
상담의 기술

오늘은 상담의 기술에 대해서 공부하겠습니다. 먼저 사주학이 사회에 미치는 영향이나 역할을 알아보겠습니다. 일반인들은 무속인이나 철학관을 잘 구분하지 못하는 경우가 많습니다. 무속인은 조상신을 받아서 그 신들과 인간들 사이에서 자신의 몸을 통해서 두 사이를 이어주는 역할을 합니다. 무속인은 귀신과 관련된 일이나 업무를 하고 있는데 나름 분명한 역할이 존재합니다. 철학관을 하시는 일명 도사 분들은 명리학을 공부하여 학문적으로 운명을 풀이하고 앞으로 다가올 길흉을 미리 알려주는 역할을 합니다.

무속과 철학관은 비슷한 일을 하지만 분명히 역할이 다릅니다. 무속인은 운명을 예지하기도 하지만 엄연히 영적인 일에 전력을 해야 합니다. 하지만 요즘은 두 종류의 각기 다른 분야가 애매모호하게 되어 갑니다. 일반인들은 전혀 구분도 하지 않고 같은 종류인 것처럼 받아들이고 있습니다.

한 가지 공통점은 미래를 예측한다는 점이고 또 하나는 무속인이고 도사고 인간의 운명을 바꿔 줄 수는 없다는 것입니다. 그런데 현실은 어떻습니까? 무속인이고 도사고 돈에 눈이 어두워 굿이나 부적 또는 방편을 하면 부자가 될 수 있다거나 사고를 막을 수 있다는 감언이설을 늘어놓고 그것을 믿는 사람들에게 거액을 요구해서 사회적인 문제가 되고 있습니다. 물론 무속인이나 도사들이 그러한 능력을 지니고 있지는 못한데 그것을 잘 알지 못하는 일반 사람들이 피해를 보고 있습니다. 일부이기는 하지만 우리는 방송이나 신문에서 종종 그런 이야기들을 보고 듣게 됩니다. 어리석은 일반인들이 문제라고 넘어 가기에는 뭔가 책임감을 느끼게 됩니다. 사실 무속인과 철학관은 전혀 다른 종류이기 때문에 무속 쪽에 대한 신경은 안 써도 되겠지만 그것은 우리들 주장이고 일반인들은 같이 취급을 하니까 문제가 됩니다. 우선 철학관을 운영하는 도사들을 보아도 주변에 부적을 수백만 원씩 받고 써 주는 사람도 있고 협박조로 부적을 쓰지 않으면 자녀가 죽는다든지 하는 막말을 해대는 사람들도 일부 있습니다. 그 이유는 한 가지 돈을 벌기 위한 상술이라고 봅니다. 일부의 이야기라고 하기에는 사회적인 문제가 심각한 실정입니다. 무속인의 이야기는 어차피 우리와 상관이 없는 일이기에 더 이상 연관 짓지는 않겠습니다. 지금부터는 철학관을 운영하는 도사들에 대한 문제만 이야기하기로 하겠습니다.

상담을 하러 오는 사람들은 도사를 일반인으로 생각하지 않습니다. 마치 뭐든지 다 알고 뭐든지 다 해결해 줄 수 있는 사람으로 봅니다. 이것이 문제의 출발점입니다. 일반인들은 도사의 말 한 마디에 사람들이 죽고 사는 것처럼 절대적인 것으로 착각을 하는 것이 문제입니다. 도사의 한 마디를 오래도록 마음에 부담을 안고 살아가기도 하고 심지어 그런 생각으로 인해서 병이 나기도 합니다. 도사가 자신의 자식이 죽는다는 말을 했다면 그것을 아무렇지 않게 생각하고 넘어갈 사람이 몇이나 되겠습니까. 이러한 막말을 하는 도사들이 늘어날수록 명리학을 공부한 사람들에 대한 사회적 인식이 나빠지게 됩니다.

요즘 철학관을 운영하는 사람들을 보면 전체적으로 볼 때 상당히 많은 곳이 수준미달이라고 봅니다. 일반인들은 철학관을 운영할 정도 되면 당연히 수준이 높을 것이라고 생각을 하는데 사실은 그렇지 못한 것이 현실입니다. 주변에서 듣기로는 사주공부를 몇 달하고 명리학원을 차려서 사람들을 가르치고 있다거나 철학관 개업을 했다는 사람들을 종종 봅니다. 물론 몇 달이라는 시간이 중요한 것은 아니지만 그런 분들이 수준이 너무 낮다는데 문제가 있습니다. 일반인들의 눈으로는 도사들의 수준이 높고 낮음을 판단하기 어려워 모두를 같이 취급합니다.

우리 협회에서는 명리학의 오랜 역사에 비해서 격용론의 비현실적인 감명법을 현대시대에 맞게 수정하여 공부를 해야 한다는 주장을 펴고 있습니다. 다시 말하면 격용론의 부정확하고 너무 포괄적인 해석이 비현실적이라는 판단이고 현실에 맞는 감명법인 간지론으로 공부를 하지 않으면 명리학에 대한 사회의 기대와 믿음에 부응하기 힘들어 결국 명리학 존재의 이유마저 위태롭게 된다는 생각입니다. 격용론의 한계를 극복하지 못하면 명리학이 사회의 변화속도에 따라가지 못하여 도태되고 말 것이라는 생각입니다. 현실이 이러한 상황인데 격용론마저도 다 이해하지 못한 풋내기 도사들이 버젓이

사회에서 영업을 하며 세상을 어지럽히고 있는 것이 현실입니다. 우리는 이러한 현실을 직시하고 명리 통변법의 통일과 학문 발전에 힘써야 할 것입니다.

상담에는 기술이 필요합니다. 요즘 힐링이 대세인데 힐링이란 따끔한 충고가 아니라 따뜻한 위로라는 생각을 합니다. 상담자가 도사에게 운명을 물으러 왔을 때는 듣고 싶은 말이 분명히 있습니다. 모든 상거래에서 당연히 존재하는 것이 있는데 그것은 고객이 무엇을 원하느냐를 먼저 아는 것입니다. 고객이 만족하지 않으면 그 사업은 오래갈 수가 없습니다. 물론 무조건 비위를 맞춰주는 거짓말을 해야 한다는 것은 아닙니다. 주로 아마추어들이 하는 말이 "나는 항상 진실만을 말하겠습니다."입니다. 하지만 이 말은 보통 3~5년이 지난 뒤에 후회로 돌아옵니다. 왜냐면 상담자들로부터 외면을 받기 때문입니다. 수년간 손님이 없고 배가 고파 봐야 정신을 차립니다. 상담자들이 바라는 말만 하라는 것은 아닙니다. 먼저 고객의 입장에서 생각을 해 보아야 한다는 것입니다. 우리는 상담자의 사주팔자가 좋고 나쁨을 분별하기 위해서 상담을 하는 것이 아닙니다. 또한 좋지 않은 운과 좋은 운을 분별하여 알려주는 것이 임무가 아닙니다.

상담이라는 것은 방문자가 어떤 종류의 사주를 가지고 있기 때문에 현재는 어떤 방식으로 살아나가는 것이 가장 현명하고 지혜로운 삶인가를 방문자와 함께 찾아가는 것입니다. 삶에 방법을 찾기 위해서 찾아온 방문자에게 좋지 않은 사주를 가졌고 지금은 아주 나쁜 운이라는 식의 상담은 그 누구에게도 도움이 되지 않습니다. 걱정 어린 표정으로 찾아온 상담자를 웃는 얼굴로 돌려보내는 도사가 진정한 도사입니다. 도사 자신이 긍정적인 생각을 가졌는지 아니면 부정적인 생각을 가졌는지가 중요하다고 봅니다.

우선 찾아오는 방문자에게 도사인 척 하기 위해서 찾아온 목적을 말하지 않아도 맞추는 일에 전력을 다하는 사람들도 많습니다. 말하지 않아도 알아서 척척 맞추는 도사를 꿈꾸는 학인들도 많습니다. 하지만 그것이 아무런 도움이 되지 못하고 부질없는 짓이라는 것을 시간이 지나면 알게 됩니다. 그것을 알게 되기까지 많은 시간이 필요하고 실수도 하게 될 것입니다. 하지만 그런 일을 꼭 겪어봐야 아는 것은 아닙니다. 간접 경험이나 교육으로도 충분히 알아야 합니다. 도사처럼 직업을 맞추고 이혼사실을 맞추는 것도 중요하지만 그것은 방문자의 환심을 사기 위한 수단이고 실제로는 방문자가 앞으로 어떤 방법으로 살아 나가야 하는지를 알려주는 것이 더 중요합니다. 도사는 자신을 찾아온 방문자에게 희망을 갖고 돌아가게 만드는 것이 최고의 상담이라는 것을 명심해야 합니다. 감명을 하는 방법도 항상 좋고 나쁨으로 구분하여 말하지 말고 지금 현재 어떤 모습으로 살아가야 하는가를 제시해야 합니다.

상담을 하러 오는 사람들의 95%가 파격사주이고 사실은 사주팔자만 보아도 도사의 가슴이 답답할 정도로 희망을 찾기 힘든 사주들이 많습니다. 그럴 때마다 당신 팔자는 안 좋고 운도 나빠서 어쩔 방법이 없으니 대충 살라고 말하겠습니까? 만약에 그렇게 사실대로 말한다면 몇 달 안에 손님이 아무도 오지 않을 것입니다. 그런 소리 들으러 찾아온 것이 아니니까요. 모든 방문자들에게 무조건 좋게만 말하라는 것으로 오해를 하는 분들이 있는데 그런 뜻이 아닙니다. 좋고 나쁨이 아닌 앞으로 어떻게 살아야 잘사는 것인지 방법을 찾아주고 희망을 잃지 않게 해주는 것이 중요하다는 것입니다.

희망을 주는 상담을 하기 위해서는 현대사회에 맞는 감명법인 간지론을 열심히 공부하여 어느 정도 실력을 갖추어야 방법을 찾아줄 수가 있겠지요. 앞으로 현명하고 훌륭한 도사님들이 되실 것으로 믿고 이것으로 강의를 마치고 질문을 받겠습니다.

수강생1

사부님 질문은 없고 좋은 말씀 잘 들었습니다.

수강생2

올해 운이 너무 안 좋을 때는 어떻게 해야 하는지요?

사부님

올해 운이 안 좋고, 좋고를 구분하지 말고 무엇을 조심하고 어떻게 살아가는 것이 현명한 방법이라는 것을 설명해 주면 됩니다.

수강생2

아~ 네.

사부님

사주 보러 오는 분들 사주가 대부분 엉망입니다. 그럴 때마다 진실한 마음으로 당신 사주는 엉망이군요. 이러면 되겠습니까? 상담을 몇 년 하다 보면 상담료 받아서 돈 벌기는 힘들고 뭔가 한탕 해서 한몫을 잡고 싶은 생각도 듭니다. 그러다 보니 욕심이 생기고 운이 안 좋은데 뭘 하면 넘길 수 있다는 말을 해서 돈을 요구하게 되지요. 올해 운이 좋기를 바라는 마음이 강하다고 안 좋은데 좋다고 말하라는 것은 아닙니다. 도사는 사용하는 단어나 말하는 투가 남달라야 합니다. 단정적인 말투는 안 됩니다. 내년에 죽을 운이 왔다고 해서 "당신은 내년에 죽을 것입니다."라고 말해서 누구에게 도움이 되겠습니까? 또 도사가 안 죽게 만들어 줄 수 있습니까?

저도 얼마 전에 동네 사는 분이 교통사고로 돌아가셨는데 몇 년 전에 그분 부인께 이런 말을 했었습니다. "당신 남편에게 잘해 주세요. 혹시 여유가 있다면 남편 앞으로 보험이라도 몇 개 들어 놓으시면 좋겠습니다."라고 말했었습니다. 실제로 남편분이 돌아가셔서 장례를 치르고 온 부인이 전에 한 말이 죽는다는 뜻인 줄은 몰랐고 이제야 그 말뜻을 알 것 같다고 했습니다.

수강생2

올해 운이 안 좋은데 꼭 무엇인가를 저지르고 싶어 합니다.

사부님

운이 좋고 안 좋고를 말하지 말고 그냥 2~3년 기다려 보라고 하세요. 대운이 좋으면 세운이 안 좋아도 망하지는 않습니다. 상담자들 중에는 본인이 미리 답을 정해 놓고 와서는 그 대답을 듣지 못하면 하나도 못 본다고 말하고 다니는 사람들도 많습니다. 여러 종류의 사람들이 있다 보니 상담자들 100%를 만족이야 시키겠습니까. 우리는 프로로서 최소한 지켜야 할 것들을 지키며 살아야 한다는 뜻입니다.

수강생1

잘 알겠습니다.

사부님

아마추어들이 자주하는 말 중에는 "당신의 사주는 비겁이 많아서 안 좋다"는 식의 전문용어를 섞어서 말합니다. 상담자는 비견이 뭔지를 모르지요. 나중에는 그 말을 너무 자주 들어서 "도사님 저는 사주에 비겁이 4개나 있어서 안 좋다면서요?"라고 말합니다.

수강생1

ㅎㅎㅎ

사부님

일반인들이 알아듣지도 못하는 사주용어는 사용하지 마세요. 그리고 무엇 때문에 당신은 시집을 두 번 간다는 설명도 할 필요 없습니다. 물론 상담자도 그 전문용어를 듣고 싶어 하지도 않습니다.

수강생2

그러면 어떻게 해야 하는지요?

사부님

상담자가 알아들을 말만 하세요. "당신은 이혼을 할 수도 있는 팔자네요." 그러면 "그런 것도 사주에 나옵니까?"라고 할 것이고 대답은 "예~ 나옵니다."라고 하면 되지 구체적인 설명은 어차피 못 알아들으니 하지 말라는 것입니다. 전문용어와 뒤섞어 말하다 보면 나중에는 무슨 말인지 전부 못 알아듣겠다고 합니다. 보통 본인 사주가 나쁘게 태어났을 것이라고 생각하는 사람들은 없습니다. 아무도 없습니다. 대부분 본인 사주는 아주 대단한 사주일 거라고 생각을 합니다. 그러면 방문자들이 듣고 싶은 말이 무엇이겠습니까? 정답은 이렇습니다. "당신 사주는 대단한 사주인데 운이 따르지 않아서 그렇습니다." "곧 운이 바뀌면 좋아질 것입니다."

수강생1

사부님 사실 저도 그렇게 생각했었습니다만 지금 제 사주를 알고 나니 좀 허탈합니다.

수강생2

저도 그렇습니다.

사부님

아닙니다. 두 분 사주는 대단한 사주가 맞습니다만 운이 따르지 않아서 그렇고 앞으로 운이 바뀌면 틀림없이 좋아질 것입니다.

수강생1

기분은 좋습니다.

사부님

두 분 사주는 아주 안 좋은 사주인데 그나마 운이 좋아서 이 정도로 사는 줄 아세요.

수강생2

슬퍼요.

사부님

도사 말 한 마디에 기분이 확~ 달라지지요?

수강생1

아! 그런 깊은 뜻이 있군요. 말씀이 가슴에 와 닿습니다.

사부님

따끔한 충고보다는 따뜻한 위로가 필요합니다. 방문자들은 위로 받기 위해서 상담하러 온다고 해도 과언이 아닙니다.

수강생2

사주 상담에서 정말 잔인하게 댓글을 다는 사람들이 있는데 정말 한방 날리고 싶었어요.

사부님

상담하러 오신 분들이 내가 묻지도 않았는데 별 소리를 다합니다. 주로 이야기하는 내용은 비슷한데 "저는 마음이 너무 착해서 항상 주변사람들에게 상처를 많이 받고 산답니다." "세상이 너무 무서워요 왜 이럴까요?" 이런 식으로 나오면 당연히 본인 편이 되어서 위로해 줘야 합니다. 그렇지 않으면 싫어하고 하나도 못 본다고 소문냅니다. 저는 종교인이다 보니 버릇처럼 "남을 탓하지 말고 자신을 잘 다스려야 한다."고 법문을 해줍니다. 그러면 상담자들이 좋아하지 않습니다. 상담자들이 항상 만족하고 희망에 찬 얼굴로 돌아갈 수 있게 만들어 주는 상담이 최고의 상담이라고 하겠습니다. 물론 알지만 실천이 잘 안 되는 것이 문제겠지요. 오늘 강의는 이것으로 마치겠습니다.

수강생2

감사합니다.

수강생1

감사합니다. 수고하셨어요.

제11장
음양오행 건강법

오늘은 음양오행 건강법에 대하여 공부를 하겠습니다. 웰빙시대라고 하여 건강에 관심이 많은 시절이 있었습니다. 요즘은 힐링시대라고 정신건강이 필요한 시기라고 하지만 사람들은 아직도 육체건강에 관심이 많습니다. 병원이나 약국에 우리 건강을 맡기기는 현대의학이 뭔가 부족한 부분이 많습니다. 불치병과 난치병들이 많아지고 현대의학이 포기하는 질병들이 많아지고 있는 것이 현실입니다. 요즘 유행은 불치병으로 알았던 질병들을 여러 가지 민간요법들을 이용하여 건강을 찾았다는 뉴스가 많이 나와서 약초열풍이 불고 있습니다. 무병장수의 꿈은 인간이 추구하는 이상적인 삶이기도 합니다.

명리학에는 건강에 대한 정보가 가득합니다. 하지만 일반적인 명리서적에서는 아주 간단하게 취급을 하고 있습니다. 물론 전해지는 고전명리에서도 건강에 대한 지식들이 있지만 간단하게 기술이 되어서 실제 사용을 하기에는 부족한 점이 많습니다. 그래서 제가 건강정보를 실제 사용할 수 있도록 알고 있는 정보와 경험에 의한 지식들을 더해서 직접 이론들을 정리하여 책에 수록을 하였습니다.

사실은 제가 예전에 약 10여 년 정도 병원에서 치료가 안 되는 사람들과 인연이 되어서 아픈 사람들을 돌봐준 경험을 가지고 있습니다. 여러 가지 민간요법과 척추교정, 쑥뜸, 최면술 등을 이용하여 실제 경험을 한 내용과 정보들을 책에 실었기 때문에 상당히 실효성이 있다고 할 수가 있습니다. 불법의료행위를 한 것은 아니고 종교적인 차원에서 봉사를 한 것이며 이제 그만둔 지도 오래 되었습니다.

먼저 오행론에서 배운 것들부터 이야기를 해 보겠습니다. 木은 인간의 장기로는 간과 담을 관장합니다. 火는 인간의 장기로 심장과 소장을 담당합니다. 土는 위장과 비장을 담당합니다. 金은 폐와 대장을 담당합니다. 水는 신장과 방광 그리고 여자들의 자궁을 담당합니다. 우리가 이미 배운 것에 의하면 사주팔자에 없는 오행이 무엇이냐에 따라서 약하게 태어난 장기가 무엇인지를 구분합니다. 타고난 것도 중요하지만 주로 대운이 극하는 오행의 장기가 건강에 크게 영향을 미칩니다. 대운이 火대운이라면 水(방광이나 신장) 또는 金(폐와 대장)의 장기가 약화되는 시기입니다. 이렇게 두 가지를 이용하여 오행으로 판단하면 거의 정확하게 적중이 됩니다.

그러나 요즘은 먹는 것이 워낙 다양해지고 생활습관이나 환경이 복잡해지다 보니 맞지 않는 경우도 많습니다. 체질론이 잘 맞지 않는 세상이 된 것입니다. 일반적으로 간이 나쁘다고 말을 하면 사람들은 잘 알아듣지를 못합니다. 신체에 나타나는 증상을 설명해야만 알아듣습니다. 간이 안 좋으면 어떤 현상이 나타나는가를 설명해야 합니다.

간이 담당하는 신체 부위는 근육과 심줄 그리고 눈입니다. 증상으로는 눈의 피로, 눈 충혈, 디스크, 멍이 잘 든다, 피로감 등입니다. 木이 간을 상징하는 것은 앞에서 설명을 하였습니다. 火는 심장을 담당하는데 심장이 안 좋으면 나타나는 증상은 화병, 팔꿈치 통증, 안면홍조, 혈액순환 장애 등이 나타납니다. 土는 위장을 담당하는데 위장이 안 좋으면 나타나는 증세가 소화불량, 속 쓰림, 위장병, 무릎관절 이상 등이 나타납니다. 金은 폐와 대장을 담당하는데 폐나 대장이 안 좋으면 나타나는 증상은 피부 트러블, 코의 병, 비염, 알레르기 증상, 설사나 항문 병입니다. 水는 신장과 방광 그리고 자궁을 담당하는데 신장과 방광이 좋지 않으면 나타나는 증상은 허리통증, 귓병, 소변 이상, 발목관절 통증, 만성피로 등입니다. 이렇게 몸에 증상을 말하면 쉽게 알아듣습니다. 모든 병은 주로 여섯 가지로 분류가 됩니다. 오행으로 분류하니 다섯 가지이고 나머지 하나는 오행이 전체적으로 잘 순환하지 못해서 생기는 병이 추가됩니다. 동양의학에서도 여섯 가지로 전체적인 병을 진단하게 됩니다.

그렇다면 6가지 장기와 증세를 알아보았는데 병이 있으면 약이 있듯이 증세에 맞는 음식이나 차 또는 약초를 알아보겠습니다. 木을 상징하는 간이 좋지 못할 때 나타나는 증상을 보일 때는 음식으로는 신맛 나는 음식이고 차 종류는 오미자가 좋고 고기는 닭고기가 좋으며 곡류는 팥이 좋고 과일은 포도, 귤, 보리가 좋고 채소는 깻잎, 부추 등이 좋습니다. 간이 부어서 생기는 증세는 눈의 충혈로 나타나는데 그럴 때는 민들레가 특효입니다. 만약 술을 좋아해서 알코올성 간질환이라는 증세가 있다면 헛개나무 열매가 특효입니다.

약초를 쓸 때는 주로 두 가지 방법을 사용하는데 대체적으로는 木(간)이 좋지 않으면 직접적으로 간에 좋은 약을 사용하기도 하지만 그것보다는 간을 돕는 水(신장, 방광)에 좋은 약초를 사용하는 간접적인 약을 사용하기도 합니다. 火는 심장을 상징하는데 심장이 좋지 못할 때 나타나는 증상을 보일 때는 쓴맛 나는 음식이 좋고 차는 영지 차나 커피가 좋고 고기류는 염소고기가 좋고 은행, 더덕, 도라지, 쑥 등이 좋습니다. 土는 위장을 상징하는데 위장이 좋지 못할 때 나타나는 증상을 보일 때는 단맛 나는 음식이 좋고 차종류는 칡차, 구기자가 좋고 고기류는 쇠고기가 좋으며 호박, 참외, 고구마, 대추 등이 좋습니다. 金은 폐나 대장을 상징하는데 좋은 음식으로는 매운맛이 나는 음식이 좋고 생강, 율무, 생선, 마늘, 파, 배 등이 좋습니다. 폐나 대장이 약한 사람들은 보약을 지을 때 주로 생선을 넣어서 제조를 많이 합니다. 水는 신장과 방광을 상징하는데 여기에 좋은 음식은 짠맛이 나는 음식이 좋고 돼지고기, 두유, 콩, 마차, 미역, 녹용, 죽염 등이 좋습니다. 가벼운 증세는 주로 음식이나 곡식을 이용한 선식을 제조하여 체질을 개선하는 방법을 사용합니다.

마지막으로 오행을 순환시켜 주는 역할을 하는 음식으로는 떫은맛이 나는 음식이 좋고 녹두, 옥수수, 알로에, 넝쿨 차, 콩나물, 오리고기, 감자, 오이, 가지 등이 좋습니다. 우리가 흔히 병원에서 잘 낫지 않는 병에 속하는 것이 바로 오행이 순환하지 않아서 생기는 질환들이 거기에 속합니다. 오행건강법 이외에도 체질에 따른 건강법 같은 것도 있는데 우선 가장 기본적인 부분이 오행건강법이고 각각 오행이 담당하는 장기를 알아야 하고 거기에 따라서 약화된 장기에 의해서 나타나는 증세를 기억해야 하며 또한 증세에 따른 처방까지 말할 수가 있어야 됩니다. 그래야 실전에서 건강 상담을 해줄 수가 있습니다.

사주를 보러 오는 사람들에게 건강에 대한 전문적인 지식이 없더라도 최소한 오행건강법만 알아도 웬만한 병에 대한 정보는 제공할 수준은 됩니다. 책에 모두 나와 있는 내용들인데 그것을 자세히 읽어 보시고 나름대로 정리하셔서 도표를 만드는 것도 하나의 방법입니다. 木 – 간 – 닭고기, 오미자, 팥, 신맛, 부추 – 결벽증, 화를 잘 낸다. – 목과 눈에 이상, 기미, 편두통, 야뇨증, 엄지발가락 통증. 이런 식으로 여섯 가지로 분류하여 오행, 장기, 분류, 음식, 증상 약재 등으로 여섯 가지 분류표를 만들어서 코팅을 한 다음 그것을 책상 위에 놓고 상담에 임해도 됩니다. 저도 처음에는 그렇게 했습니다. 중요한 것은 본인이 자기 증세를 살펴서 직접 음식이나 약재 등을 활용하여 자기 병부터 낫게 해 보려는 실천이 중요합니다. 많이 활용하셔서 더 많은 분들에게 널리 이롭게 사용하시기를 바랍니다. 질문이 있으면 받겠습니다.

수강생1

사주에 土가 많다면 水에 의한 건강이 좋지 못할 것 같은데요. 土가 많아서 土 자체의 건강이 좋지 않을 수도 있습니까?

사부님

너무 많아서 생기는 질병도 있습니다. 그러나 대부분 억제를 당하여 생기는 질환들이 더 많습니다. 어디 아픈 데 없으십니까?

수강생1

피로가 있습니다.

사부님

기운이 딸리고 쉽게 피로하는 만성피로 같은 경우에는 주로 신장이나 방광이 약해서 생기는 질환입니다. 水에 속하는 질환입니다.

수강생1

참! 작년부터 시력이 급격히 떨어졌습니다. 근시요.

사부님

원래 눈에 관한 질병은 木에 속하고 장기는 간과 담에 해당이 됩니다.

기운을 북 돋아주고 간을 지원하는 백 하수오라는 약재를 추천합니다.

수강생1

예! 그렇군요. 약국이나 안과에서 어쩔 수 없다고 하던데요.

수강생2

저는 폐와 알레르기 증상이 있습니다.

사부님

폐가 안 좋아서 질환이 생기면 우선 현미밥을 드시면 좋습니다. 그리고 도라지와 배를 함께 달여 드셔도 좋습니다.

수강생2

현미는 먹고 있어요. 도라지, 배 감사합니다.

사부님

그럼 다음 주에 뵙겠습니다.

수강생1

수고하셨습니다.

수강생2

고맙습니다.

제12장
질병의 근본원인과 토종약초

　오늘은 마지막 수업을 하겠습니다. 건강 편을 마무리하겠습니다. 제가 오래 전에 정신질환자들을 돌보았을 때 경험한 것을 몇 가지 소개를 해드리겠습니다. 간이 심하게 손상이 되어 미친 사람의 성향을 살펴보면 화를 많이 내고 신경질적이고 물건을 부수는 난폭한 행동을 합니다. 木은 간과 담을 관장한다고 했습니다. 그리고 木은 성냄과 신경질적이라고 해석을 하고 있습니다.

　심장이 심하게 손상이 되어 미친 사람의 성향을 살펴보면 헛웃음을 잘 웃습니다. 火는 심장과 소장을 관장한다고 했습니다. 위장이 심하게 손상이 되어 미친 사람의 성향을 살펴보면 의심을 많이 합니다. 동네에 간첩이 있다고 신고를 하기도 합니다. 土는 위장과 비장을 관장한다고 했습니다. 폐가 심하게 손상이 되어 미친 사람의 성향을 살펴보면 눈물을 많이 흘리고 슬퍼합니다. 金은 폐와 대장을 관장한다고 했습니다.

신장이 심하게 손상이 되어 미친 사람의 성향을 살펴보면 무서워하고 두려움에 떱니다. 水는 신장과 방광을 관장한다고 했습니다. 상화(相火)라고 하여 오행을 원활하게 돌려주는 기능이 손상이 되어 생기는 정신질환 환자는 울다가 웃다가를 반복합니다. 이렇게 미친 사람의 정신세계도 6가지로 분류를 할 수가 있었습니다.

정신과 육체는 연결이 되어 있고 실제로 어느 장기가 나빠서 생기는 질환에서 발견되는 정신상태도 이렇게 정확하게 맞더군요. 하물며 몸이야 다르겠습니까? 『월인천강 新사주학』 책에서 장기와 감정을 연결 지어 놓은 내용들을 보셨을 것입니다. 우리가 의술은 배우지 않았지만 명리학에서 동양의학이 배출되었다는 사실은 잘 알고 계실 것입니다. 일반적으로 인생 상담을 할 때 방문자들이 건강에 대한 문의도 많이 합니다. 하지만 질병에 관한 내용이 일반적으로 명리 책에 많지가 않아서 실제로 건강 상담을 해주는 도사들은 많지 않은 것이 현실입니다. 『월인천강 新사주학』에 나오는 질병론만 알아도 건강 상담을 해줄 수 있을 정도는 될 것이라고 봅니다.

건강 상담을 하려면 우선 질병의 근본원인을 알아야 합니다. 이것은 제가 10여 년간 임상실험을 통해서 직접 체득한 것들 입니다. 고혈압이라는 질병은 보통 심장질환으로 알고 있는 분들이 많습니다. 하지만 혈압은 심장성과 신장성 그리고 심포, 삼초(相火)가 원인이 되어 생기는 경우로 나누어집니다. 현대의학에서 혈압을 완전하게 치료하지 못하는 원인은 증상치료를 하기 때문입니다. 근본적인 원인 파악을 하지 못하기 때문에 완치를 못하는 것입니다. 병이 있으면 약이 있다는 말이 있습니다. 요즘 방송에서 보셔서 아시겠지만 시한부 판결을 받은 말기 암 환자들이 산으로 들어가거나 약초 또는 민간요법으로 완치된 사례가 속속 알려지고 있습니다.

이제는 의료기관만 믿고 살기는 어려운 세상이 되었고 자기 병은 자기가 고쳐야 하는 시대가 되었다고 봅니다. 혈압은 근본적인 원인을 알면 충분히 나을 수 있는 질병이라고 봅니다. 당뇨병에도 위장과 췌장이 원인인 경우와 신장이 원인인 경우 그리고 심포, 삼초(相火)가 원인인 경우로 나누어집니다. 주로 인슐린 주사에 의지를 하는 분들이 위장과 췌장이 원인인 경우이고 당뇨병 치료하다가 마지막에는 신장투석 하다가 돌아가시는 분들을 보셨을 것입니다. 그분들은 신장성 당뇨인 것입니다. 당의 수치만 조절을 하고 있으면 당뇨병은 영원히 낫지 못하고 근본적인 원인이 되는 장기를 치료해야만 완치가 됩니다. 우리가 알고 있는 두통만 하더라도 종류가 아주 많습니다. 원인을 알아보면 木(간)이 원인인 경우는 편두통이 오고 土(위)가 원인인 경우는 전 두통이 오고 水(신장)가 원인인 경우 후 두통이 오고 심포, 삼초(상화)가 원인인 경우는 미릉골통(미간통증)이 옵니다. 이렇게 두통에도 여러 가지 원인이 있다는 것을 알아야 합니다.

우리가 흔히 눈이 메마르고 아프다고 하면 안과를 갑니다. 안구 건조증이라고 하지요. 그러나 원인은 간 때문입니다. 간의 기능을 정상화하지 않으면 절대로 눈 질환은 낫지 않습니다. 이번에는 관절통을 알아보겠습니다. 발전체나 고관절(엉치뼈)은 木(간)이 원인이고 팔꿈치 통증은 火(심장)가 원인이고 어깨관절과 손 통증은 심포, 삼초(상화)가 원인이고 무릎관절은 土(위장)

가 원인이고 손목관절 통증은 金(폐)이 원인입니다. 관절도 모두 각각 장기가 관장한다는 것입니다.

책에서도 밝혀 놓았듯이 저도 어깨통증으로 수년간 고생한 적이 있었습니다. 원인을 알 수 없어 수많은 병원과 한의원을 다녔지만 낫지 않았습니다. 옥수수를 먹고 나았습니다. 그러나 몇 달 안 먹었더니 재발을 해서 그 뒤로는 콩나물을 먹습니다. 지금까지 10여 년 정도를 어깨통증 없이 잘 살고 있답니다. 이것이 현대 의료계의 한계이고 우리 민간요법의 우월함입니다. 어려서 신경이 예민하여 위염으로 고생을 했었는데 병원에서는 원래 신경성 위장병에는 약이 없다고 하였습니다.

평생 위장약을 먹고 살아야 한다고 하더군요. 그러나 죽염 15일 먹고 나았습니다. 이렇게 말하면 못 믿는 분들이 많을 것이라고 생각합니다. 직접 본인이 겪어봐야 믿게 됩니다. 저는 언제부터인가 현대의학의 무능함을 깨닫고 근본적인 원인 치료가 필요하다는 결론에 도달하게 되었습니다. 한약재는 한의원에서 취급하는 약재이고 민간요법에서 취급하는 토종약초 몇 가지를 소개하겠습니다. 참나무 가지에서 새들에 의해서 옮겨져 기생하는 겨우살이라는 약초가 있습니다. 서양에서는 항암제로 많이 쓰이고 있으며 우리나라에서는 혈압에 특효로 알려져 있습니다. 우리나라에만 존재하는 '화병'이라는 병이 있는데 화병에 명약이라고 하는 약초가 조릿대입니다. 조릿대는 쌀에 돌을 걸러낼 때 사용하는 것으로 대나무과에 속하는 약초입니다.

요즘 야관문이 정력제로 많이 알려져 있지요. 천연 비아그라라고 많이들 찾는데 주로 술을 담가서 복용을 하면 좋습니다. 여성분들이 주로 앓고 있는 병으로 산후조리를 잘못하여 생기는 병인데 비가 오면 유난히 통증이 심한 병이 있습니다. 생강나무를 달여서 먹으면 15일 만에 좋아집니다. 각종 알코올성 질환이 많은데 쉽게 말하면 술로 인한 병에는 헛개나무 열매가 최고입니다. 나이가 들면 뼈가 약해져서 골다공증이나 골절 등이 위험한데 뼈를 살찌게 하고 골다공증에 효과가 있는 유일한 약초가 접골목입니다.

만성생리통으로 고생하시는 여성분들께는 노박덩굴과 열매가 특효입니다. 잇몸질환과 치통 그리고 위염과 신장염 등에는 함초가 특효이고 백 하수오는 신장을 강화시켜 주고 수술 후 병약한 사람에게 기운을 나게 하는 정력제입니다. 질병이 생기는 원인은 주로 사주팔자에 없는 오행이 원인이 되어서 결국은 병이 생기게 되는 경우가 많고 식생활 습관에서도 병이 많이 옵니다. 대운에 의해서 수 십 년간 제약을 받는 오행도 병으로 나타납니다. 이 점을 참고하여 질병의 원인을 찾아내어 약한 증상이면 곡류나 반찬 또는 차 종류로 심하면 토종약초로 다스리면 좋은 효과를 볼 수가 있습니다. 질병 편을 마치고 질문 받겠습니다.

수강생1

손가락 관절에 이상이 있어요.

사부님

손가락 변형이 오거나 관절염이 생기는 것은 혈액순환 장애입니다. 주로 식당 일처럼 힘든 일을 많이 하는 분들에게서 나타납니다. 약초요법보다는 쑥뜸을 약 한 달 정도 뜨면 금방 좋아집니다. 한의원에서도 요즘에는 쑥뜸을 떠 줍니다. 대왕 뜸이라고 하는 간접 뜸이 있습니다. 한의원에 가셔서 문의하세요.

수강생1

손가락이 구부러졌어요.

사부님

다시 돌아옵니다. 걱정 마세요. 손가락을 스치기만 해도 아픕니다.

수강생1

굳어 졌는데도 돌아오나요?

사부님

걱정 마세요. 류마티스 관절염이 아니라면 다시 원상태로 돌아옵니다. 전에 제가 그런 분들 수없이 많이 돌봐 드렸습니다.

수강생1

신경성 위장병에 죽염을 어떻게 먹어야 하는지요?

사부님

병원에서는 신경성이라는 말이 들어가면 약이 없다는 병입니다. 요즘은 죽염 안 먹고 함초를 먹습니다.

수강생1

아~ 함초. 감사합니다.

사부님

함초 분말이 좋은 것이 생으로 말려서 가루 낸 것이라서 생약이므로 익힌 것보다 3배가량 효과가 좋습니다. 저는 치통이 있어서 함초를 가끔 먹습니다. 잇몸 질환에도 좋습니다.

수강생2

치통에도 좋은 건가요?

사부님

제가 치통 때문에 진통제를 끼고 살았는데 지금은 전혀 안 먹습니다.

수강생2

사부님. 심포와 삼초라는 것이 무엇입니까?

사부님

무형의 장기라고 합니다. 그냥 오행의 기운을 돌려주는 역할이라고 할까요. 순환계통으로 우리가 氣라고 부르는 것이라고 생각하면 됩니다.

수강생1

제가 천식이 있어서요.

사부님

천식과 비염은 완치가 어렵습니다. 좋다는 것은 많은데 효과가 별로 없어요. 민간요법으로 봄에 나오는 고로쇠물이 나오고 난 다음에 나오는 꽝꽝나무 수액을 먹고 좋아졌다는 사람들이 많이 있습니다. 근본적으로는 폐에 좋은 음식이나 곡류 그리고 민간약초를 많이 드세요. 체질이 개선되어야 하고 쑥뜸을 떠서 기초체력을 좋게 하면 사람 몸은 자기치유 능력이라는 것이 있어서 자연치유가 된답니다. 책에 폐와 대장에 좋은 음식이나 곡류 그리고 채소, 과일 등이 나와 있습니다.

수강생2

생강과 위의 생강나무라는 것이 다른 것입니까?

사부님

봄에 산에 가면 가장 먼저 노랗게 피는 꽃이 있는데 나뭇가지를 꺾어서 냄새를 맡으면 생강냄새가 납니다. 그것이 생강나무입니다.

수강생1

심혈관은 어떤 약초가 좋을까요. 당뇨에 심혈관이 있어서요.

사부님

혈관이 윤기가 있고 잘 늘어나면 막히지 않고 원활한 혈액순환이 되겠지요. 유일하게 혈관을 매끄럽고 탄력 있게 만들어 주는 음식이 검정 쥐눈이 콩입니다.

수강생1

아~

사부님

당뇨에 요즘 뜨고 있는 식품이 있는데요. 봄에 토종 밀이 약 10센티 정도 자랐을 때 그것을 뿌리째 캐서 말리고 그것을 3~6개월 정도 달여서 먹고 완전히 좋아졌다는 소식을 들었습니다.

수강생1

구입하기가 쉽지 않은데요.

사부님

토종 밀 종자를 어디서 분양하는지 농촌진흥원이나 기관들을 인터넷으로 검색하시고 재배를 많이 하는 곳을 알아보시면 알 수가 있겠지요. 요즘 경남 하동에서 많이 재배를 한다고 하더군요.

수강생1

딸이 결혼을 한 달 앞두고 갑상선 수술을 했답니다. 3년 됐는데 고생을 하고 있어요.

사부님

갑상선은 토종 옥수수가루가 좋습니다. 갑상선 수술을 했다면 장기를 제거했다는 것인가요?

수강생1

네! 6시간 수술했어요.

사부님

제거하면 안 되지요. 장기가 없는데 어떻게 좋아집니까. 수술만 안 했으면 되는데 제거를 해버렸으니 어쩔 수가 없네요. 여러분도 공부를 열심히 하셔서 몰라서 피해를 입는 많은 사람들에게 도움을 주세요.

수강생2

노력하겠습니다.

수강생1

헛웃음만 나와요.

사부님

공부 열심히 해서 돈 적게 들고 간단히 건강을 찾는 방법들을 널리 전파해야 합니다. 『월인천강 新사주학』12번만 읽으면 도사됩니다. 그동안 수고가 많으셨습니다. 아쉽지만 이것으로 마치겠습니다.

수강생2

그동안 고생 많으셨습니다. 사부님 감사합니다.

수강생1

그동안 감사했어요 사부님.

자 유

생로병사는

사계절에 있고

춘하추동은

아침, 저녁에 있고

낮과 밤은

이 순간에 있고

찰나 너머

거기에 자유가 있네.

癸巳年. 秋… 서해[西海]

경남 양산시 하북면 순지리 동부마을길 14

대한역술인협회 (055) 381- 8280

다음카페 : 대한역술인협회 / cafe.daum.net/92301998

[대한역술인협회는 저자가 운영하는 사주카페입니다.]